广西现代特色农业示范区工作厅际联席会议办公室资助出版

现代特色农业示范区：
广西理论与实践

文 军 等◎著

Modern Characteristic Agriculture Demonstration Zones:
Theory and Practice in Guangxi

经济管理出版社
ECONOMY & MANAGEMENT PUBLISHING HOUSE

图书在版编目（CIP）数据

现代特色农业示范区：广西理论与实践/文军等著．—北京：经济管理出版社，2021.6
ISBN 978 - 7 - 5096 - 8052 - 0

Ⅰ.①现…　Ⅱ.①文…　Ⅲ.①农业园区—建设—广西　Ⅳ.①F327.67

中国版本图书馆 CIP 数据核字（2021）第 108406 号

组稿编辑：郭　飞
责任编辑：曹　靖　郭　飞
责任印制：黄章平
责任校对：王淑卿

出版发行：经济管理出版社
　　　　　（北京市海淀区北蜂窝 8 号中雅大厦 A 座 11 层　100038）
网　　址：www. E - mp. com. cn
电　　话：（010）51915602
印　　刷：唐山昊达印刷有限公司
经　　销：新华书店
开　　本：720mm × 1000mm/16
印　　张：14.25
字　　数：251 千字
版　　次：2021 年 7 月第 1 版　　2021 年 7 月第 1 次印刷
书　　号：ISBN 978 - 7 - 5096 - 8052 - 0
定　　价：88.00 元

一、专家顾问

江丽海　广西壮族自治区农村经济经营管理站站长、一级调研员

韦英妹　广西壮族自治区农村经济经营管理站副站长、三级调研员

二、作者

文　军　广西大学农学院教授

刘　萍　广西林业勘测设计院党委副书记、纪委书记

陆爱洪　广西壮族自治区农村经济经营管理站农业经济师、科长

汪仁军　广西柳州种畜场农艺师、副场长

蒋　维　广西壮族自治区农村经济经营管理站科员

郑　重　广西壮族自治区农村经济经营管理站农业经济师、科员

胡一凤　广西农业科学院生物技术研究所助理研究员

本书出版得到了广西现代特色农业示范区工作厅际联席会议办公室、各市（自治区农垦局）现代特色农业示范区工作办公室、广西农村经济经营管理站的大力支持，在此一并表示衷心的感谢！

序

　　建设现代特色农业示范区是广西壮族自治区党委、政府深入落实习近平总书记2017年4月视察广西时提出的"扎实推进现代特色农业建设"重要指示精神，贯彻落实中央关于全面深化农村改革、加快推进农业现代化、实施乡村振兴战略的一项重要战略部署。

　　广西现代特色农业示范区作为实施乡村振兴战略的样板区、农业转型和科技应用的先导区、农业农村现代化的先行区，经过全区各级政府几年的努力，形成了自治区级核心示范区、县级示范区、乡级示范园和村级示范点梯次分布的新格局，实现了农业特色产业全覆盖和一二三产业全贯通，建成了广西特色，形成了广西经验，走在了全国现代农业园区建设的前列，因此《现代特色农业示范区：广西理论与实践》一书的出版具有重要意义。

　　该书从广西现代特色农业示范区建设的理论基础出发，详细阐述了广西现代特色农业示范区创建历程，总结了建设过程中政策部署、模式创新、工作方法等方面取得的成果与经验；针对示范区创建以来所面临的困难与问题，分析了广西现代农业发展的具体实践情况、发展的重点、发展的模式；通过量化的方法，构建相关指标体系对广西现代农业发展水平进行测算并分析其原因，从体制机制改革创新和具体策略实施方面提出现代特色农业示范区进一步发展的措施与建议。通过这些总结及研究，为下一步示范区提质升级和提高示范区现代化建设水平提供了重要参考。

　　通过对现代特色农业示范区的调查研究，该书从广西的实际出发，充分分析了广西现代特色农业发展的优势和堵点以及其发展机遇和挑战，内容翔实，有严谨的逻辑性，具有一定的参考意义和价值，是本值得一读的好书。

　　党的十九届五中全会审议通过了《中共中央关于制定国民经济和社会发展第

十四个五年规划和二〇三五年远景目标的建议》。广西制定的国民经济和社会发展第十四个五年规划和二〇三五年远景目标，提出打造现代特色农业强区的目标。2021 年开启了全面推进乡村振兴加快农业农村现代化新征程，期待该书在指导农业现代化园区建设中发挥其应有的作用。

广西农经学会理事长：

（韦吉田同志曾任广西农业厅副厅长、巡视员，联合国世界粮食计划署特聘专家，广西决策咨询委员会专家，出版过《农业国际化知与行》等书籍）

目　录

第一章　绪论

第一节　研究背景与研究意义

一、研究背景

党的十九大报告首次提出乡村振兴战略，这是实现农业农村充分发展、城乡均衡和融合发展的重大举措，给现代农业示范区建设注入了强大的活力，农业增效，农民增收，也是广西现代特色农业示范区建设的核心内容。

自 2014 年广西进行现代特色农业示范区创建以来，有关现代特色农业示范区的研究陆续发表，但对现代特色农业示范区的研究多集中在案例研究、建设现状、规划研究等方面，理论方面研究较少，综合国内对现代农业与现代特色农业示范区的研究成果，可以看出，现代农业是完全区别于传统农业的全新发展阶段（卢良恕，2008）。基于农业的商品化视角，现代农业是以市场的需求为导向，采用规模化、集约化生产的一种新型农业产业体系（柳金平，2013）。而将森林覆盖率等生态条件作为现代农业评价的重要组成部分，突出了现代农业的生态友好型特征（蒋和平，2002）。农业现代化与工业化、城市化存在紧密联系（黄祖辉，2003）。现代特色农业示范区是通过土地流转聚集土地推进适度规模经营，采用先进的农业生产设施及生产技术发展现代化企业农业，有效实现一二三产融合发展的园区（屈婷婷，2019）。综合专家学者的主流观点，现代特色农业的内涵主要体现在三个方面：第一是经济效益提升，现代特色农业已不再局限于传统农业生产，而是具备了产业化和商业化的特征，生产效率提高，产品更加优质；第二是社会效益良好，现代特色农业不仅可以为老百姓提供更丰富优质的农产品，还可以使国家的粮食安全更有保障；第三是生态效益突出，现代特色农业是生态友好型农业，必须坚持绿色可持续的原则。现代农业的良好发展一定是与自然和谐共生的良性发展。发展现代特色农业示范区要与"10+3"特色及新兴产业相融合（刘东燕，2016）。根据广西的现代特色农业产业发展状况，要调结构促创新推动现代特色农业发展（屈婷婷，2019）。应该加强对特色资源的优势利用，从人、地、钱多角度促改革（张云兰，2017）。

　　近年来，广西认真贯彻落实对"三农"工作的重大部署，从2014年开始，广西现代特色农业示范区建设稳定推进与迅速发展，标志着广西现代特色农业示范区建设进入新的阶段。创建现代特色农业示范区，是转变传统农业发展模式、发展现代化农业的重要抓手。虽然当前广西农业取得了喜人的成绩，但广西现代特色农业示范区发展仍然面临品牌影响力较低、产业链不长、市场竞争力不强、产业规模不大、示范推动压力较大、缺乏相关发展模式总结提升与理论总结等问题，亟待进行相关研究，系统总结广西现代特色农业示范区创建经验与发展模式，做到创建上有成绩，实践上有经验，理论上有总结，模式上可借鉴、可推广，对完善广西现代特色农业示范区创建体系意义重大。

二、研究意义

（一）现实意义

1. 各级现代农业示范区建设规划与实施方案编制迫在眉睫

　　广西现代特色农业示范区建设实际涵盖自治区级、地市级、县级、乡级与村级五个层面，规划实施主体主要落实到县级层面，乡镇与乡村是实施广西现代特色农业示范区建设的基本载体，重视乡级示范园建设规划（或实施方案）和村级示范点规划（或实施方案）是保障广西现代特色农业示范区建设与实施的基础。

2. 从顶层设计开拓现代特色农业示范区新型金融保险

　　当前广西现代特色农业示范区产业新型金融支持力度的手段与模式有待创新，要从顶层设计开拓现代特色农业示范区新型金融保险业务，引导金融机构资金向示范区产业转移提供法律保障和政策支持；示范区产业联盟是示范区产业发展的重要形式。

3. 自治区出台政策推进广西现代特色农业示范区建设

充分利用广西的民族区域自治优势，积极推动相关政策的出台，使钱、地、人等资源向现代农业示范区配置，率先探索广西农村宅基地等涉及农村土地的改革试点工作，完善广西现代特色农业示范区建设实施的工作机制，做好自治区层面示范区建设顶层设计和政策支持体系。

4. 建立差异化的支持与实施评估体系和考核体系

由于广西各个区域经济社会发展得极不平衡，建立差异化的广西现代特色农业示范区建设支持与实施评估体系和考核体系是有力地推进广西现代特色农业示范区的重要路径。

（二）创新点

1. 研究方法创新

首次在现代特色农业示范区相关研究中导入利益相关者理论，采用结构性、半结构性访谈与问卷调查相结合的调研方式，采用定性与定量分析相结合的研究方法。

2. 研究思路与技术路线创新

研究思路不仅包含传统自上而下的技术路线，即自治区层面—地级市层面—县（区）级层面—乡镇层面—村级层面自上而下的技术路线推进研究工作；本书还提出以示范区建设实施结果目标导向性的研究思路，研究结合广西现代特色农业示范区建设实施的基础载体（乡镇与村级层面上实施主体）的目标需求为导向，以利益相关者理论逆向追溯、自下而上的技术路线探索广西现代特色农业示范区建设实施"瓶颈"问题，并寻求解决办法，充分考虑广西现代特色农业示范区建设的有效实施主体的真正诉求，倒逼广西现代特色农业示范区建设的顶层设计更加切合实际、更加接地气和更具可操作性。

3. 理论创新

本书认为目前已出台的广西现代特色农业示范区建设配套政策体系、相关验收标准不是一成不变的，提出全方位地构建广西现代特色农业示范区建设实施差异化的评估体系，创造性地构建其可信度高的综合评价模型，并利用评价模型进行实证研究，研究结果也为我国其他区域现代农业示范区建设有效实施提供参考。

4. 应用创新

在应用创新方面，紧扣广西现代特色农业示范区建设实施面临的新形势和出现的新问题，借助国家当前扶持民族地区发展的政策优势，为广西现代特色农业示范区建设有效实施寻找新方法、新路径和提出新思路；构建一整套广西现代特色农业示范区建设实施的对策措施与保障体系，从根本上摆脱传统模式中现代特色农业示范区建设以自上而下的宏观调控为主的单一实施模式；同时，通过对自下而上的目标导向性案例的实证分析，提炼出一系列有助于促进广西现代特色农业示范区建设有效实施、可操作性强的对策建议与保障体系。

第二节　研究内容与研究方法

一、研究内容

（一）相关理论总结

系统总结国内外有关现代农业的相关概念、相关文献、相关理论基础等。了解和总结国内外现代农业示范区相关动态。

（二）现代农业建设的经验与启示研究

总结发达国家（地区）现代农业示范区建设的经验与启示，并系统总结我国现代农业示范区建设的经验与启示。

（三）广西现代特色农业示范区建设的现状调查

通过合适的样本筛选，采取问卷调查、结构性或半结构访谈的方式，对广西现代特色农业示范区建设实施情况进行调研，调查现代特色农业示范区建设实施的主要利益相关者，分析广西现代特色农业示范区建设现状。

（四）广西现代特色农业示范区建设实施的典型案例研究

以县（区）为基本单元，选择几个典型县（区）作为案例研究，通过典型的案例研究完善广西现代特色农业示范区的理论体系，系统归纳总结出广西现代特色农业示范区发展模式、主要存在的"瓶颈"问题，以此修正问卷调查与结构性访谈中分析出的主要结论，从中总结提炼出广西现代特色农业示范区发展模式、破解现代特色农业示范区建设实施"瓶颈"问题的经验启示。

（五）广西现代特色农业示范区运行机制与发展模式研究

系统总结广西现代特色农业示范区运行机制，对国内外的现代农业的发展模式进行比选，结合广西实际，探索和理论总结广西现代特色农业示范区发展模式。

（六）广西现代特色农业示范区建设的"瓶颈"问题分析

运用软件 SPSS 对收集的有效问卷进行统计分析，对现场调查的资料进行定性分析，厘清广西现代特色农业示范区建设实施面临的机遇和挑战，从利益相关者角度系统归纳出广西现代特色农业示范区建设实施中出现的问题，通过引入权重系数，用选择排序法筛选出广西现代特色农业示范区建设实施中存在的"瓶颈"问题。

（七）广西现代特色农业示范区建设的对策研究

针对广西现代特色农业示范区建设实施中存在的"瓶颈"问题，借鉴各地实施现代农业示范区建设的经验启示，重点围绕构建现代农业产业体系、生产体系和经营体系"三大体系"推进产业兴旺，坚持生产、生活、生态"三生同步"推进生态宜居，培育和弘扬文明乡风、良好家风、淳朴民风"三大新风"推进乡风文明，坚持自治、法治、德治"三治并举"推进治理有效，抓好增收富民、服务惠民、基础便民"三大民生"推进生活富裕，突出理论政策指导，紧密联系广西实际，在具体项目实施层面自下而上总结探索出解决其"瓶颈"问题的具体措施与对策建议。

（八）广西现代特色农业示范区建设的保障体系研究

一段时间以来，农村的人才、资金等资源要素单向流入城市，造成了农村地区发展的相对落后和不平衡，随着国家经济建设进入新时期，乡村振兴便是摆在发展面前的首要之义。实施现代特色农业示范区建设必须抓住"钱、地、人"等关键环节和制约因素，建立健全广西现代特色农业示范区建设的实施体系。

1. 解决"钱"的问题，关键是健全投入保障制度

健全广西现代特色农业示范区投入保障制度，创新投融资机制与新型保险制度，加快形成财政、金融、保险、社会参与的多元投入格局。

2. 解决"地"的问题，关键是深化农村土地制度改革，加快释放农村土地制度改革的红利

重点推进农户承包地、宅基地、农村集体经营性建设用地"三块地"改革，在全面完成农村土地承包经营权确权登记颁证的基础上，继续推进承包地所有权、承包权、经营权"三权分置"改革，探索宅基地所有权、资格权、使用权"三权分置"改革实践，积极稳妥推进农村集体经营性建设用地入市改革。

3. 解决"人"的问题，畅通智力、技术、管理下乡通道

不断创新乡村人才培育和引进机制，健全人才使用和培养政策，加快培育新型职业农民和新型经营主体、吸引农村外出务工与求学人员回归并重，构建人才培养与任用机制，发挥科技人才支撑作用。

4. 广西现代特色农业示范区建设实施评估体系构建

以利益相关者理论为依据，对广西现代特色农业示范区建设实施关键问题进行识别，尤其是对广西现代特色农业示范区建设影响大的"钱、地、人"等问题进行重点剖析，并结合广西实际，建立广西现代特色农业示范区建设实施差异化的评估评价体系，充分体现出广西现代特色农业示范区建设不同层面利益相关者之间的关系，为不同层面广西现代特色农业示范区建设的有效实施主体注入原生动力。

二、研究方法

（一）文献研究法

系统梳理现代农业示范区和现代特色农业示范区相关文献和政策文件，特别是自党的十八大以来国家和广西出台的相关政策文件等，把握最新研究进展和政策支持体系，确立本书的研究思路、研究内容与研究方法。

（二）社会调查法

运用实地勘察观察法、结构性或半结构性访谈法等得到广西现代特色农业示范区实施情况的第一手资料。调查样本的选取，拟定从广西 21 个城市主城区、28 个重点开发区、33 个农产品主产区和 29 个重点生态功能区中按照一定比例进行筛选县（区、市），兼顾广西贫困县分布，采用大样本调查方法，地级市覆盖面达 100%、县级覆盖面达 30% 以上。

（三）案例研究法

将典型的自治区级示范区作为案例进行研究，以期对现场访谈、问卷调查和文献研究的结果进行有益补充和完善，以增强广西现代特色农业示范区理论的总结，研究模式凝练、发展的"瓶颈"问题提炼的可靠性、应用对策的针对性与科学性等问题，并以此研究结果为基础不断地修正和完善广西现代特色农业示范区的运行机制、发展模式、对策建议和保障体系。

（四）数据分析法

利用软件 SPSS 对收集的数据进行统计分析，运用均值分析、频数分析、因

子分析等方法将其广泛运用于数据分析中，其中，主要采用因子分析法揭示了广西现代特色农业示范区发展机制、发展模式与实施"瓶颈"问题，并以此提出广西现代特色农业示范区建设实施对策和构建规划实施保障体系，同时提出一整套优化广西现代特色农业示范区可持续发展的建议。

第二章　现代特色农业示范区建设的理论基础与分析框架

第一节　现代农业示范区的相关概念

一、现代农业

关于现代农业的内涵，2007 年中央一号文件中给出了准确的概述："用现代物质条件装备农业，用现代科学技术改造农业，用现代产业体系提升农业，用现代经营形式推进农业，用现代发展理念引领农业，用培养新型农民发展农业，提高农业水利化、机械化和信息化水平，提高土地产出率、资源利用率和农业劳动生产率，提高农业质量、效益和竞争力。"现代农业生产和管理是利用现代科学技术以及现代农业生产经营手段来组织和管理农业，将农业发展与生态文明联系起来，使传统农业逐步走向具有高生产率和可持续发展的现代农业。组织和管理的现代化、科学技术现代化、物质条件现代化被认为是现代农业所需的条件，并通过"六个用"来作为现代农业的落脚点。

（1）用现代物质条件装备农业。采用高投资和高产量来实现农业集约化，改善农业生产条件，加强农业生产基础设施的建设，转变农业生产方式，从而提高农业的可持续发展水平。

（2）用现代科学技术改造农业。由于农业资源短缺和市场受限，需要利用科学技术改造农业，为可持续发展提供有利的环境，从而解决资源短缺和需求增长之间的矛盾。在转型过程中，我们需要集中力量进行农业技术创新，增加对科学技术的投入，培训农业研究人员，并建立相关高校、研究机构和示范区之间的共同模式，加大科技贡献，加快农业科技成果的转换。

（3）用现代产业体系提升农业。通过现代工业体系实现农业现代化，把生产、销售、科学教育和包括农产品在内的服务链进行有机联系，形成包含各种产业链的农业网络体系。

（4）用现代经营形式推进农业。将其应用到以市场为导向的农业生产经营中，注重经济效益，通过微观农业组织创新与农产品经营方式创新，优化农业生产不同组成部分的分布，密切农业生产过程的检查，加快农业的多功能拓展。

（5）用现代发展理念引领农业。结合农业实践中的问题，努力适应传统农业发展模式和理念，从经济、管理、环境等方面进行教学的现代农业概念，其目标是以综合和平衡的方式实现经济、社会和环境的三重发展。

（6）用培养新型农民发展农业。通过提高农村义务教育和职业培训水平，努力提高农民的科学文化素养和农业专业技能，扩充创造综合性的农业劳动力人才队伍，使他们具备必要的农业生产技能，实现科教兴农。

二、现代农业示范区

现代农业示范区是以现代产业发展观为指导，以新型农民为主体，以现代农业企业为基础，通过科学合理配置各种生产要素，采用现代经营管理方式，利用现代科学技术和物质装备来进行可持续发展的现代农业示范区域。

现代农业示范区运用现代模式将体现该区域农业科技现代化的最高水平，在现代农业示范区建设中，要有效地利用资源，兼顾整体利益，合理组织各要素生产，其发展的前提条件是规模化和提高效率，从而避免农业经营活动的分散。农业新机械、新技术为现代农业示范园区规模化农业生产提供物质保障，以高水平开发农业，运用先进的农业技术进行农业生产。

现代农业创新人才在示范区的聚集对现代农业示范区的发展起到了重要作用，通过培养足够数量的农业科学技术专家，在示范区将新技术与农业生产相结合可以促进农业生产，以便尽可能地发挥科学和技术的作用，将最新的农业科学技术转化为科技成果。现代经营管理模式的组织水平很高，通过合理分配生产要素和劳动分工，有效分配资源、物质、技术、人才和其他生产要素，能够在短期内将现代科学技术转化为实际生产力。

三、广西现代特色农业示范区

广西现代特色农业示范区是以一二三产业融合发展理念为指导思想，以了解和掌握现代农业生产与加工技能，具有经营管理能力和较高的科学文化素质与接受现代科技的能力，以农产品生产、加工、销售为主要职业，以农业收入为主要收入来源的农业从业人员为主体，以现代先进的科学管理技术和丰富的物资装备为支撑的可持续发展现代特色农业示范区。

广西现代特色农业示范区作为实施乡村振兴战略的样板区、农业转型升级的引领区，深化农村改革的试验区，农业农村现代化的先行区，具有定位准确、思路清晰、速度快、成果显著四个特点，覆盖一二三产业。存在四级梯度系统，按照级别依次划分为广西现代特色农业核心示范区、广西现代特色农业县级示范区、广西现代特色农业乡级示范园和广西现代特色农业村级示范点，而广西现代特色农业核心示范区细分为种植业类、畜禽业类、水产业类、林业类、休闲农业类，以更好地服务于不同类型的农业示范区。

四、农业产业化经营

农业产业化经营以市场为导向，以农民为基础，以科技进步为支撑，在龙头企业的支持下，注重经济效益，利用农业服务作为组织现代农业生产和管理的手段，集中于主导产业和产品，并通过"种植和育种，生产、供应和贸易，农业、工业和贸易"的综合管理来优化和整合生产要素，将农业再生产过程的产前、产中、产后和其他方面有机地整合到整个产业链中。它可以帮助分散的农民经营者从小规模生产向大型生产组织转变，帮助建立经济管理体制和运行机制来实现农业市场的自我积累、自我适应和自我完善，生产专业化、产品商品化、企业规模化、布局区域化、经营集约化和服务社会化是其主要的六大特征。

五、产业布局

产业布局具有目的性，是指调整产业结构使之更符合经济发展的规律，降低企业活动的成本消耗，缓和产业之间、产业与环境之间的矛盾，更好地利用产业优势，获得更大的经济效益。在农业产业化发展过程中，不断调整经营模式来实现持续性的工作，从静态的角度来看，产业布局是指不同部门的要素和产业链的空间和地理分布以及地域组合。从动态的角度来看，产业布局是由不同资源和生产要素的分配和再分配过程，甚至是由不同行业为选择最佳位置而创建的空间地理的分配、再分配或重新组合来表现的。

第二节　现代特色农业示范区建设的理论基础

一、产业集聚理论

19 世纪末，马歇尔首次提出产业集聚理论的概念和范围。产业集聚产生经济动力的原因在于：首先，产业集聚能够促进专业投资和服务的发展；其次，产业集聚可以为特定的产业技能提供足量的劳动力市场；最后，产业集聚可以起到推动作用，使企业能够利用先进的技术信息。

产业聚集理论适用于位于特定地理区域内的相关企业或机构，由于它们在产业发展过程中的一致性、互补性和其他特征，它们紧密联系在一起，形成了地理上集中的相互联系和相互支持的产业集群。产业聚集的存在使企业能够加强与供应商的关系，加强信息交流和资源互助，加快企业的创新速度和水平。因此，形成产业集群的企业可以更好地了解消费者群体，更好地满足他们的消费需求。现代特色农业示范区便是在现代农业中的一种产业集聚区，许多农业企业选择地理集聚区以获得示范区的附加效应。根据产业集聚理论，在农业示范区建设应建立在如产业链上的企业与农户合作，对园区内的主导产业、"瓶颈"产业和基础产业的合理规划。因此，在合理规划布局现代特色农业示范区的过程中，应当谨慎、公平地处理企业与农民之间的合作与互利关系，建立发达的农业产业体系，以此来促进农业科技创新和农业信息的传播。

二、增长极理论

增长极理论表明，在一定的地理区域内，区域增长是以不同强度呈点状扩散分布，在一个地区的发展过程中，增长极对周围地区具有极化和扩散作用，能够引导整个区域经济增长。增长极利用自身优势，摆脱以往的发展模式，通过自身产业规模的扩张和大力发展当地的主导产业来带动相关其他产业的成长，使其在经济上具有较大的竞争力，以带动区域经济的高速发展。

极化效应主要归因于整个产业的规模效应和聚集效应，扩散效应主要来自两个方面：一方面，增长极的催化作用，增长极的发展必须依靠原材料市场和周边地区的消费来促进该地区的社会经济进步和技术发展；另一方面，增长极的"溢出"作用，随着核心区域经济的不断发展，极化中心的部分产业会逐步向外转移。

现代特色农业示范区的建设和发展适用于增长极理论。根据这一理论，现代特色农业示范区是区域农村经济的"增长支柱"，也是区域农业经济增长的支柱和中心。它以高科技农业为主导，带动经济要素的集聚，创造了新的增长点。在有效促进示范区发展的基础上，区域农业继续朝着平衡—不平衡—平衡的方向前进，实现了对农村经济发展的推动。因此，在规划示范区时，必须积极促进两极分化或扩散效应明显的农业部门或地区作为增长极，并以周围的农业生产区为新技术、新设备和新模式的分配和接受点。随着示范区农业生产能力的增强，它通过辐射、传播技术、组织、信息等内容传播到周边地区，促进了周边农业的经济发展，充分体现了试验示范，技术转让传播和技术创新，辐射引导等相关功能。

三、农业区位理论

19 世纪，德国经济学家杜能提出农业区位理论，也被称为孤立国理论。他运用当时被广泛使用的孤立化方法，提出市中心周围的土地利用类型和经营集约化强度受消费中心距离的影响而出现变化，著名的"杜能圈"简单而言就是指围绕这个消费中心形成一系列同心圆，并且围绕这些中心的一系列同心圆发生的变化，其主要目的是研究市场化农业如何最终以商品的形式进入市场，并根据产品净收益的大小来规划农业。这一理论的核心是可以通过对农业生产要素的定位来确定产出结果的价值，从而做出最优的选择来有效地优化区域产业结构。他认为，除了土地的自然特征外，其经济状况会影响农业用地的类型和集约化管理程度，因此，农业生产的选址是从农业用地的角度出发的，在靠近城市的郊区，土地管理的集约化程度和地价最高，适合长途运输具有较高经济价值但不适合长时间存储和运输农产品的生产。

农业区位理论是在传统农业时代引入的，当时的交通设施不发达，还存在一些缺陷，但该理论反映了农业生产配置的客观要求，在农业生产理论中，目前是考虑因素较为全面的成熟理论之一。该理论充分考虑了市场需求、生产成本以及影响农业生产的因素，可以用来指导区域农业产业的建设和规划，以确定各种土地经营方式的分布情况，对农业生产规模、生产布局、农业科技示范项目等仍具有重要的指导意义。

四、系统论理论

根据系统论的内容，系统的各个部分相互作用，且与外部环境相互影响，以通过协调各个组成要素来实现整体开发，可以把现代特色农业示范区的建设当作是一个开放的、高效的、各部分之间相互联系的大系统。在此基础上，应将农业示范区视为一个完整的包含科技、经济、社会和环境等主要因素的综合体系系统，对示范区的农业生产子系统进行高度集中管理，引进先进的农业技术，将先进的现代农业技术与传统技术有机地结合在一起，并在当地的自然环境中整合先进技术，以使物质和能源得以适度流通和转化，该农业生产子系统内部将维持各分系统之间的紧密合作，并与外部社会环境保持着特殊的合作关系、对所有自然资源以及社会和经济资源充分合理地利用，使现代特色农业示范区能够提高农业生产水平并实现最佳的经济和社会效益。

现代农业生态系统是一个复杂的系统，是一种人们利用农业资源与自然环境进行农业生产的生产体系，具有生产性、稳定性和持久性的特性。需要遵循生态学原理和经济学规律，协调好农业与各部门相结合的关系，并在一定程度上将不同时间和地区的自然、生命和人类社会的生产活动结合在一起，大力发展农业科技产业，不断调整农业系统生产结构和功能，实现品牌化经营和规模生产，形成良好的总体布局，达到农业生产的最佳效果，从而带动示范区的经济增长。

五、技术创新理论

技术创新理论最早由约瑟夫·熊彼特所提出，核心是结合不同因素和生产条件获得创新成果。熊彼特认为，创新的主体只能是企业家，通过生产要素的有机结合，把一种前所未有的生产要素引入生产体系。只有企业家才能组织和实现技术创新转化为成果和利润。迪过创新来刺激经济的周期性增长，使经济增长呈现不同的周期，并受其影响而变化。在这个过程中主要包含五个方面：第一，产品创新。将创新技术融入产品生产的过程中，使产品的使用效果得到改进，也更符合和满足消费者不同的需求。第二，生产工艺的创新。在产品的生产工艺上进行产品创新，加快产品的生产速度，提高劳动率和产品质量，从而提高产品在市场上的受众率和竞争力。第三，拓宽市场。通过产品营销和市场推广方面的创新，扩大产品的销售市场，使产品面向更多的消费者，使企业相比以前获得更多的利润。第四，改变生产的原料。除了自主研发之外，挖掘新型材料来进行生产原料的替换，实施产品成本和质量控制。第五，结构性创新。通过企业本身内部的创新来实现供给端的优化，从而提高企业的核心竞争力，改变原本的垄断模式，并通过新产品创造新的垄断地位。

现代特色农业示范区的建设也是一种创新的过程。在农业示范区进行生产要素、生产条件和生产组织的重新分配，明确农业产业体系的现代化方向，提高效率和生产力。

六、改造传统农业理论

1964 年，美国经济学家舒尔茨做出了对改造传统农业理论的理解。舒尔茨将农业分为三类：传统农业、现代农业和过渡农业。首先建立合适的改造传统农业体系，再将新的生产要素引入传统农业中，然后对农民进行人力资本投资。他认为，投资是造成传统农业停滞的原因，并且无法帮助农业经济增长，这使在最初条件下无法增加储蓄和投资。要解决这一问题，需要寻找新的低成本生产要素来改变收入流来源较高的均衡价格，以此来确保可持续的经济增长，即改变传统农业的发展方向应做到以下几方面：一是要进行投资；二是新的农业投入必须结构合理，能使质量不断提高；三是生产要素的价格要合理；四是加强农业科研水平；五是需要建立多种类型的社会服务组织来提供多层次的社会服务；六是要改革农业管理体制。

传统农业是指一种生产技术和生产要素长期保持稳定的农业生产方式，尽管在一定时期内可以取得最佳效果，但缺乏内部发展潜力。从长远来看，生产效率不高，生产要素减少，不能适应现代社会的发展进程。可以将先进的技术渗透到传统农业生产力的各个要素中去，使农业链条不断扩大。遵循生产力决定生产关系的原则，提高农业生产力可以改善农业生产关系，例如提高农业生产资料、农业劳动对象、农业劳动者素质等生产关系，有助于建设现代农业体系。随着科学技术和社会经济的发展，现代农业在环境保护、资源开发等重要领域获得了重大进展，彻底发挥了领先企业的示范效应。

舒尔茨的"改造传统农业"是发展现代农业的重要基础理论，是包括目前正在进行农业转型的中国在内的发展中国家的重要标杆，对获取有关传统农业的知识以及现代农业的发展模式等方面具有很大的理论指导和参考价值以及借鉴意义。

七、农业多功能理论

农业多功能性代表农业具有多种功能，例如，政治、经济、社会、文化和生态等功能，并最终由土地资源的价值来衡量。农业的政治功能主要是农业在维持社会和政治稳定中所发挥的作用；农业的经济功能是农业的基本功能，是指农产品的供给和收入功能，农业主要通过向公众提供农副产品而发挥作用，以价值表示的功能；农业的文化功能主要采取土地本身形成的自然和人文景观的形式，赋予人们娱乐、美学、科教和文化交流等功能，例如开展乡村旅游、休闲农业等；农业的生态功能是指农业的每个要素都是生态环境中的关键因素，由土地和生物组成的生态系统具有调节气候、节约资源和维持生态平衡的功能；农业的社会功能是指促进社会发展和维护社会稳定的功能，例如促进农民就业、保障社会安全和粮食安全等方面。

在建设现代特色农业示范区的过程中，在满足人们对食品需求的同时，也要发展满足和扩展其他人类需求的隐藏价值，将特色产业、旅游业、娱乐文化产业和生态产业结合起来，形成新的产业形式，在发挥其生产和经济功能时，可以充分发展其生态、休闲、旅游、文化、研究和教育等各种功能。

八、可持续发展理论

在可持续发展理论中，强调如何在现代人的需求与子孙后代的需求之间取得平衡，在满足现代人需求的同时，如何改变那些可能会影响子孙后代需求的因素，以此来避免未来可能会遭遇资源不能满足后代人需求的危机。

可持续发展理论中包含现代农业的可持续发展，是可持续发展理论在农业发展中的体现和应用。现代特色农业示范区的建设离不开可持续发展理论的指导，根据可持续发展理论的标准，现代农业必须是可持续的，现代农业建设的内容和目标必须以当前需求为基础，以未来子孙后代需求为方向，尊重公平性、连续性和共同性原则，在兼顾经济效益的同时，也要兼顾社会利益和生态利益，才能长久健康地发展。

要长远实现现代农业的可持续发展，首先要解决资源需求与环境保护的矛盾。需要建立高效的循环经济和绿色农业发展体系，合理利用和保护农业资源，动态平衡农业资源保护与开发利用，大力发展绿色农业和低碳农业，在农产品的生产、加工和销售中保持资源需求与环境保护的协调发展，最终实现农业现代化可持续发展并实现整个经济社会可持续发展的总体目标。

第三节　现代特色农业示范区建设的分析框架

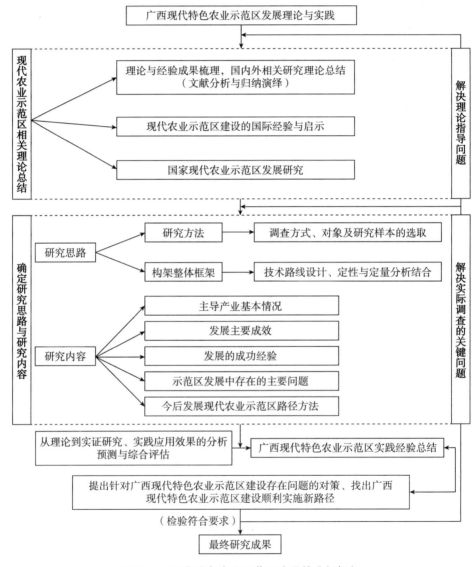

图2-1　现代特色农业示范区建设的分析框架

第三章　国内外现代农业示范区实践情况

现代农业在日本、美国、德国等发达国家有很早的发展历史，可以追溯到20世纪，这些国家农业现代化的发展很好地促进了本国农村的发展与进步。通过总结各地现代农业的发展情况与经验，助力广西现代特色农业示范区发展。通过分析我国具有代表性地区现代农业示范区的发展模式，从中总结经验，结合广西自身的情况，探索出符合广西发展现代特色农业示范区发展模式，推动一二三产业的融合发展，带动广西农村经济的发展，改善广西农村居民的生活水平，加快实现乡村振兴，为实现两个百年目标奠定坚实的基础。

第一节　国外现代农业示范区发展情况

一、日本现代农业

（一）日本现代农业发展情况

日本农业园区起步于20世纪60年代，逐步在全国范围内兴起。日本政府表示，观光休闲农业既可以深度挖掘农业资源潜力，还能拓宽农民增收渠道和保护环境，是一种新型的农业生产经营形态。日本政府为支持观光农园和市民农园建设经营，对从事观光休闲的农园进行了引导和扶持，采取了一系列措施，如建立健全了相关的法律法规，并出台了土地利用、财政、税收、融资等一系列详细政策。例如，1990年颁布的《市民公园事务促进法》、1995年颁布的《农山渔村停留型休闲活动的促进办法》、2005 年颁布的《特定农地贷付法》等。日本政府考虑到日本人多地少的特殊地理环境以及日本休闲农业的特性，同时也是为了避免经营主体恶性竞争土地，大力整合国内农业资源，对休闲农业的规划分布进行了科学严密的制定，对观光农业进行循序渐进、合理的开发以获得良好的社会效益、经济效益和生态效益。日本农业生产的专业分工十分明确，是最先提出"一村一品"概念的国家，每个地区充分发挥本地的资源优势，使每个村庄都经营一个具有区域特色的主导产业，村庄之间优势互补、相互依存。

日本的自然地貌多山地，适合耕种的土地面积小，生产成本高，这也促使了日本现代农业的发展。在这样的国情下，日本的大都市近郊的休闲农业园区得到了较快的发展。政府举办的休闲农业园区以假日农场（观光公园、体验农园、农业公园）为主体，大多处在城市郊边，将郊区的自然风光与城市的便捷交通融为一体，通过延续公园的经营思路，使其兼具农业生产和休闲旅游功能。

农业公园遵循一般公园的经营理念和管理方法，将传统农业与公园休闲设施结合起来，成为兼具农业生产、休闲旅游、健康养生、科教娱乐等多项功能的综合性园区。日本东京、名古屋、大阪三大都市圈是农业公园的主要聚集区，这些农业公园大多都是新的综合性农业园区，面积大小不一。近年来，日本政府大力支持体验农业园区建设经营，鼓励全民参与农业体验活动，通过多种渠道宣传现代农业公园。同时，日本政府还鼓励社会各个群体积极参与到现代农业园区的建设中去，推动其快速发展。综合性农业园区不仅提高了土地的利用率，还可以满足都市人体验种植娱乐教育的需要，让市民可以在游玩之余，真实地体验农耕生活，在亲力亲为中获得知识与感悟，满足都市人教育、休闲等各类需求。

（二）日本现代农业建设经验

1. 科学规划与保护生态环境

日本曾经是世界上重金属污染最严重的国家，当时出现了极其严重的土壤污染事件，导致农田损毁、山林荒秃，从此，日本对于生态环境的保护做出了巨大的努力，经过几十年的发展，日本现已成为世界上环境污染防治最先进的国家之一。几十年前的污染事件给日本人敲响了警钟，在建设现代农业公园前，经营主体要进行开发运行规划的申请，在开发和规划过程中也十分重视维持生态环境，保持公园原有的地理风貌，营造美好的乡村环境。日本农业公园在种植过程中均不使用农药、化肥，进行生态种植，便于游客放心食用，此外，游客的环保意识也非常强，能够在游玩中时刻注意环境保护。

2. 多途径传播

日本许多现代农业公园都配有专门的宣传出版物和媒介资源。农业公园在官方网站和园区的 LED 显示屏上会配有自制宣传片，游客也可以通过实时通信、光碟、宣传手册等了解农业公园建设情况。有些现代农业公园还为游客们专门开发了手机软件，通过软件可以让人们在观光时随时了解现代农业公园的空间角落布局，并且随时了解现代农业公园近期的特色活动和设备更新，为游客提供体贴的服务。

3. 投资主体多元化

现代农业园区的建设与发展离不开政府宏观政策及资金的支持，政府除了要做好农业园区的基础设施建设之外，还要发挥其主导力量，带动农业园区的经济发展，形成以政府为主，企业、社会组织和农民共同参与的融资模式，日本政府在这一方面值得其他国家学习。日本农业公园可由地方公共组织、农业协会、乡村企业等多方一起参与，多主体参与领导的经营模式既可以有效避免资金缺失风险，又能发挥各参与主体的自身优势，充分发挥规模经济，促进日本现代农业公园的发展。

二、美国现代农业

（一）美国现代农业建设情况

美国独特的历史条件以及幅员辽阔、地大物博的自然条件造就了美国现代化农业发展的必然性。美国人口少土地多，基于这一特点，美国农业大量展开机械化发展，开始了美国现代化农业建设。在 1959 年，美国的主要农作物小麦、玉米等的耕、播、收割、脱粒、清洗已实现 100% 的机械化。第二次世界大战之后，美国开始追求高的产出率，美国为此提出良种化概念，在有限的土地上最大限度地提高土地产出率，再加上机械的投入，美国农业现代化建设进程也逐步推进。在美国现代农业化进程加快过程中，化肥的使用量也在逐步提高。20 世纪 70 年代前后，美国对农业的研究开始转向提高农产品的质量和产量方面。通过利用航天工程技术、核辐射技术和遗传生物工程方法，为了使其品质提升、产量提高，美国开始研究改造种子的遗传基因使其得到优化。随着生物技术和计算机技术的发展，美国农业的现代化水平始终走在世界前列，美国的农业生产更趋于区域化、工厂化、专业化和自动化。

（二）美国现代农业建设经验

1. 充足的资金支持

农业的相关工作的研究和推广需要大量的资金支持，而美国政府不仅为研究、实验和教学提供必需的技术和资金支持，美国国会也通过的相应法案为各机构提供必要的研究资金，加强农业研究建设，建立必要的实验设施开展相应的农业科研工作。美国政府为了进一步提升农业水平，开始了大范围的农业技术推广，使农业知识迅速普及和农业技术迅速应用传播。美国充分集中科研、实践和教育等各部门力量，推动相关农业科学的发展。为此建立了融合农业科研院校、农业试验站和农业技术推广站于一体的农村技术推广普及体系，为未来的壮大打下了坚实的基础。

2. 建立多渠道农业出口信贷提高农业出口积极性

美国政府为了改变农民信贷资金不足导致农民农业生产积极性降低的情况，提出建立多渠道农业出口信贷加强农业信贷。美国政府通过降低农业贷款利率，为农民贷款提供帮助，减少了因为缺少资金而使农业进程受阻的情况。与此同时，为了更好地为农民提供服务，美国也相应地建立了农业贷款局和乡村信贷机构等部门，这些部门的建立在一定程度上为支撑农业发展提供了资金保障。

3. 提供有法律效力的农业政策保障

通过立法可以稳定农业的投入机制，使对农业的投入有法律保障。通过立法和制定保护农业的政策可以在一定程度上推进农工商一体化。美国尤其注重法律和政策对农业的保障，现已形成了完善的产业化政策体系。美国国会为确保农业在产前、产中、产后各个环节都得到法律保护，专门制定了几百部有关农业的法律。美国政府更注重农业的执法和监督，为此由联邦政府、州政府、私人企业共同按比例出资，每年会花费数十亿美元进行严格与全面的执法监督。

三、荷兰现代农业

（一）荷兰现代农业建设情况

荷兰曾有"海上马车夫"的美誉。发达的海运、四通八达的交通运输网将各种农产品和花卉运往各地。荷兰发展现代农业有着得天独厚的条件。在地理位置方面，荷兰位于欧洲的西北部，在英国、法国、德国、比利时、瑞典、丹麦、挪威几国之间。在农业生产条件方面，土壤肥沃适合种植薯类和花卉；内陆河纵横提供了便利的灌溉。同时，畜牧业发展也十分适宜。

荷兰农场规模普遍较大，所有农场平均面积是 16 公顷，农场总数达到 12 万个。连成一片的大规模农场适合机械化生产和现代化的管理运营，产生了巨大的经济效益。合作社运营是荷兰农业的主要联合方式，如今荷兰的农民合作社发展较为完善，有采购、销售、生产资料供应、信用的功能。每个合作社都有自己明确的职能和经营目标。合作社的规模也在扩大，一些行业占有率高达 100%，如土豆加工市场等。

荷兰农业的发展离不开发达的农业教育、科研、推广系统。农业教育由四个层次组成，分别是初等教育、中等教育、高等教育、大学。荷兰的非正规农业教育如职业教育和培训基本覆盖了所有的农村。发达的教育决定了荷兰农民拥有较高的农业从业素质，加快了农业一体化、农业科技的发展。

（二）荷兰现代农业建设经验

1. 以市场为导向发展农业产业集群，延长产业链

荷兰的现代高效农业是一个农业综合体，由投入品供应、农产品生产、加工、销售、信息服务五部分组成一个整体。人口的增长和经济的发展极大地刺激了荷兰的农产品需求。农业技术的有效推广使农产品质量得到了极大的提升。由于荷兰本国的人口总量有限，得益于优越的地理位置，荷兰致力于发展农产品国际贸易，拓展海外市场。

2. 构建农业合作运营机制，提高专业化合作化水平

荷兰普遍采用家庭农场的生产方式，但农户间通过合作社形成利益共同体，合作社通过联合建立行业协会。荷兰的合作社主要是三种：一是信贷合作社；二是采购类合作社，满足农业生产资料的购买需求；三是销售加工类合作社。荷兰的合作社运营体系使农业生产、农产品的加工、运输、销售更加高效、合理、优质。

3. 重视农业科技，推动技术进步

普遍、高效、多样的农民职业培训极大地提高了农业劳动生产率。荷兰政府规定，只有通过农业技术相关培训并取得证书才有农民资质进行生产经营。这一做法从制度层面促进了农民职业化。荷兰农业部门对智力投资巨大。同时，先进农业科技得到高效推广运用，如设施园艺的发展得益于智能温室、照明、节能等技术的推广。

4. 健全农产品流通机制

农产品区别于其他商品，对运输储存要求较高，有着明显的时效性要求。因

此，高效畅通的农产品流通渠道是农业发展的关键。荷兰的农产品流通体系是生产者—拍卖者—批发商—零售商—消费者。这一套流通体系缩短了农产品从田间地头到消费者手中的时间，减少了中间环节和恶意竞争，减少了损耗，降低了成本，提高了农产品利润。

四、巴西现代农业

（一）巴西现代农业建设情况

巴西地大物博，陆地面积排名世界第五，位于亚热带和热带地区，潮湿多雨，水能资源和森林资源丰富，太阳光照强，能够满足作物生长所需的水和热，适合农作物的种植。巴西的森林面积远高于其他国家，占该国土面积的 65%。巴西的平原面积较大，占土地面积的 13% 以上，拥有 3.88 亿公顷良田，其中 9000 万公顷尚未开发利用；同时，巴西丰富的森林资源可以调节气候并净化空气，这非常有利于巴西的农业发展，它是世界上少数几个同时适合农业、林业、畜牧业发展的国家之一。巴西出口贸易发达，是重要的农产品生产国和出口国。其中，咖啡和蔗糖是巴西农产品出口的支柱，其世界生产和出口量排名第一。2001 年，巴西的大豆产量达 3900 万吨，成为仅次于美国的第二大豆生产国，并超过了亚洲的总产量。巴西农业的主要组织是农业合作社，它可以保护农民的生产自主权，有利于实现巴西农业产业化和供销一体化。目前，巴西拥有 5500 多个合作社，覆盖 12 个领域，包括农业、畜牧业、劳工、卫生、电力、通信消费者服务。

（二）巴西现代农业建设经验

1. 实施农业规模经营

通过机械化生产，巴西大大地提高了农业生产率，并在很大程度上实施了规模管理模式，巴西历届政府也很关注小农土地不足的问题，一直坚持农村土地所有权制度的基本地位，为巴西现代农业生产的发展创造了物质条件，促进了巴西农业的迅速发展，这些做法为中国提供了参考经验。根据巴西的实践经验，农业规模经营的模式适合在人口数量较大的国家实行，需要尽可能减少剩余劳动力，将农村剩余劳动力向城市转移，提高城市化水平，并加快农村土地流转，使大量土地向农业经营大户集中，使土地得到最大限度的利用。

2. 加快发展现代农业科技

现代农业的发展必须结合生态环境的发展。巴西政府为了合理有效利用农业资源，防止滥用和浪费农业资源，制定了一系列法律法规和技术措施，产生了良好的效果，奠定了巴西农业可持续发展的基础。在过去五年中，巴西政府不断发挥科学技术在农业生产中的作用，还成立了专门的农业科学研究机构，对农业发展研究的投资已达联邦政府支出的15%，联邦政府的财政资金主要用于农业科研项目的研究和融资以及与大学中的农业教学有关的研究等。中国虽然地大物博，但人口数量大，每个居民对资源的占有比例很低，在过去环境被过度开发、资源过度消耗的情况令人担忧。因此，在现代农业的建设中需要引进先进的农业技术并合理运用，从而实现经济效益、生态效益和社会效益的统一。

3. 积极开展国际和国内合作

经济全球化的趋势不断加强，各国农业应该紧密联系，加强国际合作。巴西农产品大量出口国外，提高了巴西农产品的对外销售水平，也增加了额外的资金保障，这些资金可以投入当地的农业生产。中国应根据国情，适当引进国外高效的农业管理经验、高素质的人才和先进的现代农业科技，充分利用中国农产品的比较优势，培育农产品出口点，不断增加中国农产品的国际份额。同时，加强与世界各国的经贸合作，鼓励国内更多的农业企业走向世界，例如，在适当的条件下，可建立与巴西长期的农业经济合作关系，在巴西进行专项考察和对口交流，参与巴西的农业生产合作，针对在中国不常见的高质量农产品，可以利用巴西廉价的土地进行农产品生产，然后通过低廉的价格来进行出口的直接贸易，这样我们既可以赚取外汇，也可以学习更多先进的技术和管理方法。针对中国的农业发展面临土地储备不足的问题，应该允许具有经济实力的公司向海外投资和开展农业生产，以扩大我们在拉丁美洲国家的市场。

五、德国现代农业

（一）德国现代农业发展情况

德国国土总面积35.7万平方千米，其中，农业用地面积约为19万平方千米，占国土总面积的一半以上。德国是欧盟农产品生产的主产国之一，动物类生产位列欧盟第二，植物类生产位列欧盟第四，农产品出口名列欧盟前列，尤其是农业机械的出口，在欧洲位列第一。第一是德国农业呈现出了高度的现代化。农业生产逐步转移到了以科学技术为引领的生产方式中，德国普遍实现了农业管理的科学化、农业生产结构化、农民生产技术专业化，农业向着现代化持续发展，科技成为强大的农业生产力。第二是严格的产品质量控制，建立完善的食品追溯制度，消费者能根据自己的需求选择不同的产品。同时，各种食品都有严格的食品法规，食品生产必须符合这些法规制度，确保食品安全。第三是生产高效化。德国农产品的自给率水平很高，谷类、马铃薯、糖和肉类中的牛肉，不仅能自给，同时产量还可出口国外，牛奶和猪肉能满足自给，只有禽肉需少量进口，禽蛋的进口量在30%左右。第四是服务专业化。德国的农业服务组织分为许多不同种类，可以为农业生产提供包括科技、信息、机械和农资供应等专业化服务。第五是农村人文化，在保证生产的前提下保护农村自然环境和生物多样性，塑造了多彩美丽、碧草绿荫、充满人文氛围的乡村田园风光。

（二）德国现代农业建设经验

1. 构建多元化投资

德国的现代农业一般依托农业园区发展，它是一种集种养贸工农于一体的资本富集型产业。第一是把政府项目聚合到园区。整合资源，既能提高生产利用效率也能提高规模效应，还能加快园区的建设发展。第二是将工商资本投入农业产业。政府积极出台相应的优惠政策，吸纳各界资本的进入，构成多元化的投入格局，带来新的企业化管理模式。

2. 积极培育休闲农业

德国在发展农业的同时，非常注重休闲农业发展。而休闲农业的发展是推动现代农业进一步发展的重要途径。休闲农业的建设发展能带动农业园区的发展，将一产向三产转变，促进农产品由功能型消费向文化型消费转变。德国在发展现代农业的同时还积极建设发展休闲农业，重点打造旅游线路、休闲农庄、特色主题农业园等各具特色的休闲农业，满足了现代社会发展人们日益多元的生活及心理需求。积极鼓励各利益相关者参与休闲农业建设开发，发展一批具有主题特色、科技含量高、基础设施完备的休闲农业项目推动现代农业的发展。

第二节　国内现代农业示范区发展情况

现代农业示范区是优化农业产业结构、促进一二三产业深度融合的重要载体，中央一号文件提出要建设集生产、加工、科技为一体的现代农业示范区，政府工作报告也提出打造现代农业示范区。通过建设一批基础设施齐全、各要素集中、具有当地特色、生产方式绿色、辐射带动能力强的一二三产融合的现代农业产业园，形成乡村发展新动力，带动各地农业产业园建设，构建各具特色的乡村产业体系，推动乡村产业振兴。

一、中国现代农业示范区建设发展情况

（一）全国现代农业示范区建设情况

1. 国家现代农业示范区提出

为了深入贯彻中国共产党十七大及党的十七届三中全会的精神，加快农业现代化建设发展，2009 年，中华人民共和国农业部决定开展创建国家现代农业示范区及相关工作。为了使农业生产更高效、品质更优良、生态更环保，在现有的示范园区基础上，开展高标准、高水平国家现代农业示范区建设工作，实现"现代农业发展的先行区，典型示范并带动辐射周边，引领传统农业改造升级，培育现代农业科技化、信息化，加快中国特色农业现代化建设"。2010 年中央一号文件和国务院《政府工作报告》对创建现代农业示范区提出了明确要求，为深入贯彻落实中央关于加快推进农业现代化重大战略决策，2010 年 8 月，农业部组织认定了首批示范区，明确了创建工作的根本目的和思路，强调要以党的十七大和十七届三中、四中全会精神为指导，贯彻落实科学发展观，"高起点、高标准和高水平地创建一批国家现代农业示范区，转变发展理念，强化物质装备，提升科技水平，完善产业体系，创新经营方式，培养新型农民，建设现代农业发展的先行区，充分发挥典型示范和辐射带动作用，引领传统农业产业改造升级，培育壮大新兴农业产业，加速推进中国特色农业现代化建设"，由于中国农业的特殊性，现代农业示范区是中国特有的现代化农业建设项目。

示范区创建的目的在于促进农业发展方式转变、建立新的农业生产组织形式，为促进农户与市场的有效对接搭建新平台，为促进农业增效开辟新渠道。总结全国各地现代农业示范区的建设情况来看，近几年全国各地建设了一大批现代农业示范区，这些现代农业示范区的建成在推动现代农业发展方面取得了一定成效的同时，也存在一些问题，呈现出不同特点，主要表现为：一是层次多、差异大，中央相关部门、省级各部门、地市、县、乡均建立了不同等级、不同层次的示范区，不同层级农业园区发展水平差别较大。二是类型多，有粮食绿色高产高效创建主题示范、畜牧绿色发展示范县创建主题示范、水产健康养殖主题示范、主要农作物生产全程机械化主题示范、"互联网＋"现代农业主题示范、农业经营体系升级主题示范、新型职业农民培育主题示范、农村一二三产业融合发展主题示范、农产品质量安全提升主题示范、财政支农资金统筹使用主题示范。三是参与主体多，一般一个现代农业示范区会有政府组织、非政府组织、企业、农民、农业科研院所等组织机构的参与。四是管理难，园区建设与管理涉及多层次、多部门、多主体，难以有效加强管理。

2. 国家现代农业示范区建设整体情况分析

2017 年，农业部对 283 个国家级现代农业示范区的综合建设现代化水平进行了监测和评价，国家级示范区的建设现代化水平总体处于稳步增长的态势，年建设增速目标为 4.9%。根据评分要求，建设水平综合得分等于或高于 75 分的示范区为农业现代化基本实现阶段，其中，120 个示范区成为农业现代化基本实现阶段示范区。283 个国家级示范区的农业生产经营管理水平、科技推广经营管理水平、农业物质生产装备经营管理水平、产出经营管理水平、支持经济发展水平和农业可持续发展水平基本可以分别实现 83.1%、116.%、99.6%、78.5%、99.9%和 98.1%的提升。据示范区监测与评价分析报告数据显示，示范区农民人均纯收入达到 1.37 万元，比全国现代农业平均水平高 0.5%；农民劳动生产率相当于全国现代农业平均水平的 2.1 倍，国家现代农业机械化示范区在全国广泛发挥了重要的政策引领、示范和科技成果推广的作用。

（1）国家现代农业示范区建设具体情况分析。根据国家统计局经济区域划分和管理办法，将经济发展区域划分为东部、中部、西部和东北地区 4 个经济发展区域，根据 2017 年统计的 283 个国家级现代农业示范区中，有 120 个国家级现代农业示范区进入农业现代化基本实现阶段，其中，东北地区建设 18 个，占总示范区数的 6.01%，其中辽宁省 7 个、吉林省 5 个、黑龙江省 6 个；东部地区建设 50 个现代农业示范区，占总示范区数的 17.67%，其中北京市 1 个、河北省 6 个、上海市 1 个、江苏省 17 个、浙江省 7 个、福建省 3 个、山东省 13 个、广东省 2 个；中部地区建设 25 个现代农业示范区，占总示范区数的 8.83%，其中山西省 2 个、安徽省 3 个、江西省 5 个、河南省 7 个、湖北省 5 个、湖南省 3 个；西部地区建设 27 个现代农业示范区，占总示范区数的 9.54%，其中内蒙古自治区 5 个、重庆市 2 个、四川省 3 个、陕西省 1 个、甘肃省 2 个、宁夏回族自治区 5 个、新疆维吾尔自治区 9 个。数据显示，我国的现代农业和示范区的整体能力建设和水平正不断进步发展，而从四大经济区域的示范区得分排名靠前的农业示范区现代化得分情况来看。东部、中部、西部和东北部地区得分排名前十的示范区都已经全部实现了农业现代化，但从各个省份的建设情况看各区域内部经济发展均衡程度不一，东部地区与其他地区发展均衡水平相对差异明显，中部、西部和东北部地区整体发展相对均衡。

（2）现代农业示范区建设取得的主要成效。经过多年的建设发展，示范区的农业现代化建设成效明显。一是农业现代化水平不断提升，283个示范区农业现代化水平处于全国领先地位，农作物耕种收综合机械化水平达76%。二是探索建立了一批独具各地特色的示范区建设模式，代表性的有黑龙江垦区现代化大农业建设模式、陕西延安市节水生态农业建设模式、贵州省湄潭县山区特色农业建设模式、河南省永城市农业产业化集群建设模式等，这些模式为相近发展阶段、相近产业的地区发展提供了借鉴。三是示范带动作用不断增强，示范区不仅自身建设和发展速度加快，还通过建立健全区域合作交流机制，带动了周边其他地区的发展。

（3）创建意义。创建国家现代农业示范区，是促进农业增产增效、农民持续增收的重大举措，对示范和引领现代农业建设具有重大意义，能进一步促进现代农业又好又快发展。

1）示范引领作用。现代农业示范区是提高农村经济效益和农民收入的必然选择。现代农业示范区的建设能为现代农业的建设提供有效的参考借鉴。现代农业示范区以基础设施完备、技术先进、高效绿色为特点，体现了未来现代农业的发展方向，也是农村的未来发展方向。

2）现代农业的抓手。现代农业示范区依托园区这一载体，推动农业生产要素、资源向园区集聚，是推进农业产业化、规模化的必经之路，是促进农民增收致富的重要手段。在原来发展的基础上，不断总结经验，按照高标准、高规格建设一批又一批现代农业示范区。

3）产业聚集的载体。分散经营已经不适合现代化的发展要求，为了能够更高效地发展现代农业，就必须突破当前规模和产业发展的"瓶颈"，走农业区域化布局、一体化经营之路。

3. 现代农业示范区建设的战略意义

创建国家现代农业示范区为推进农业现代化发展奠定了基础；为推进区域现代农业发展、保障粮食等主要农产品有效供给树立新样板。为探索建立新的农业生产组织形式，促进农户与市场的有效对接搭建新平台。同时，也为城市居民提供休闲、科普教育基地和农业文明传承载体，在全社会形成热爱农业、关心农业、重视农业的良好氛围。

（二）全国现代农业示范区建设发展中存在的问题及发展经验

1. 国家现代农业示范区发展中存在的问题

（1）保障国家粮食安全与增加种粮农民收入的矛盾依然存在。目前，农产品的生产大部分依旧处在一种生产成本居高不下，销售价格却不高的困境中，而从农民自身角度来讲，最关心的是如何提高收入。为了追求更高的利润，有相当一部分农民放弃耕地，转为外出打工。按照目前情况来看，科技化、机械化农业生产水平不均，受地域、地形等限制严重，还是十分依赖农户进行生产，但由于利益分配等问题，部分示范区区域内粮食播种面积减少，出现了不同幅度的粮食产量下降，进一步导致粮食综合生产能力的下降。同时，国际农业垄断资本对我国粮食安全也产生了不良影响。为了实现示范区农民的增产增收，保障粮食安全有待于进一步积极探索。

（2）示范区发展不平衡现象较为显著。全国各区域不同的示范区在各具体指标上农业现代化实现程度处于不同阶段，同时，由于示范区分布区域不同，各区域客观条件上就存在一定的差异，这也导致了示范区发展的不均衡。在推进各区域、示范区之间均衡发展，提高农业现代化建设发展水平上任重而道远。

（3）提高农业经营管理水平难以突破。现代农业示范区经营管理水平仍存在一定的问题，由于农业经营管理水平参差不齐，使示范区建设的基础设施不完善，规模化水平受到限制；社会化服务体系不完善，尤其与发达国家和地区相比，农业现代化、标准化进程缓慢。具体实施中，农民组织化水平不高，所承担风险有很大一部分在农户身上，政府和社会帮助仍存在不足。

（4）高质量农产品供给不足。随着时代不断进步，消费者的需求也在不断提高，安全、健康和高品质是未来农产品的发展方向，而现在市场上所销售的主要初级农产品，质量参差不齐，有的甚至没有质量保证，各示范区在提高农产品质量、打造农产品品牌上仍需努力。

2. 现代农业示范区成功经验

（1）优化顶层设计，制定合理规划。政府认定示范区的措施提升了示范区的竞争力。政府的支持是示范区建设的重要保障。政府要积极制定有效合理政策，规范推进示范区建设工作运行。通过成立各层级工作领导小组，出台政策文件，设定现代农业建设考核任务，合力推进示范区建设。

（2）整合多方资源，实现机制创新。各示范区积极与科研院校、农业龙头企业开展产学研合作，建立健全多成分、多形式和多功能的农业科技推广服务体系；从自身实际出发，在人才培养、科技创新、经营管理等方面加强培育力度；积极推动信息化建设，实现信息与经营、管理等方面的有机融合。

（3）注重绿色发展，提升生产效率。现代农业示范区的建设发展是基于绿色发展理念，坚持走资源节约型和环境友好型的发展模式。加快推进现代农业的发展，让示范区的绿色发展达到集约化、精细化的发展目标，最终实现多重效益提升。

二、部分省份现代农业示范区发展情况

分析各省现代农业示范区发展概况并进行经验总结。主要分析具有代表性的湖北省、广东省、江西省、四川省、贵州省、内蒙古自治区、台湾省，简要阐述各省份建设现代农业示范区进展。

（一）湖北省

1. 发展概况

湖北省在现代特色农业发展上取得了不小的进步。以湖北长阳为例，调整农业结构，大力培育特色优势产业。全面整合了人力、物力、财力资源，以市场为导向，以质量为关键，突出重点、效益优先，六大现代特色农业基地已经建成。六大基地分别是高山蔬菜、清江茶、清江水产、清江药材、畜牧养殖、清江柑。这些现代特色农业产业基地发挥自身优势，培育优质农产品，打造特色品牌，经济效益日趋凸显。

2. 经验总结

（1）明民情顺民意，科学发展。立足民情民意，从人民的需要出发，确立科学发展的思路，大力发展现代特色农业，提高农业发展水平，切实提高农民收入。从政策上，明确发展规划，积极引导，给予适度的支持，推动现代特色农业的形成和发展。

（2）完善基础设施，营造公平环境。一方面，加大农村基础设施建设，如"村村通"工程、高速公路建设、城乡电网改造等工程，改善农村生产经营条件，为现代特色农业发展提供条件。另一方面，健全规章制度，提供现代特色农业发展制度保障，依法整治和规范市场经济秩序、严厉打击假冒伪劣经营活动，全面营造公平、公正的市场环境。

（3）人才培养和科技创新双管齐下，推动结构升级。发展的主体永远是人才。发挥政府主体作用，湖北省加大教育经费投入，建立"助学启智"体系，逐步构建多维度教育支持体系，加快创新型人才的培养。与高校、科研院所展开紧密合作，建立研发中心，开发推广新型实用农业科技，为农业结构升级提供支撑。如高山蔬菜、清江柑等产区实施标准化生产经营，提高了现代特色农业的产品品质和市场竞争力。

（4）立足资源优势、推动产业升级。资源优势是现代特色农业发展的立足点。独特的地形、气候条件，肥沃的土壤、优质的水资源，丰富多样的物种和悠久的种植养殖传统都是促进湖北省现代特色农业发展的优势条件。良好的区位优势决定了优质的农副产品有着广阔的市场空间。产业的不断升级不仅会带来农业生产质与量的提升，而且会带来生产方式、经营水平、产品营销、品牌建设等多个方面的变化，更有可能催生、带动新的相关产业的发展。

（二）广东省

1. 发展状况

从 20 世纪末开始，广东省以建设现代农业园区来推进现代农业的发展。2003 年，广东省决定建设 12 个农业现代化示范区，随后，广东省政府设立农业科技园区和农业标准化示范基地专项资金，支持现代农业示范区的建设。目前，以市或县行政区域为示范区建设与带动区域，在全省范围内成功打造 11 个国家级现代农业示范区，让这些国家级的现代农业示范区成为全省区域内的现代农业的样板区，推动现代农业示范区发展，全面推动广东省农业农村的改革与发展。

2. 广东省发展现代农业的经验启示

（1）建立现代农业的投入保障机制。现代农业发展缓慢的重要原因之一是公共财政投入不足。政府建立投入保障机制，让公共财政政策向"三农"倾斜。制订农村金融整体改革的方案，引导金融机构和企业对"三农"投资、放贷。积极探索多种投入方式，广泛吸纳各界资本投资现代农业，培育新型农业市场主体。

（2）加快现代农业基础设施建设。农业基础设施是农业发展的前提和基础，有了良好的农业基础设施，更能发挥农业生产的效率。首先，广东省通过改善农业生产条件，做好农村山、水、田、林、路的综合治理。其次，推动农业绿色发展、可持续发展，鼓励发展循环农业、生态农业、有机农业。最后，加快现代农业园区建设，规划建设一批基础设施齐全、发展能力好的农业现代化园区，以推动现代农业不断发展进步。

（3）研发推广现代农业科技。随着社会进步，农业生产中需要包含的科技越来越多，农业已经由"靠天吃饭"向"靠科技谋发展，靠科技求效益"转变，而现代农业更是一种科技型产业，工具、手段、农民等各方面都需要不断进步。广东省农业科技进步贡献率由原来的 45% 上升到了 51%，科技成为农村经济发展的主导因素。广东省以市场为导向，引进国内外优良的农产品品种和先进的农业技术，全面改造传统农业，促进耕作技术的更新换代，不断优化农业产业结构，促进农业增效和农民增收。

（4）发挥现代农业的多功能优势。完善农产品加工体系建设，大力发展农产品深加工产业，提高农产品生产质量和管理水平，树立知名农产品品牌。完善农产品市场流通体系，完善农产品从田间到市场的物流体系，保证农产品质量，构建全方位服务体系，为农产品提供产前、产中、产后全方位服务。

（5）健全现代农业经营体系。培育发展龙头企业，引领带动积极性高、能力强的农户进行农业生产。依托政府优惠政策，围绕主要产业、主要产品，按照当地特色，加快发展农民专业合作社，提高农民的组织化程度和参与市场竞争的能力。扶持农产品流通企业，构建新型农产品流通体系，促进农产品流通环境良性化，提高农业经营水平。

（6）现代农业建设促进农民分工分业。由于广东省经济发展快速，大量农民有了选择职业的机会，当地有很大一部分农民脱离了第一产业，选择第二产业、第三产业进行就业，农民不再是一种身份，而是变成了一种职业。虽然从事农业生产的人数减少，农业份额降到了很低的比例，但现代农业的发展为农民带来更高的生产效率和生产能力，农业从业人员能获得不低于甚至是高于其他行业的报酬，实现了土地、劳动力、资金等资源的优化配置。

（三）江西省

1. 发展状况

2017 年，江西省出台了《关于进一步加快现代农业示范园区建设的意见》《江西省现代农业示范园建设管理办法》。提出建设现代农业示范园区要秉持创新、协调、绿色、开放、共享的发展理念，坚持"政府推动、企业主体、市场运作、政策扶持、多元投入"的发展思路，大力推进以"四区四型"为一体的发展模式。实施生态种养区、精深加工区、商贸物流区和综合服务区协同发展，打造绿色生态型农业、设施型农业、智慧农业和休闲观光型农业。江西省加大力度做强核心区、提升示范区、扩大辐射区，力争把园区打造成为要素集中、产业集聚、经营集约的现代农业综合体。江西现代农业示范区以主导产业为重点，着力打造生产、加工、贮存、物流、销售和服务于一体的农业全产业链，以省级以上园区为平台，培育壮大农业产业集群，大力推广种养结合的生态循环利用模式，培育构建生态循环农业。积极推行促进农业与互联网结合，加快打造电子商务平台及配套服务体系，建成线上、线下相结合的现代农业流通链。

江西省还提出了建设现代农业示范园区的八大标准，分别是主导产业突出、建设规模集中、设施装备先进、科技水平领先、绿色生态发展、经营组织高效、示范辐射明显和机制体制创新。并出台了《江西省农业生态环境保护条例》《关于推进绿色生态农业十大行动的意见》等一系列政策法规，有效保证了园区的生态环境。江西省坚持实施生态农业"十大行动"，突出绿色生态，打造农业品牌，落实农产品标准化生产和完成农产品"三品一标"认证，健全农产品质量安全可追溯体系，做大做响绿色生态农产品品牌，使消费者食用放心。江西农产品品牌的知名度和影响力在不断扩大，打造了赣南脐橙、南丰蜜橘等全国知名品牌。

江西省为加快培育现代农业园区新型农业经营主体，在园区开展新型职业农民培训，打造了一批具有专业技能、高度社会生态责任感的新型职业农民。江西省加大了技术、资金等支持力度，组建农业合作社，扶持发展一批专业大户和家庭农场，对其进行教育培训和素质管理，培育一批农村骨干农民。

江西省在政策方面也大力支持示范园区的建设，对从事农、林、牧、渔业项目的园区采取免税政策，依法免征、减征企业所得税。从事农业生产的单位和个人销售的自产农产品的园区，按规定免征增值税。园区内增值税一般纳税人，按照相关规定实行增值税进项税额核定扣除的，依核定扣除办法按生产销售产品的适用税率计算进项税额。

江西省通过发展现代特色农业来促进现代农业发展，对园区建设高度重视，在园区建设过程中，注重发展龙头企业带动和牵引作用，提升园区发展水平。截止到 2020 年 6 月，江西省共创建 11 个国家级现代农业示范园，291 个省级现代农业示范园，初步形成了一区多园、以点带面、梯度推进的现代农业示范园区建设格局。同时，江西省政府十分重视对现代农业示范园区的资金投入，2020 年江西省财政安排专项资金，重点推动建设一批省级现代农业示范园，对 20 个省级现代农业示范园项目实施单位进行了资金奖补，总投资 3800 万元。

2. 经验总结

（1）从战略的高度规划现代农业发展。发展优势特色产业是现代农业示范区的重要产业支撑，是推动区域经济特色化、差异化、规模化发展的重要途径。江西省优势特色农业产业历来众多，同时，江西也是我国水稻生产的大省，有鱼米之乡的美誉。江西省的柑橘产业和油茶产业在省内具有明显的市场主导优势，发展势头迅猛。环鄱阳湖区是江西省主要的淡水产品生产基地，每年调入外省水产品超过 100 万吨。江西省根据省内的优势资源，将省内最有区域优势、最有潜力的柑橘、水稻、环鄱阳湖区水产、油茶产业作为本省的优势主导产业，大力发展特色农业，进行总体规划。

（2）以全局的眼光，创新财政支农机制。随着农业规模化、产业化的推进，农业对资金的需求更大，而农业的天然特性决定了其弱势产业地位。从传统农业向现代农业逐步推进，提高农业生产能力、扩大农业生产规模、提升农业产业化经营和与其他产业的竞争力，少不了国家公共财政的支持。但长期以来，国家对农业的投入是分部门、分块下达的，资金分散，没办法做到处处落实，还有地方对资金落实情况监管不到位，导致财政资金"打水漂"。只有将财政支农资金整合起来，才能发挥出资金的规模效应。江西省通过采取有效的举措，调动了各市县参与现代农业建设的积极性，江西省政府要求资金投入突出重点，使财政资金达到最大效益，发挥资金"四两拨千斤"的效应。

（3）从可持续角度出发，重点抓好绩效考评。近年来，中央财政资金分配趋向于按绩效分配，将资金分配与项目绩效挂钩。江西省在工作上重点抓绩效考评，创新思路，抓出地方特色，尽力争取中央财政资金支持现代农业生产发展项目。江西省政府高度重视示范区年度绩效考评，大力监管各市县财政安排是否落实现代农业的专项资金，要求项目实施必须落实经营主体，建设项目必须落实后续的监管责任。江西以四个注重理念（注重产业提升、注重项目统筹、注重资金整合、注重机制创新）进行农业经营生产。

（4）品牌攻略亮出地方特色"名片"。江西省对品牌管理统一实行"五统一"制度，即统一品牌、统一包装、统一商标、统一分级标准、统一采摘时间，更好地体现农产品品牌标准化，提高品牌知名度。江西省利用地方农产品资源优势，打造了万年贡米、鄱阳湖大闸蟹、齐云山茶油、南丰蜜橘等优质农产品品牌。

（四）四川省

1. 发展状况

目前现代农业园区的建设既包含国家级园区和省级三星、四星、五星园区，又涵盖川粮油、川猪、川果、川牛羊等十大优势特色产业，覆盖生产、加工、销售、物流等全产业链。自2019年以来，四川立足十大"川字号"优势产业，以现代农业园区建设为载体，加快推进现代农业产业"10＋3"体系建设，累计建成各级园区948个。其中，建成和创建国家级产业园11个，首批认定省星级园区35个。示范区耕地适度规模经营率达到75%以上；示范区培育年产值或销售收入已实现1亿元以上的龙头企业100家以上，10亿元以上的企业30家，100亿元以上的企业5家，农业产业化经营率突破80%；示范区农民专业合作社发展到4200个以上，大多数农民专业合作社为合格的市场经济主体，90%以上的农户加入农民专业合作社；示范区农村新型集体经济组织发展到2500个以上，农村集体资产全面实行股份量化。力争到2022年，创建国家现代农业产业园、科技园、创业园等30个以上，省级现代农业园区150个以上。围绕农业提质增效，加快发展循环高效农业、农产品加工业和新产业、新业态，大力发展休闲农业、生态康养等。同时，壮大园区经营服务主体，通过土地经营权入股等方式促进农民长期受益。强化科技支撑、投入保障，培养一批新型职业农民。

2. 发展经验

（1）抓好国家现代农业示范区建设。2011年，成都市、南充市、广安市广安区被认定为第一批国家现代农业示范区。2012年，攀枝花市、眉山市东坡区、泸州市江阳区、苍溪县入围第二批国家现代农业示范区。四川省认真贯彻农业部关于现代农业示范区建设的要求，督促3个市、4个县（市、区）完善规划、细化措施、整合资金、整体推进，努力把示范区建成主导产业集聚的功能区、先进科技转化的核心区、生态循环农业的样板区、体制机制创新的试验区、项目资金整合的投入区。

（2）建设现代农业产业基地。争取省级财政设立现代农业产业基地建设专项，支持各地产业基地建设。截至2020年底，全省累计建设现代农业产业基地3412.4万亩，其中，新建819.8万亩，改造提升2592.6万亩。

（3）实施现代农业千亿元示范工程。在全省实施现代农业千亿元示范工程，并将1000个万亩示范区建设任务分解，落实到市（州）、到县（市、区）。各地以万亩亿元示范区为抓手，在规模化、标准化、集约化上下功夫，促进基地增量扩面和提质增效。

（五）贵州省

1. 发展状况

（1）政策落实推动发展。贵州省委、省政府在 2015 年出台了《关于加快推进现代山地特色高效农业发展的意见》，为了促进贵州省农业现代化与新型工业化、城镇化、信息化的同步发展，实现农民增收、农业增效、农村发展要求，落实习近平总书记"发展产业是实现脱贫的根本之策"的指示精神，实现同步全面小康、决胜脱贫攻坚、开创多彩贵州新未来的目标，贵州省出台了多种政策文件，包括种植土地保护办法和支持新型农业经营主体推进上坝区农业产业发展，从大规模调整结构到深入推进农村产业革命，不断地优化农业产业结构。

（2）重点发展九大类主导产业。生态畜牧业：2020 年，肉总产量达到 230 万吨、蛋总产量达到 23 万吨、奶总产量达到 8 万吨，实现产值 1000 亿元以上。粮食产业：提高粮食单产，实施粮增工程和高产创建，每 3～5 年使粮食主推品种更换一轮，使粮食年总产量稳定在 1100 万吨以上，确保农村人口粮食基本自给、食物供求总量基本平衡。茶叶产业：2020 年，茶园面积稳定在 700 万亩以上，实现产值 600 亿元以上，年产优质茶叶 40 万吨以上。马铃薯产业：到 2020 年，马铃薯鲜薯产量达 1500 万吨以上，种植面积达 1100 万亩，实现产值 300 亿元。蔬菜产业：2020 年，蔬菜种植面积 2000 万亩，实现产值 1200 亿元，产量 3400 万吨。烟草产业：2020 年，单箱销售收入 3.8 万元，力争省内市场销售卷烟 153 万箱。精品果业：重点发展猕猴桃、火龙果、刺梨、蓝莓、葡萄，打造全国最大的火龙果基地。2020 年，水果总产量 350 万吨，果园面积 700 万亩，实现产值 160 亿元。核桃产业：2020 年，建成核桃生产基地 1500 万亩，产值达到 200 亿元，带动农户 400 万户以上。中药材产业：重点开发种植地道特色中药材包括石斛、半夏、太子参、金银花等 18 种，2020 年，全省野生抚育、仿野生栽培及人工种植的中药材面积达到 600 万亩，实现产值 200 亿元以上。

（3）做优特色产业。特色养殖业：重点支持香猪、三穗鸭、绿壳蛋鸡特色养殖发展，2020 年，年存栏分别达 200 万头、1000 万羽、5000 万羽。特色食粮：建成全国最大的薏仁种植加工基地和销售集散地，南方重要的荞麦种植加工基地，重点抓好优质稻米、薏苡、荞麦等产业。2020 年，优质稻种植面积 300 万亩，产量 150 万吨，产值 100 亿元。林业特色经济：在适宜区大力发展油茶产业，2020 年，面积达到 400 万亩以上，实现年产茶油 12 万吨以上，产值 100 亿元以上。油料产业：全省油料种植面积稳定在 880 万亩左右，油菜种植面积稳定在 780 万亩；油料总产量达到 100 万吨，其中油菜籽产量 90 万吨。特色渔业：2020 年，水产品产量达到 47 万吨，产值 107 亿元。鳟鱼、鲑鱼等冷水鱼及大鲵产量、产值位居全国前列。

（4）对水资源进行"建、管、用"创新机制。一是破除资源性缺水和工程性缺水对农业产业发展的"瓶颈"制约，聚焦"建、管、用"创新工作机制，大力建设缓坡山地农田管网节水灌溉设施，为农村产业革命强化基础支撑和保障，着力发展现代山地特色高效农业。二是合理规划布局。按照"因地制宜、节水高效"原则，围绕引提水、铺设管网、修建蓄水池等项目建设，通过公开招投标选择公司，对节水灌溉工程进行科学规划、合理布局。三是整合资金项目。建立合理的农田水利投资收益机制，拓宽农田水利融资渠道，整合涉农部门农田水利项目建设资金、社会涉农资本，采取独资、合资、联营、租赁等方式，鼓励社会资本以多种形式参与水利工程建设，加快农田水利骨干工程和灌区末级渠系配套改造，打通农田灌溉"最后一公里"。

2. 发展经验

（1）因地制宜发展山地现代特色高效农业。贵州省地处山区，农业特征为立体形态，生物多样性明显，草山草坡资源和非耕地丰富，可以发展生态绿色特色农业。贵州省进一步整合资源加快农业园区水、电、路、信等基础设施建设，现代山地特色高效农业发展的主要平台和载体是农业园区，农业园区建设为现代山地农业发展奠定了良好基础。结合"四在农家·美丽乡村"六项基础设施建设，重点建设一批具有贵州特色的旅游村寨，发展休闲观光体验农业。为了改善园区发展条件，要不断加强农产品贮藏保鲜、冷链物流等基础设施建设，积极培育园区主导产业和经营主体，大力引进和扶持园区企业，形成一批产业配套、联动互促的企业集群，引导和规范土地流转，促进园区规模化经营。

（2）不断壮大优势特色产业。近年来，贵州省特色优势产业迅速发展壮大，茶叶、辣椒、火龙果、刺梨、薏仁种植面积位居全国第一，马铃薯、中药材位居全国第三，蓝莓种植面积、大鲵存池量位居全国第四。贵州省已成功培育威宁马铃薯、湄潭茶叶、虾子辣椒、玉屏油茶、罗甸火龙果、施秉太子参、赫章核桃、晴隆肉羊等一批专业县、主产县；并为特色产业发展不断注入活力，成功打造老干妈辣椒、都匀毛尖、湄潭翠芽、凤冈锌硒茶、石阡苔茶、"茅贡"米等一批特优品牌。

（3）积极响应国家政策。深入贯彻习近平总书记系列重要讲话精神，认真贯彻党的十八大和十八届三中、四中、五中、六中全会精神，以邓小平理论、"三个代表"重要思想、科学发展观为指导。按照"五位一体"总体布局和"四个全面"战略布局，落实"五大新发展理念"，守住发展和生态两条底线，以提升产业、配套基础设施、培育经营主体为突破，以现代高效农业示范园区为平台，实施品种、品质、品牌"三品"战略，实现规模化、标准化、集约化和绿色化联动发展，坚持主基调、主战略，突出抓好大扶贫、大数据两大战略行动，确保与全国同步全面建成小康社会。

（4）着力构建六大体系，实现三个转变。以结构调整为主线，以农民增收为核心，以改革开放为抓手，以农业园区建设为平台，牢牢把握发展和生态两条底线，着力构建质量安全、特色产业、科技支撑、市场开拓、基础设施和政策保障六大体系。切实做到从注重生产向注重生产和营销并重转变，从注重坝区发展向注重坝区挖潜与山地开发并重转变，从注重农产品数量向注重数量和质量并重转变，把产量做成产值、把产值做成收入、把收入做成效益，提高农业对经济增长和农民收入的贡献，实现经济效益、社会效益和生态效益协同共赢。

（六）内蒙古自治区

1. 发展状况

内蒙古自治区在构建特色农业经济方面具有明显的区位优势，其区位优势从两方面得以体现，分别是内蒙古得天独厚的自然优势以及国家政策大力支持的社会优势。从自然优势来看，内蒙古地理环境占主要优势，内蒙古幅员辽阔，气候适宜农业发展，能够为现代特色农业发展提供强有力的客观因素的支撑。从地理优势来看，内蒙古土地种类丰富，土地类型多种多样，既有平原又有高原、山地、丘陵等地。除此之外，内蒙古自治区草场面积大，据统计内蒙古草场面积达8666.7万公顷，其中，土地的可利用面积达到6818万公顷，适宜现代特色农业的发展变化。另外，从内蒙古的内在条件分析，内蒙古地区地处雨热同期的中温带地区，能够为内蒙古地区特色农业的建设和发展提供有效的支持。从社会层面来看，内蒙古整体的经济发展水平不高，由于人们思想观念的根深蒂固，内蒙古地区的劳动力成本处于供给大于需求的层面，在一定程度上节省了大量的劳动力成本。此外，内蒙古的工业建设尚未有大的起色，但是随之而来带来的优势就是工业不发达情况下环境污染的程度也轻，内蒙古得以保存了相对较好的生态环境，这些情况也为特色农业的发展创造了良好的外部条件。

传统上的内蒙古农业发展以粗放式的增长方式为主，以数量增长和满足温饱为目标，主要依靠传统要素的投入方式发展，工业的发展要依托于农业的积累，城乡的二元结构处于固化的层次。随着现代特色农业的快速发展，现如今的内蒙古农业处于总量自给自足的状态，不再是粗放式增长的发展方式而向集约发展的生产方式转变，发展目标也转移到提高质量和效益、提高农民收入和改善民生，内蒙古也将关注点转移到将传统要素和资本、技术等现代要素相结合发展的层次中。逐步从传统农业向现代农业方式转变，以工业发展促进农业增长，逐步增加城市带动乡村的力度，城乡的二元结构逐步破除，经济社会一体化格局正在形成。现如今，内蒙古自治区秉持富民强国的基本目标在国家提出的统筹城乡发展的基本方略和以工促农、以城带乡的基本方针以及家庭经营的基本制度的带动下，农民和农业比重大幅下降，形成了城市工业反哺农业、国家财政反哺农民的农业保护机制。

2. 发展经验

（1）将传统的精细耕作的农作技术和现代特色农业技术相结合，在发展的技术路线上选择以生物化学技术为主、以机械技术为辅逐步建立起品牌效应。以内蒙古自治区为例，要想建立起精品农业的发展模式就要寻找可建立起品牌效应的渠道，并且要想使市场农业实现优质的高效生产一定要在推动农业产业化经营发展的基础上进行。成为全新的系统化产业工程，从而在一定程度上带动农业经济的发展。据统计结果以及品牌的知名度的调查数据可知，内蒙古的品牌建设多结合自身的实际发展情况，例如蒙牛乳业、鄂尔多斯羊毛衫等知名农产品品牌是在精品模式的作用下形成的，这种品牌效应的形成在我国北方的绿色食品的发展中起到不可替代的作用。

（2）因地制宜选择适合自身发展潜力的现代农业发展模式。内蒙古的地理优势是幅员辽阔且地貌类型多变，有山地、草原、平原、高山，可发展的现代农业模式也多种多样。内蒙古依靠自身的优势实现了绿色农业的发展，在内蒙古地区为了打造特色农业经济提出了因地制宜的发展模式——绿色农业发展模式，并且在绿色农业发展模式的影响下，不同部门要有不同的分工协作，当地政府部门应着重于绿色农产品的开发，以及在带动当地经济发展的同时也不要忽略了环境影响，注重当地的生态环境保护，通过不断地为市场提供高质量且无公害的农产品不断地践行人与自然和谐相处的发展理念。在不断的实践和探索过程中，内蒙古自治区在农业无公害种植和养殖方面通过借助构建绿色农业生产的模式，形成市场的特色优势，并且对当地的农产品的合理化销售取得一定成绩。

（3）根据自身特点创建当地的地理标志模式。农产品地理标志具有永久性的特点，它没有保护期限的限制因素，所以其影响具有深远性。发展地理标志已成为在世界各国提高自身知名度的有利条件，它与一个国家的农业发展关系紧密。

（七）台湾省

1. 发展状况

台湾省的总面积约为 3.6 万平方千米，现有耕地面积约 1 万平方千米，台湾省位于亚热带，气候温暖，雨量充沛，适合农作物生长，目前，台湾省的农业产值包括与农业和休闲相关的加工等第二产业和第三产业。尽管农业产值的份额并不大，但其历史、人文、生态、休闲娱乐、老年人的保健和护理仍然在台湾省的社会经济中发挥着较大的作用。

台湾省已建立了覆盖面相对较大的 25 个示范区，并初步形成了台湾省现代农业示范区的体系，使台湾商人获得了更多的投资机会。福建省利用其优越的地理位置和与台湾省相似的风俗习惯优势，很容易形成具有福建特色并融合台湾风俗的现代农业示范区，让台湾同胞在投资和工作中体验到家乡的感觉，目前福建省已经建立了四个现代农业示范区，促进了两地之间的农业贸易和共同的经济利益。

（1）与时俱进的发展战略。台湾省将农业视为"发展的基础"，并每隔十年对农业发展的概念进行更新。第一阶段，通过休闲农业促进农业产业的发展。20世纪 70 年代后期，为了改善农业发展的落后状况和农村经济的总体落后状况，台湾省农业当局利用发达国家旅游休闲业的经验和岛上自然资源的特点，提出了将农业与旅游观光和休闲产业相结合的发展思路，使台湾省的休闲产业得到了快速发展。第二阶段，台湾省在 20 世纪 80 年代后期实行开放市场政策后，受到国际农产品的严重影响，台湾省的农业发展坏境持续恶化。在此背景卜，台湾省提出"发展先进农业，促进农业现代化"，通过改良农业提高台湾省农业竞争力。第三阶段，继续增加休闲农业和精致农业的份额，丰富它们的文化内涵和科学技术属性以实现自己的突破，由此台湾省农业进入了创意农业的发展阶段。台湾省著名的彰化县田尾乡就是汇集了乡村旅游、精致、创意农业，它不仅提供鲜花的种植栽培方法，还提供通过花卉景观进行的旅游和休闲活动以及以鲜花为主题的文化和文化创作以及艺术作品，形成了乡镇主导产业。

（2）有效的农业保护扶持政策。相关的农业保障政策主要包括对农民的社会保障政策，政府补贴的健康保险、农业免税等，从而稳定了农民队伍、改善了农民福利，为大规模农业生产提供了有利条件。主要政策包括：以有保证的价格购买过剩的农产品，例如以更高的价格向农民购买大米；通过加工改造稻田以种植玉米、高粱和大豆来获得补贴。制定大米以及高粱、大豆和其他产品的保证价格，同时对农民所需的农业燃料和低息贷款。在台东市，政府补贴了一半的资金用于当地农民购买化肥。

（3）系统完善功能齐全的农业合作组织。台湾省的农业服务组织发达。农民协会、合作社和科技组织遍布台湾省的所有农村地区，有专业的服务机构在生产、供应和营销的各个方面提供专业的服务。在台湾省，有90%以上的农民都加入了当地农民协会，农民协会组织所发挥的作用在台湾省的农业发展中至关重要，并已经形成了三级组织体系。它负责促进农业技术的发展、培训农民以及推动农产品和副产品的流通，它的功能涉及农业生产的各个方面。除技术推广外，农民协会的收入还为台湾省农民提供了经济信贷。

（4）全产业链模式下的现代农业。有完善的产业结构贯穿整个产业链，不仅着眼于生产端，而且着眼于中间加工端和最终销售端。台湾省的农业生产部门专注于产业的整合与发展，每个环节涉及三个行业，它着重于农产品的深入研究开发和深加工，不仅产品多样化，如保健品和旅游纪念品，而且产销一体化，在不同行业之间良性互补，有各种乡村旅游公园、野生动植物观赏花园、品尝土味和休闲娱乐、农业体验、完整的休闲农场等。

2. 发展经验

（1）发展农业合作组织来调整农业结构。农业合作组织是农业产业化经营的重要载体，也是当前台湾省农业的重要特征。它们负责运输和销售农产品，以统一的方式购买农用化肥，对统一的产品进行深入加工，并在技术方面进行推广和学习。因此，它们具有一定的规模和一定的专业水平。农业合作组织组织分散的农民，带领他们一起进入国际市场，从而使贸易、工业和农民有机地融合在一起，整合生产、销售和供应三个阶段。一方面降低了成本并提高了农民的组织化程度；另一方面则整合了散布在台湾省内的农民力量，并有效地引导他们走向国际市场，提高了台湾省农产品的基本竞争力。

（2）加大对农业技术的投入，提高农产品价值。农业技术分为农业技术的发展和农业技术的推广两个部分，台湾省农业技术研究的重点是实用技术，成就涉及农业、渔业、畜牧业、旅游业和生态休闲的各个方面。在农业技术开发这一方面，20 世纪 80 年代，政府将生物技术列为重要的科学技术项目，提高了农业领域的技术含量，并实现了农业和医药、食品的综合开发以及在农药化肥其他方面的开发，在改善商业作物、水产养殖和动植物疫苗防疫等方面取得了重大进展。需要建立由政府主导，社会和市场多元化的农业推广服务体系，增加对实用和转换农业技术研究成果的财政支持，在提升农业推广本身素质的同时，也要为推广本身创造良好的条件。目前，台湾省技术培训以农民协会为主要推广单位，整合了农业委员会以及大学和农业检测中心等技术研发部门，已形成了促进农业技术发展，具有丰富的组织、完整的覆盖范围和完整的功能的体系。

（3）以优惠政策激发农业结构调整的活力。台湾省农产品价格优惠政策主要包括 6 项制度，例如岛上农产品的价格差额补贴，有保证的出口农产品购头和粮食平准基金。优惠的财政政策包括降低农产品的税率、提供低出口利率的生产贷款等，目的在于提高台湾省农产品出口的基本竞争力，增加台湾省农产品出口，在种植比例上扩大可以增值的作物，同时减少水稻种植比例，进一步发展旅游业和生态农业等。近年来，由于海峡两岸加入世贸组织，对台湾省农业也产生了一定影响，台湾当局认为，只有充分利用信息、技术、品牌、资源和人才等资源，才能提高农产品在国际市场上的竞争力。

（4）建立功能丰富的农民组织体系。台湾省农民组织主要包括农民协会和渔民协会，其职能基本相同。"农民协会法"保证了农民协会是农民真正的自治组织，完成供销一体化，形成农村金融体系以及保障农民的生产和生活安全，负责履行农业技术推广，农村教育和文化的普及等。

第四章　广西现代特色农业
示范区发展历程

第一节　广西现代特色农业示范区发展历程

广西现代特色农业核心示范区创建工作自 2014 年 6 月由自治区党委、政府部署以来，主要经历了"决策部署、启动试点、全面推进、提质增效、扩面升级"五个阶段。

一、决策部署阶段

（一）调研决策

2014 年 4 月至 5 月，时任广西党委书记、自治区主席、自治区党委副书记等主要领导分别率领广西各级党政代表团到贵州省进行调研，并学习了贵州农村发展、生态环保、扶贫开发、现代农业示范区等乡村振兴的有效措施；同时，多次组织队伍深入全区各地广泛摸底调研，及时研讨学习调研成果，迅速做出创建示范区的决策。

（二）高效部署

2014 年 6 月 18 日，经自治区党委和人民政府主要领导审定后，正式出台《广西现代特色农业（核心）示范区创建方案》，要求各级党委和人民政府、自治区党委和自治区级国家机关各部委办厅局，各人民团体、各高等学校等结合实际，根据"市场主导、政府引导、多元投入、特色兴区"的原则，以党的十八届三中全会为引领，以改革创新为动力，以农业转型升级和农民增收致富为目标，突出经营组织化、装备设施化、生产标准化、要素集成化和特色产业化，加强物质装备和技术建设、科技人才支撑、政策支持和指导，重点发展壮大新型农业经营体、引进现代农业生产要素，建立新的农业管理体系，通过"五化"标准来进行示范区的创建工作。同时提出，2014年要在全区建立20个要素集中、产业集聚、技术集成、经营集约的自治区级示范区。

二、启动试点阶段

（一）积极响应

自《广西现代特色农业（核心）示范区创建方案》印发后，有关单位和各级政府迅速对照方案要求认真开展启动工作。2014年底，全区实际启动创建的自治区级示范区达36个，超额完成最初设定的20个目标任务。2015年2月7日，经严格考评验收，授予12个示范区自治区级核心示范区称号。半年间，在区直有关单位和相关市县的共同努力下，出现了一大批高起点规划、高标准建设的区级示范区。

（二）观摩推进

为有效有序推动示范区创建工作开展，自治区党委政府及相关部门主要领导干部积极与各市、县（市区）管理部门有关负责人深入示范区创建试点调研，及时跟进创建进展。并先后于2014年7月、11月召开全区现代特色农业示范区建设现场指导交流会，组织参会代表分别现场参观玉林市五彩田园、富川瑶族自治县特色果蔬产业、钦州市台湾农民创业园、钦州火龙果产业、南宁市富安居休闲农业、阳朔县金橘产业和兴安县葡萄产业7个核心示范区。自治区领导在会上总结了全区创建示范区试点的先进经验和阶段性成果，特别肯定了南宁、玉林、钦州、桂林、贺州等市动作快、起点高、思路新、工作实及产业支撑与装备投入到位等创建特点。此外，指出创建试点中遇到的管理和选点规划、经营主体、技术配套、资金投入、基础设施、产业发展等方面的问题并提出解决思路。自治区领导的实地调研和及时点拨，不仅为各地提供切实的参考与借鉴经验，还为各地领导干部做好示范区创建工作增强信心，鼓足干劲。

（三）配套政策

与此同时，为有序推动示范区创建工作，全区各级政府和部门积极落实方案要求和推进会议精神。2014年9月24日，自治区国土资源厅印发了《关于支持广西现代特色农业示范区用地的指导意见》（以下简称《意见》）为示范区项目用地提供政策保障。《意见》中列出了支持示范区用地的范围等相关用地政策，同时对各地自发开展整治耕地工作给予奖补激励。11月21日，自治区财政厅、国土资源厅、农业厅联合出台的《自治区"小块并大块"耕地整治以奖代补专项资金管理暂行办法》，对奖补标准与条件、资金分配与下达、资金申报要求及职责分工、监督检查等方面进行了规定，确保奖补及时发放。11月28日，区政府办公厅印发了《广西现代特色农业核心示范区建设管理暂行办法》，对示范区的组织机构、创建要求、申报认定、动态管理作出具体要求，有效规范了全区示范区建设和管理工作。

三、全面推进阶段

（一）全面部署

经过一年多的努力，全区在创建示范区方面积累了宝贵经验。自治区政府趁热打铁，结合2015年全区农村工作会议精神，于4、5月分别下发《关于千方百计做好稳增长工作的意见》和《关于加快转变农业发展方式促进农业农村可持续发展的若干意见》，全面部署示范区创建工作，要求2015年每个涉农县（市、区）启动创建1个以上自治区级或市级示范区。

（二）适时交流

为加强示范区业务培训，2015年9月，自治区人民政府在贵港市召开了全区现代特色农业示范区建设培训会，自治区领导在会上作重要讲话，培训会总结示范区建设工作，促进全区各地相互交流经验，互相学习，共同提高，同时，通过现代特色农业示范区建设培训规范示范区建设工作。2015年11月，自治区人民政府在玉林市召开全区现代特色农业示范区建设暨加快转变农业发展方式现场推进会，自治区领导在会上动员部署了县乡级示范区建设工作，要求从2016年起各地从"一村一品"开始，向"一乡一业"发展，逐步打造升级成县级、市级、自治区级示范区；同时，明确对自治区级示范区实行星级管理，对被评为3~5星级的自治区级示范区授匾，奖励资金和星级挂钩，星级越高，奖励资金越多；对后续考评中晋级的自治区级示范区，自治区仅对级差进行奖补；对维持原级别或先降级后晋级的，自治区不再予以奖补。

截至2015年12月，全区共启动创建示范区163个，建成并认定的自治区核心示范区 30 个，认定的示范区涵盖了种植、畜禽、水产、农垦、林业以及桂台合作等产业行业，并通过示范区辐射带动周边，实现产业提升、企业获利、农民增收、农村发展。

四、提质增效阶段

（一）周密部署

2015 年 12 月 21 日，自治区政府办公厅印发《广西现代特色农业示范区建设（2016 – 2017 年）行动方案》（以下简称"行动方案"），明确 2016 年起将示范区建设由区、市、县推开到乡一级，提出 2016 年创建自治区级示范区 100 个、县级示范区 200 个、乡级示范区 1000 个，到 2017 年基本建成自治区级示范区 100 个、县级示范区 200 个、乡级示范区 300 个。

（二）政策保障

自治区各部门从职能出发积极施策，为有效推进示范区建设提供制度保障。2016 年 7 月，经自治区人民政府同意，16 个自治区厅局共同参与，建立了广西现代特色农业示范区工作厅际联席会议制度（以下简称"厅际联席会议"），成立示范区工作办公室（设在自治区农业厅），构建示范区专门领导机制。

2016 年 1 月 14 日，自治区党委组织部印发了《关于选派挂职干部协助推进现代特色农业示范区建设工作的通知》，决定从 2016 年起，从区直相关涉农部门选派干部到 14 个市和 53 个县（市、区）挂职。在柳州市举办了广西现代特色农业示范区挂职干部培训班，对挂职干部进行业务培训，为示范区创建工作提供组织保障和人才支撑。

此外，自治区政府办公厅、自治区国土资源厅、自治区财政厅、自治区农业厅、自治水产畜牧兽医局先后出台了《广西县乡两级现代特色农业示范区建设标准》《广西现代特色农业核心示范区星级评定管理办法》《关于进一步加强广西现代特色农业示范区用地支持的指导意见》《广西壮族自治区现代特色农业示范区建设专项资金管理暂行办法》等文件，为各级政府规范管理示范区，从用地范围、服务保障、奖惩机制和专项资金管理等方面予以政策保障。

（三）现场推进

为抓好示范区创建工作进度，2016 ~ 2017 年，自治区先后组织各级分管领导和有关主要人员在柳州、来宾、河池、贺州参加全区示范区现场推进会。每次推进会，自治区领导均作出重要讲话，充分肯定示范区的创建成果，指出存在问题并提出下一步工作思路，安排部分县（市、区）、示范区总结交流经验，组织参观创建成效好的示范区。在每一个重要节点召开推进会，不仅为广大干部及时解惑答疑，更有效营造良好的建设氛围。

（四）考评督查

此外，为确保示范区高质量可持续发展，2016～2017年，由自治区政府牵头，联合7个区直部门组成督查组，采取随机抽查的方式对全区创建中的各级示范区的建设进度、县乡级示范区的启动情况和已获认定的自治区级示范区后续建设情况及相关涉农厅局支持示范区创建工作情况等方面进行了全面督查。按照自治区领导指示召开全区现代特色农业示范区创建工作督查汇报会，及时通报督查情况，要求各级各部门做好问题整改与反馈落实工作。同时，为确保示范区创建工作有序推进，2016～2017年，自治区每年成立考评（专家）组，由涉农厅局负责人带队，采取听取汇报、查阅凭证、实地查勘等方式对各级申报的示范区进行考评。截至2017年12月，全区已累计启动创建了1730个示范区，其中已认定自治区级核心示范区147个，入围18个；已认定县级示范区238个，入围126个；已认定乡级示范园310个，入围305个。远超自治区确定的目标任务，示范区形成了从点到线、从线到面的格局。

五、扩面升级阶段

（一）全面升级

2017年12月11日，自治区党委、政府在横县召开全区现代特色农业示范区建设增点扩面提质升级动员部署会，全面贯彻落实党的十九大精神和习近平总书记视察广西重要讲话精神，总结四年多来现代特色农业示范区建设成效，部署新一轮示范区建设工作，示范区建设登上新的台阶。2018年6月，自治区党委、政府出台《广西现代特色农业示范区建设增点扩面提质升级（2018—2020）三年行动方案》，方案的内容要求，2020年全区累计建成自治区级核心示范区300个、县级示范区600个、乡级示范园3000个、村级示范点15000个。方案发布后，经过不断努力，全区形成了各级各类示范区梯次分布的新格局。目前，自治区级核心示范区星级等次不断提高，其他层面的现代特色农业示范区也在不断向更高层级提升，由示范区升级为国家现代农业产业园、国家田园综合体总数已达5个，共获得国家5亿元以上的财政支持。

（二）调研指导

自 2018 年以来，自治区多次开展实地调研指导，不仅赴河池市、来宾市等贫困地区开展示范区建设调研指导工作，督促加快各级示范区建设进度；同时对申报 2019 年验收和监测的自治区级核心示范区进行重点调研指导。专家们深入示范区，对标对表进行细致认真的实地指导，大大地提高了示范区创建质量和水平，为顺利完成示范区验收、监测目标奠定了坚实基础。此外，在调研指导的同时开展了示范区人才引进情况和补助资金使用进度情况的摸查。

（三）业务培训

围绕做好示范区创建及管理主题举办的形式多样的业务培训加强了人才队伍建设，不断为示范区建设工作注入活力。2018 年 1 月，在广西新型农业经营主体学习贯彻中央农村工作会议精神打赢脱贫攻坚战培训班上，就示范区创建与实践进行了专题培训，助力各级政府打赢脱贫攻坚战。2019 年 3 月，在南宁市举办了全区示范区月报统计软件实操培训班；2019 年 9 月，在兴安县举办了各级示范区工作办公室负责人和业务骨干培训班；2019 年 10 月，在南宁市召开了全区示范区工作培训会；2020 年 7 月，在南宁市举办了全区示范区建设培训班，加强人才队伍建设。此外还组织各设区市、自治区农垦局示范区办公室负责人"走出去"，赴江西省和山东省考察现代农业产业园和现代农业示范园区建设情况，学习先进地区园区管理经验。

（四）记录宣传

为更好总结记录创建工作经验，加强成果影响力，充分利用各种媒介。一方面，在新华网等官方媒体开辟专栏实时介绍示范区建设经验；另一方面，及时编印《广西现代特色农业核心示范区简介》，集中介绍自治区级核心示范区产业特色和发展情况；在新中国成立七十周年之际，编写了《壮美广西辉煌三农——庆祝新中国成立 70 周年广西农业发展系列丛书》，进一步展示示范区建设成果。此外，还组织拍摄了《广西现代特色农业示范区产业扶贫》《建设示范区　壮大村集》《八桂农业呈新景　现代征程再启航》纪实片，记录广西各地以示范区建设为抓手，通过精心培育特色产业，推动扶贫精准到户的工作，充分展示示范区产业扶贫的重要作用，并将"推进广西现代特色农业示范区建设"作为广西乡村产业振兴的典型范例报送农业农村部争取更广泛地推广。

（五）验收监测

进入扩面升级阶段后，为保证示范区工作有序推进，组织开展 7 次验收监测工作，其中 4 次对 243 个自治区级示范区进行验收监测，共计完成 197 个区级示范区的验收认定，监测的 66 个区级示范区中，仅有 3 个需延期 1 年监测，4 个被取消资格，合格率近九成；此外，3 次年度县乡村级示范区（园、点）验收认定工作共完成对 635 个县级示范区、3094 个乡级示范园和 15015 个村级示范点的认定。

近七年来，示范区从无到有，从小到大，由点连线，由线到面，有力地推动了全区农业生产经营方式由传统粗放分散经营向规模化、专业化和集约化方向转变，成为了全区现代农业和振兴乡村的示范样板。

第二节　广西现代特色农业示范区建设发展优势

一、有创建现代特色农业示范区的自然优势

广西气候宜人，由于处在低纬地区，降水丰盈，日照合适，具有温带和热带的气候特征，温、光、热、水资源配合配比好。广西背靠西南，毗邻粤港澳，面向东南亚。土地集中连片且易于开发，是全国少有的宜农、宜林、宜牧、宜渔综合发展地区和四季宜耕地区，十分利于现代特色农业生产开发。广西农业发展呈现多样性，并且自身农业发展的种类丰富，其中植物资源位居全国第二，具有较高经济价值的动植物达到 1000 多种，盛产亚热带水果和名贵中草药，也有自己的特色产业如蔗糖、桑蚕等。广西的特色农业产业规模大，第一产值稳居全国前十，特色产业优势明显，如甘蔗产量占全国的近 70%。

二、有创建现代特色农业示范区的基础

第一，广西的主导产业类型丰富。广西现代特色农业核心示范区建设主导产业类型分布多样，可划分为种植业、畜禽业、水产养殖业、林业、休闲农业五大类。核心示范区以种植业为主导产业类型，种植业、林业、畜禽业、渔业在第一产业中所占比重排序依次为：种植业＞林业＞畜禽业＞渔业。第二，广西的规模化经营已初步体现。广西现在初步形成以企业为龙头，以农民专业合作社为主体，以规模化、标准化、产业化经营为主要特征的蔬菜种植产业，目前已经具备

了进一步做强做优做大的良好条件。第三，广西的优势特色产业逐步发展壮大。特色产业的建立要根据自身优势因地制宜地选择能最大程度上挖掘自身资源，立足自己产业特色的产业结构。从主导产业来看，示范区涵盖了粮食、糖料蔗、果蔬、畜禽、水产品、茶叶、桑蚕、中药材、食用菌、林业、富硒农业、休闲农业和有机循环农业的现代特色农业"10＋3"产业大类，实现了广西优势特色产业全覆盖。示范区已初具规模并建设形成品牌效应"横县茉莉花""柳州螺蛳粉""百色芒果""梧州六堡茶""美丽南方""五彩田园""荷美覃塘""龙脊梯田"等。第四，广西逐步推动产业转型升级，实现一二三产业融合发展模式。在延长产业链的过程中，第一产业是发展的根本，第二产业能够增加利润，第三产业可以扩大效益，努力实现新的发展模式，探索突破一二三产业融合互动"瓶颈"，从两个方面拓展农业产业链条与功能，为了实现多业态和多功能的现代特色农业产业体系从横向拓展和纵向延伸的两个角度打造，实现保障第一产业，做足第二产业，做活第三产业。第五，广西的农业基础设施建设完善。截至2020年底，各级示范区累计投入财政资金330多亿元，吸引社会资金投入934多亿元。全区各级示范区累计新建水利渠道2.5万多千米，架设电力线路2.1万多千米，建设交通道路3.6万多千米，引进先进设施设备22396台（套），单个示范区建设投入超过1亿元的至少有30个。大量的资金投入就要求广西在发展过程中不能像"摊大饼"一样开展工作，要确保农田水利基础设施合理且正常地使用，应该有详细的规划，资金方面要确保来源明确，设置好设施建设补助标准，政府等要制定和完善相关政策措施，建立健全完整的农田水利建设和管护的长久机制，促进农田水利基础设施建设和管护常规化、制度化、轨道化。第六，广西加强科技和人才的支撑。广西越来越重视现代农业当中的科技支撑，在建设中设施、装备水平逐步现代化。科学技术对农业的支撑和助推作用越来越明显，农业综合生产能力不断提高，标准化程度越来越高，采用生态农业、有机农业、绿色农业等生产技术和生产模式越来越多，农业信息化对农产品生产、流通等影响越来越大。不仅如此，广西在人才培养上也很下功夫，一方面建立起人才招聘引进机制，另一方面定期请专家进行最新的科学技术的讲解活动，提高技术水平，同时也培育一批一体化种植的企业，提高其创新能力。

三、有创建现代特色农业示范区的政策支持

国家为了大力发展农业，实施了大量的惠农强农政策加快农业发展，为实现

农业现代化建设提供了可靠的政治保障。目前，广西具备发展现代农业的自然条件、地理优势、低污染的生态环境以及在发展过程中的政策支持。主要体现在：中央及地方高度重视农业，重视农村发展工作，及时解决农业建设中出现的问题，这为现代特色农业示范区建设提供了良好的政策环境。2014 年中央一号文件指出，要"扶持发展新型农业经营主体"，表明要构建新型现代农业经营体系，提高特色农业组织化、规模化程度。2017 年的一号文件强调要加快培育农业农村发展新动能。广西积极响应国家号召，快速成立相应的部门开展工作，由于国家的政策保障和相关政府的大力支持，广西正在一步步积累自己的能力，逐步实现品种专用化、生产规模化、经营产业化、服务社会化。广西在不断的发展过程中不断修正自己的定位，努力靠近现代农业发展的硬性指标，开发出有着自身民族特色的现代农业发展道路。

四、有示范现代农业的经验

以广西气候区划及地形地貌分布类型为依据，处在南亚热带气候区的地方分布于广西中部、南部及东部部分地区创建核心示范区 52 个。地势较为平坦，适合发展设施农业、粮食、糖料蔗、蔬菜、水果等种植。其主导产业类型在种植、养殖、休闲农业及林业中均有分布。地处中亚热带桂东、桂中气候区共创建核心示范区 40 个。该区域的地形地貌决定了当地适宜发展林木种植、茶叶种植、水果种植，发展当地的森林生态文化旅游，这 40 个地区大多是以山地、喀斯特盆地地形地貌为主。地处南亚热带中部气候区共创建核心示范区 32 个。以丘陵、浔郁平原地形地貌为主的区域适合茶叶种植、林果种植、粮食种植等，且适合发展畜禽养殖，主导产业类型依次分布在水产养殖、种植业、林业、畜禽业及休闲农业中。地处中亚热带西南部气候区及南亚热带西部气候区共创建核心示范区 29 个。以山地、喀斯特、右江河谷等地形地貌为主，适合发展水果种植、休闲农业、特色经济林等。主导产业类型依次分布在种植业、林业、休闲农业及畜禽业中。地处南亚热带气候区及沿海北热带气候区共创建核心示范区 20 个。以丘陵、平坦的滨海平原地貌为主，该地区发展以海水养殖为特色主导产业的基础上，适当发展林木、茶叶、水果等种植。主导产业类型依次分布在种植业、畜禽业、水产养殖及林业中。

五、有少数民族特色，建立特色现代农业发展

广西是大量少数民族的聚居地。由于传统思想的影响，少数民族更注重传统农耕文化的发展，这使广西的现代农业建设要更加依据自身的特点优势，因地制宜地建设优质高效农产品生产基地，发展菜、糖、粮、果、畜这几个方面。为了建立起长效发展的保障，在建设广西现代特色农业时要着力培育出一批有竞争力的农产品加工企业，对于传统农业的发展应该秉承"取其精华弃其糟粕"的发展理念，保留传统文化的精神，用创新性思维带动地方的发展。打造广西现代农业的独特性、差异性优势产业和农产品，丰富农产品内涵，提升产业品质和水平。在发展产品时要注重其独特性，发掘出农产品的内涵，提升其自身质量。在广西共有12个世居民族，在构筑多姿多彩的民族风情中包含各种民俗特点如各少数民族的服饰、语言、民间艺术、民风民俗，在经历过时间的漫长推演过程中，形成了独特的少数民族农耕文化，有壮族的"那"文化，侗族的"禾仓"文化，苗族的"游耕"文化等。在开展现代特色农业示范区的时候可以根据其历史条件，将特色产业、民族风情与农耕文化融合起来，打造一批诸如"刘三姐"名号的民族特色品牌和地标产品。发掘、收集整理民族文化艺术图标和民族特色建筑符号，分类、有序推进民族特色村寨保护和建设，可以推进特色村寨的保护发展，提高少数民族群众生活水平。

第三节　广西现代特色农业示范区建设制约因素

一、资金投入紧张

由于投资商对于壮大发展示范区方面降低了投入的积极性，在一定程度上影响了社会资本投入。但是建设示范区需要大量资金投入，县乡村级示范区（园、点）经营主体普遍没有强大的资金支撑，没有强大的资本输入就会导致建设规模小、发展慢、质量差等一系列问题出现，使县乡村级示范区（园、点）建设面临着投入不足、融资难的"瓶颈"。县乡村级示范区（园、点）建设资金紧张有以下原因：一是示范区内缺少龙头企业，或是龙头企业的自身能力不足，无法进行持续性的投资；二是地方政府的支持程度不够，出现了融资难、融资贵问题；三是缺少有能力的人才和优质的项目支撑，无法吸引到有实力、有能力的投资商进行投资，没有品牌建设发展前景小，建设不成规模；现如今的部分示范区建设没有长远规划，只贪图自己的一时享乐，在申请时候积极主动，而在申请获批拿到牌子后却疏于管理照顾，导致示范区没有长效收益，无法实现可持续发展。

二、受自然环境影响大

广西的现代农业的生态环境系统脆弱，导致广西发展农业面临着更加严峻的生态环境问题。其主要原因是：一方面广西的发展并不发达，资金回流慢，容易出现资金链断裂；另一方面农民不能快速地适应新的农村经营体制改革，无法快速适应农业生产实行家庭承包分散经营，没有建立新的农业基础设施投资与利益机制导致农民对农业基础设施投入的积极性降低。最后由于没有资金的持续投入而无法及时对农业设备进行更新换代，农业自身抵抗力下降，使农业发展受阻。

现如今广西现代特色农业进程缓慢，目前仍处于快速发展阶段，且面临农业生产创新力低、农业发展资金支持不足、自身劳动力短缺、地理条件决定耕地资源的利用率低以及在快速发展阶段过度使用化肥导致土壤受损耕地能力下降等问题。

三、管理机制不健全

从现代特色农业示范区经营发展模式来看，广西并未建立起有效的联结机制。示范区的主体管理者大部分是企业，企业从农民手中流转土地，产生的收益归自己所有，但是其中与农民的利益并没有很好地挂钩。有的示范区经营主体既多又杂乱，没有系统性、规模化的管理。各个经营主体之间没有良好的管理机制以致整体的发展较为松散，难以抱团发展，发展情况良莠不齐，没有集群化发展。同时，受地方财力和经营业主资金限制，有求于政府却没有弄清楚政府与经营主体之间的关系，部分示范区没有建立起运营管理机制，导致示范区长效收益不明显，缺乏长效管理机制的建立。广西农业生产主要依靠传统农业的发展模式，没有让第二产业带动第一产业的发展。

四、传统优势产业有待提升，辐射带动能力弱

现代特色农业示范区主导产业主要集中在水果类、休闲农业类、森林生态文化旅游、特色经济林类，四大类产业示范区占到全部示范区的一半以上，但粮食、桑蚕、糖料蔗、食用菌、水产品等传统优势产业类示范区较少，富硒产业、有机循环农业等新兴产业示范区偏少，以现代种植业为主导产业的示范区

更是空白，示范引领传统优势产业转型升级的力度有待加强。同时，大部分示范区农产品加工的精细程度不高，多以初加工为主，初加工在前期工作能力不强，中期管理水平上不去。在技术的支持上装备更新换代能力差，冷藏功能上不去，商品的贮藏保鲜成问题。随着近几年的发展，水果产业的规模逐渐升级，导致价格弹性变化，农产品卖不出应有的价格，销售压力骤增，农业转型升级面临巨大挑战。

在转变发展的进程中，现代农业逐步替代传统农业发展实现转型，但是在这个过程中传统农业不可被现代农业完全替代，仍有重要的一席之地。传统农业在成本上面临的巨大挑战就是投入大但回报率低。国内外农产品价格矛盾体现在倒挂与农业比较效益低。主要体现在农业在生产的过程中所需要的成本逐渐增加，附加的服务费用也在与日俱增，导致农产品成本上涨。农产品成本上涨、价格下降的双重压力，导致其中的生产空间变小。现实的困难和问题体现在农业组织化程度低、市场化程度小，这些导致了农业生产成本的提高。因此，在一定程度上要提高农业的经营体制的创新能力。广西人多地少，土地分散不集中，土地经营规模小，并且农产品其本身特质缺少价格优势，没有竞争力导致农作物产量低，集约化水平不高，劳动生产率低下。农村土地流转要根据劳动力的转移情况、城镇化的推进程度、农业社会化服务的提高水平和农业技术的进步水平来确定。

现代特色农业示范区建设包含"三区建设"，分别是核心区、拓展区和辐射区。其中，拓展区和辐射区建设对农民的影响作用大，也会在一定程度上带动当地经济的发展，对当地的农业起到促进作用，激发农户的积极性，起到良好的示范作用。从目前情况来看，核心区建设得到重视的程度明显，拓展区、辐射区建设工作投入后劲不足，发展缓慢，没有长效机制，难以实现可持续发展。这些情况在一定程度上导致"三区"建设投入比重不一样，产业覆盖程度低，直接带动范围狭窄，示范辐射作用不明显，示范区经营红利惠及农户不够，间接影响了农民群众参与示范区建设的积极性。

五、缺少专业人才和科技的支撑

各级各类示范区现代生产设施设备仍然不足，水电路、大棚、水肥一体化、加工、储藏、保鲜、烘干、冷链物流、信息化等基础设施建设滞后，农业综合生产能力需要进一步加强。广西在现代农业建设过程中面临着现代农业的设备不足以及科技发展水平不高的问题。大部分示范区的科技支撑能力不足，未建立起相应的产学研一体化机制；也有一些示范区对农产品建设没有相应的质量规范机制，导致所种植农产品良莠不齐，生产标准化水平不高。广西由于地理环境的偏僻，人才引进的落实政策尚未达到吸引高端人才的标准，导致示范区在建设过程中面临着人才流失以及难以引进的现象，缺少高端技术人才以及专业性人才。农民的自身素质也有待于加强，对于现代农业农村的发展来说，提高自身素质是建立可持续现代农业的有力保障。

在广西现代农业建设过程中，农村城市化进程的加快以及工业化经济的发展导致农村劳动力结构变化的挑战日益突出。大多数精力旺盛、有头脑、有文化、有专业知识的年轻劳动力并不从事农业生产转而投身服务于第二产业、第三产业。农村就会出现生产者年龄偏大（平均年龄 57 岁），缺少专业知识，自身技术水平偏低以及只按照传统经验种植难以开展创新发展导致农村现代化设备闲置的状况时有发生，在一定程度上制约了现代农业的进一步发展。广西农业科技从业人员（教师）水平高出全国平均水平 38.2%，这表明广西农业科技创新、研发的人力资源丰富，但如何让这些丰富的人力资源以及农业科技创新能力发挥其最大效用是广西现代特色农业发展的主要问题。

六、宣传推广不够，品牌建设有待提升

2020 年，广西现代特色农业示范区建设在增点扩面方面取得了显著成绩，但在提质升级方面效果不明显。一方面是提质效果不明显。大部分示范区不注意后期的经营管理，基础设施建设资金链断裂，科技成果应用越来越少，产品质量也没有较大的提升，到了中后期管理体制的机制也没有相应的完善，缺少产品质量安全保障。另一方面示范区的升级数量不高。数据统计表明，66 个自治区级核心示范区监测中，只有 17 个示范区升级，占比为 26%；41 个示范区保持原有星级不变，占比为 62%；1 个示范区降级；同时 4 个示范区还被取消了称号。最后是从核心区向拓展区、辐射区推进缓慢，没有相应的规模化效应去发展主导产业，自身的品牌建设也不完善，品牌影响力小。以柳州市为例，在"十二五"期间，虽然柳州市六县进行了基层农技推广体系改革与建设，实现了"县乡共管，以县为主"的管理体制，但基层农技推广服务体系服务手段和方式单一，基层农技推广体系运行机制仍不够完善，存在着专业技术人员少、年龄偏大、服务辐射半径小、推广积极性不高、推广服务滞后等问题，这必然成为制约现代农业健康快速发展的重要因素。

广西拥有大量的少数民族，所以在建设品牌方面一方面可以从地理优势着手，另一方面可根据当地的风土人情发展特色产品和品牌。但是纵观广西现代特色农业的发展，目前，农产品在自己的区域内发展良好，但是缺乏品牌支撑，有特色无宣传，有口碑无品牌。在接下来的发展中应该依托于自身的少数民族优势，充分挖掘其地域特点，在包装上可以展示出民族风情以吸引更多的外来游客的关注。广西区域内一大批特色产品如柑橘、沙田柚、沃柑等，虽然有较高知名度，但由于缺少品牌效应，并未脱离自身的舒适圈，使其发展有局限性，广西区外很少有人知道柑橘和沙田柚，所以广西下一步的工作重点不仅是研制开发出更多的新鲜产品，还包括让那些已经有口碑的优质产品得到市场的高度认可，推动整个产业发展，建立起在国内外市场叫得响的驰名品牌。

第五章 广西现代特色农业示范区
实践经验总结

第一节 广西现代特色农业示范区内涵特征

  2017年中央一号文件首次提出建设"三区三园一体",将其作为"三农"工作的重要平台、抓手和载体,农业农村经济发展的新引擎。几年来,全国开展"三区三园一体"建设成效明显,尤其是浙江、山东等农业先进发达地区建设成果显著,有力地推动了当地现代特色农业快速发展,成为了全国的典范。现代化的农业产业园毋庸置疑成为未来农业发展的主要方向。

  广西位于西南经济圈、中南部经济圈、华南经济圈和东盟经济圈的交会处,具有独特的地理优势和发展现代特色农业的条件。"三年行动方案"的内容为广西现代特色农业示范区的发展指出了明确方向,也给示范区的转型升级提出了高要求。为了提高广西农业的现代化和产业化水平,广西现代特色农业示范区建设要与"三区三园一体"建设结合起来,立足广西的具体情况和特点、南方地区个性化资源优势、产业基础等,明确思路和定位,采取有效措施创建现代特色农业生产和经营模式,通过建立示范区实现生产经营组织化、农业设施装备化、过程标准化、农业要素集成化和产业化,走出广西特色的现代特色农业道路。

  广西现代特色农业示范区建设7年多来,各级党委政府、各相关部门务实有效合力推进，经过全区上下、社会各界的共同努力，广大人民群众的积极行动，已取得显著的成果，建成了一批现代特色农业示范区。截至 2020 年底，全区各级示范区累计投入财政资金 330 多亿元，社会资金投入超过 934 亿元，共确定19631 个各级示范区（园、点），营业总收入超过 2211 亿元，接待游客达 2.42亿人次，旅游消费总额超过 100 亿元，带动贫困户超过 26.7 万户。实践证明，示范区的建设促进了优质农业发展和农村一二三产业的综合发展，改善了农业基础设施建设，增强了农业科技的领导作用，并将高科技融入农业生产经营的实践中，发展壮大了农业新型经营主体，发展了创意农业，有效地促进了农业的发展，实现了农民收入的增加和农村脱贫攻坚目标。建立现代特色农业示范区符合中央要求，符合广西实际，遵循现代农业发展规律，已成为越来越多人的共识，也成了自治区农业的一道亮丽风景。

政府及各级各相关部门，在指导和服务示范区的建设与发展中，着力克服区域现代农业发展的局限性，大胆实践，大胆研究，不断总结和创新，总结出广西现代特色农业示范区建设的"四大"鲜明特点和"四高"广西经验。"四大"鲜明特点指的是：第一，精确定位。将主要方向放在主要的"特征"上，打造出具有不同特征、显著优势和强大竞争力的主导产业。第二，思路清晰。遵循"政府搭台、主体唱戏"的思想，形成政府主导、企业主体、社会参与的多元化投资和建设机制。第三，速度快。建立示范区可确保完整的区域覆盖范围和完整的产业覆盖范围，每个涉农县（市、区）都有不同级别的示范区和不同级别的示范模式，并逐渐扩散。第四，成效大。示范区的装备和设施得到了明显改善，修建了一些水利渠道交通道路，核心区面积累计达 592 万亩，大大增加了农民收入。广西的"四高"经验指的是：一是高规格推动，形成"一把手"工程的集中效应，充分展示现代特色农业示范区的优势；二是高起点规划，充分发挥顶层设计的引领作用，加快推进示范区的建设；三是高水平建设，引进先进的农业技术，并利用先进的农业科学技术创建农业现代化的先行区；四是高要求管理，不断吸纳高素质的管理人才，通过高水平管理使示范区的建设不断完善。广西在示范区建设中，尤其在构建新的符合广西资源条件实际和产业基础的现代农业产业体系、生产体系、经营体系和产业集群等方面创新成果丰硕，积累了丰富的新发展经验，是探索具有广西特色的农业现代化新途径的一个实践案例。

第二节　广西现代特色农业示范区建设成效

一、现代特色农业示范区建设完成预期目标任务

经过数年努力，全区示范区建设如期完成自治区制定的目标任务，数量上实现了从无到有、从少到多的变化，产业和地域上实现了全覆盖，发展趋势上实现了由点到线、由线到面的飞跃，取得了增点、扩面、丰富产业的显著成效。

（一）示范区创建数量快速增加——增点

按照自治区党委、政府制定的预定目标任务，到 2020 年，全区累计建成各级示范区 18900 个，其中，自治区级核心示范区 300 个、县级示范区 600 个、乡级示范园 3000 个、村级示范点 15000 个。截至 2020 年，全区累计建成 19631 个现代特色农业示范区，其中自治区级核心示范区 339 个（包括五星级 30 个、四星级 127 个、三星级 182 个）、县级示范区 873 个、乡级示范园 3404 个、村级示范点 15015 个。自治区级核心示范区和县级示范区提前一年完成 2020 年计划的目标任务，乡级示范园和村级示范点建设任务亦如期完成，至此，全区已形成了各级各类示范区梯次分布的格局。

（二）示范区实现县乡村全覆盖——扩面

目前，全区所有市县乡包括农垦系统均创建了示范区，实现了示范区在全区地域上的全覆盖。其中，已认定示范区数量超 1500 个的有 4 个市，分别是百色市 2453 个、桂林市 2425 个、河池市 2184 个、南宁市 1973 个。认定示范区数量在 1000~1500 个范围内的有贵港市 1477 个、玉林市 1385 个、柳州市 1367 个、崇左市 1206 个、钦州市 1163 个、梧州市 1116 个、来宾市 1031 个。广西现代特色农业示范区建设包括核心区、拓展区和辐射区，其中，农林种植类自治区级核心示范区要求核心区面积连片 3000 亩以上，拓展区 5000 亩以上，辐射区 10000 亩以上，并把土地流转、土地确权登记颁证等列为示范区考评的重要指标，为破解农村承包地细碎化问题、实现示范区集中连片规模化发展奠定了坚实的基础。从各地的实践探索来看，主要是采取"示范区＋小业主""示范区＋产业联盟""示范区＋土地入股""示范区＋统一经营分户管理"等多种模式，因

地制宜探索土地入股、小块并大块、土地互换耕作、委托代理、代耕代管、土地托管、股份合作、土地返租、合作农场、统一经营分户管理以及成立土地流转平台公司或土地信托机构等多种经营管理新模式，推动示范区流转一片土地，做强做大一个产业，夯实实施乡村振兴战略基础。南宁市隆安县金穗香蕉产业核心示范区将流转的8万亩土地划分为16个分场分包给当地老百姓管护，公司统一生产、收购、销售，已经建成全国最大的标准化香蕉产业核心示范区。

2020年，示范区带动农村土地规模经营面积达290万亩，占核心区总面积的48.9%，每年仅支付农户和村集体土地租金一项就达7.2亿元。主导产业集中度明显提高，实现了由分散经营向适度规模经营转变。产业集聚发展是广西改革开放以来现代农业建设规模经营、合作经营和产业化经营之最。

（三）示范区实现自治区优势特色产业全覆盖——产业丰富

从示范区主导产业来看，全区各地已认定或在建的示范区共涵盖了粮食、糖料蔗、果蔬、畜禽、水产品、茶叶、桑蚕、中药材、食用菌、林业、富硒农业、休闲农业、有机循环农业等现代特色农业"10＋3"产业大类，实现了自治区优势特色产业全覆盖，做到产业丰富、特色突出，对推动优势特色产业全面提质增效具有重要意义。

各地在创建过程中，坚持产业优先，突出示范区建设"经营组织化、装备设施化、生产标准化、要素集成化、特色产业化"的"五化"要求，结合产业优势和资源特点，通过完善基础设施，推广新品种，应用新技术，延长产业链，狠抓质量品牌，引入农村电商，推进绿色发展，培育新型经营主体，完善利益联结机制，集成各类现代元素，培育壮大了一批具有区域特色的农业主导产品、支柱产业和特色品牌，促进了产业新提升、新优化和新拓展，为乡村产业振兴提供了有力支撑。339个自治区级示范区中，水果、蔬菜、畜禽、休闲农业、特色经济林、森林生态文化旅游六大产业发展势头尤为强劲，建设数量占自治区级核心示范区总数的71.3%。2020年，全区各级示范区核心区面积592万亩，其中，标准化种植面积达413万亩，标准化养殖生猪牛羊规模523万头、家禽6828万羽，实施水肥一体化面积164万亩。这些产业发展成效，是自广西改革开放以来现代农业建设区域布局和产业覆盖之最，是新兴型和战略型农业产业发展之最。

二、现代特色农业示范区在建设发展中实现了质的提升

经过7年多的建设，全区现代特色农业示范区不断总结、不断完善、不断提高，在建设发展中实现了自身质的提升。

（一）高质量、高级别、综合能力较强的示范园区不断增加

近年来，广西把创建国家级现代农业示范园区作为"一把手"工程有效推进，成效显著，受到国家领导人表扬和农业农村部肯定。截至 2019 年，广西获评国家级现代农业示范园区已有 11 家，积累了非常宝贵的经验，也有很多创新值得总结和推广。南宁西乡塘区美丽南方休闲农业旅游区荣获"全国休闲农业与乡村旅游示范点"的称号，南宁市忠良村入选农业农村部"中国最美休闲乡村"，南宁隆安壮族"那文化"稻作文化系统被农业农村部公布为第三批中国重要农业文化遗产等。近期农业农村部发布的第一批中国农业品牌目录300 个区域农产品公用品牌中，包括来自广西的 11 个品牌，涉及水果、水产、茶叶等种类。百色芒果、南宁香蕉、平南石硖龙眼、融安金橘、灵山荔枝、富川脐橙、阳朔金橘、荔浦芋头、钦州大蚝、横县茉莉花茶、永福罗汉果等广西特色水果品种入选中国农业品牌目录。自治区级核心示范区和县级示范区的建设进度快于预期，根据 2019 年统计数据显示，2019 年全区已建成 339 个自治区级核心示范区，与自治区制订的计划任务中到 2020 年的任务目标相比，提前一年完成任务，并超额完成计划任务的 13%；已建成 726 个县级示范区，比计划提前一年完成任务，并超额完成计划任务的 21%。目前，已成功创建了柳州螺蛳粉、横县茉莉花、来宾甘蔗、都安肉牛肉羊 4 个国家级现代农业产业园，其中 3 个获得国家认证。比如已获认定的横县茉莉花现代农业产业园，以茉莉花、茉莉花茶产业为主导产业，大力吸引大型企业入驻推进产业园建设，延伸发展加工业、旅游业、文化产业等，比如广西顺来茶业、浙江华茗园、台湾隆泰、北京张一元等知名企业纷纷入驻园区，集聚了近 90 家茉莉花及茉莉花茶生产企业，其中，规模以上企业 31 家，年产值超亿元企业 18 家。

（二）示范区自身的建设发展上了一个新台阶

广西现代特色农业示范区通过近几年的建设实践，不断探索创新，促进自身的发展迈上了一个新台阶，目前，全区已初步建立了具有一定区域代表性的一系列模式，为推进广西特色的新型农业现代化发展模式提供了许多实例。

各地出台优惠政策，鼓励农业龙头企业带头建设示范区，重点培育和壮大新型经营主体，不断提高产业组织水平，带动农业产业快速发展。截至 2020 年，全区示范区共引进 5412 家农业企业，其中，有 11 家国家级农业产业化重点龙头企业，占企业总数的 28.9%；67 家自治区级农业产业化重点龙头企业，占企业

总数的 33.5％。示范区以现代农业经营体系"农业企业 + 合作社 + 家庭农场 + 农户"为基础，在新型经营主体中充分发挥领导作用，充分调动企业、合作组织、农民的积极性，以有效地鼓励农民进入市场，增收致富，促使产业组织水平不断提高。另外，示范区采取适度规模经营，形成多种多样的产业化经营形式。各级示范区采取"示范区 +"的模式探索推进土地经营权入股，调整产业结构，扩大生产功能并发展各种形式的适度规模经营，打破了广西农村承包地细碎化经营的格局。2020 年，全区示范区核心区面积 592 万亩，其中，标准化种植面积达 413 万亩，标准化养殖生猪牛羊规模 523 万头（只），家禽 6828 万羽，区域产业带得以发展壮大，成为了引领农业现代化的示范。

各地在示范区创建过程中，坚持"政府引导、市场主导、各方参与"的原则，注重发挥龙头企业资金实力强、管理理念新、产业化经营的优势，带动农民专业合作社、家庭农场、专业大户不断发展壮大，使之成为管理运营高效、利益联结紧密、产业链条完整的经济联合体，实现"利用一个龙头、带动一个产业、致富一方百姓"的目标。如贺州富川县神仙湖果蔬产业核心示范区引进农业企业 12 家，成立农民专业合作社 21 家，建设 2000 亩农产品加工物流中心，年加工水果、蔬菜分别达 25 万吨、10 万吨以上，形成了果蔬"育苗—种植—加工—销售"全产业链发展的格局。种养大户、职业农民、农村职业经纪人、农村能人、返乡农民工、退役军人、大学生村官、村第一书记等，作为我国新常态、新阶段背景下的新农人，全程参与示范区建设，领办创办农业新型经营主体，示范区成为农民创新创业主要阵地，不仅较好地解决了当前农村谁来种地，更解决了谁能种好地的问题。同时通过"龙头企业 + 专业合作社 + 种养大户 + 新型农民 + 贫困户"的产业化经营模式，示范区产业化联合体建设形成新格局。

（三）推广应用新品种、新技术，打造广西农业质量品牌

各地示范区以科技为引领，不断提升农业质量和效益，示范区科技含量也得到明显提升。高效循环、水肥一体化、钢架大棚、微生物技术、绿色病虫害防控、农产品质量追溯等一批新技术通过示范区得到了广泛推广应用，成为助推农业现代化的强大引擎，智慧农业在示范区的逐步推广应用，成为示范区提质升级的风向标。如来宾市海升现代柑橘产业核心示范区，率先采用 6 米超宽行距、GPS 定位种植方式，实行全程机械化、标准化的柑橘种植模式，并全部采用水肥一体滴灌系统，实现节约资源、高质高产的目标。各地示范区在建设发展过程中，不断健全示范区现代农业标准体系，加速推动生产标准化，实行严格的标准

化生产和产品质量安全监管，保障了农产品质量安全，也打造了广西农产品质量品牌。如荔浦市橘子红了砂糖橘产业核心示范区积极推行规模化种植、标准化生产，实现了5个100%：100%推行无公害柑橘生产技术规程，100%实行专业化统防统治，100%达到无公害果品标准，100%实行洗果、选果、打蜡、分级、包装等商品化处理，100%做到有品牌商标销售和产品订单化。

组织开展各种展会推荐优质农产品。连续多年成功举办了"一内一外"广西名特优农产品交易会、中国—东盟博览会农业展、大石山区产业扶贫产销对接现场会、贫困县优质农产品认购、粤桂扶贫协作消费扶贫对接等多个活动，让更多"桂"字号农产品畅销全国，进入千家万户。2019年首创"广西农业丝路行"系列境外投资贸易活动，首站马来西亚推广节在吉隆坡举办，展销了广西40多家企业80多个茶叶系列产品，签订贸易合同2.25亿元，被中国驻马大使评价为"最务实最有意义的一次农业盛会"。举办中国（广西）—东盟特色农产品贸易对接会，在俄罗斯、老挝建立农产品展示直销中心，推动更多农产品远销海外。

示范区注重完善农产品质量认证体系，积极推进绿色、有机和地理标志农产品认证，打造了一大批农业区域公用品牌和质量安全品牌，提高了广西农产品的影响力和吸引力。如横县茉莉花、柳州螺蛳粉、恭城月柿、梧州六堡茶、容县沙田柚、灵山荔枝等，深受广大群众喜爱和赞誉。养殖产品如广西农垦永新源生猪健康养殖核心示范区十分注重生产标准化建设与管理、质量安全监控与检测，肉产品全程可追溯，"永新源"生猪荣获了广西名牌产品、广西出口食品农产品质量安全示范区、中国质量诚信奖、中国品牌猪、中国美丽猪场金奖等称号或奖项。连续三年占广西供港活猪约90%，在香港五丰行卖价稳居前三名，形成了"永新源"知名品牌，成为第45届世界体操锦标赛猪肉专供基地。

到2020年底，全区示范区共引进新品种14078个，运用先进生产技术9997项，共有名优品牌1166个，"三品一标"品牌产品1547个，注册商标1969个。

（四）生产加工水平不断提高，形成多元化投入机制

广西农业产业链条的加工业一直是农业产业发展的短板，加工设施及配套设备落后和缺乏，加工水平低，很多地方只能进行简单的产地初加工，精深加工严重缺乏，大大影响了广西农产品质量和农产品品牌的打造，其经济效益严重受损。全区示范区大力发展农产品加工，积极发展精深加工，积极引进先进加工技术和设备，目前，农林产品精深加工示范区正在加快形成，示范区农产品初加工

率达到80%以上。截至2020年，全区示范区共购入先进设施设备22396台（套），全区示范区累计引进和培育农产品加工企业1418家，冷链物流企业474家，电商物流企业4395家。农产品加工企业的引入，加工水平的提高，大大增加了示范区经济效益和生态效益。

示范区的建设发展得到政策重点倾斜，吸引了大量社会资本聚集在示范区，逐步形成政府引导、企业主体、社会力量参与的多元化投资机制。这些资金的投入增加了示范区的复原力，并提高了示范区的自我更新能力和自我发展能力。截至2020年，全区19631个示范区已有5412家农业企业进驻。目前，全区各地共整合财政支农资金约330亿元投向19631个示范区，吸引社会资金投入934亿元。如玉林市县级财政投入3.5亿元来建设完善玉林市玉东新区五彩田园核心示范区的基础设施，共有10家龙头企业和2家合作社投资9.8亿元，成为广西多元化投入并发展质量高的典范。除五彩田园示范区外，广西单个示范区建设投入超过1亿元的有30多家。

（五）积极转变发展方式，突出了广西特色产业化

通过建立示范区作为出发点和平台，不同地区提出了建设思路，以适应当地情况，突出特色，着眼于一个部门，多元发展的建设思路，基于当地资源优势、产业基础和人文特点，积极转变发展方式，推动上中下游产业相互配套协调发展，不断发展农业和文化结合，农业和旅游相结合等新的发展形式，示范区已成为农业和旅游业一体化的主导力量，促进了广西现代农业的转型、优化和完善。例如，横县依托中国最大的茉莉花生产基地来建立示范区，建立专业合作社，引进领先的茶叶公司，搭建电子商务平台和发展"中国茉莉小镇"乡村旅游等，实现了产业发展的转换，取得了新的进步。此外，百色市还与淘宝网合作创建了"淘宝特色中国·百色馆"，柳州市各县（区）通过开心农场、模拟经营等方式吸引了公众对示范区的关注，这种发展体制的变化有助于提高现代特色农业示范区的经济效率。

同时，许多示范区根据当地情况促进休闲和乡村旅游的发展，为大众休闲旅游创造了一个好地方。如柳州市三江侗族自治县三江茶产业核心示范区，主导产业茶叶种植面积3650亩，与休闲、旅游、养生等综合发展，成为三江新的休闲文化旅游景点。示范区日平均接待游客200人以上，全年接待各地游客达10万余人次，旅游收入超过千万元，示范区带动农户603户共2452人，示范区农村居民人均可支配收入为14474元，比拓展区农村居民人均可支配收入高30%，比

辐射区农村居民人均可支配收入高 35%，比全县农村居民人均可支配收入高 40%。

同时，各地把示范区作为人才聚集区，大量引进、培育人才，出台优惠政策。有的示范区还积极与科研院所和高校合作，引进先进技术和科研创新团队，加强科技带动农业创新的能力。截至 2020 年底，全区各级示范区共聘用农技人员 2.1 万人，累计培训农民 362 万人次，为示范区产业发展提供了强大的智力支撑。

三、有效促进了农业转型升级和社会经济发展

近几年来，全区各级党委政府和各有关部门，将示范区的建设与村级集体经济的发展和壮大结合起来，与美丽广西乡村建设相结合，与粮食生产功能区、重要农产品生产保护区、特色农产品优势区以及创建现代农业产业园、科技园、创业园和田园综合体即"三区三园一体"相结合，发挥了先行区和重要平台的带头作用，带来了多种效益，并做出了适当的贡献。

（一）助力农村综合改革深化发展

示范区在其建设发展过程中，率先探索农业农村综合改革，加快广西农业生产经营方式转变的速度。一是率先完成了农村承包地确权登记颁证工作。二是实现了适度规模经营，截至 2020 年，全区示范区核心区流转土地面积达 290 万亩，占核心区总面积的 48.9%，全区示范区每个经营主体经营规模达到 380 多亩，大大打破了原来农户承包土地极度细碎化经营格局，激发了土地经营新的活力。三是稳步推进农村集体产权制度改革。示范区与示范区的产业发展有机地结合在一起，将资源变资产、资金变股金、农民变股东等方式，通过资源开发型、股份合作型等模式，根据不同地区因地制宜发展，促进了农村集体经济的发展。四是充分利用财政资金的杠杆作用，并在金融改革的研究和创新中取得了重大进展，例如政府信贷、担保、保险等，以便经营主体可以进一步增强抵御农业经营风险的能力。

（二）示范带动一二三产业综合发展

全区示范区立足主导产业，形成种植与选育的有机结合，重点发展农业加工、食品生产等相关的第二产业，积极发展信息服务、农业旅游、经营贸易等第三产业。扩大生态保护、素质教育、康体养生、乡村旅游和文化传承等生态生活新功能，积极转变农业发展方式，打造农业全产业链条，涵盖生产、加工、存

储、物流、销售、服务等多方面于一体，有效地促进了一二三产业部门的综合发展，推动农业全环节升级、实现整个链条的附加值，并保持了当地农业农产品加工附加值效益。

（三）推动农村基础设施和公共服务的建设

在广西现代特色农业示范区建设中，广西发展现代农业的"短板"在于薄弱的农业基础设施和公共服务，这两个"短板"一直限制着广西农业现代化的发展。各地示范区建设发展以基础设施为重点，积极完善农业生产设施、公共服务设施和配套设施，促进农业生产机械化发展，充分发挥了农业现代化建设的引领作用。如玉林玉东新区五彩田园休闲农业核心示范区由县级财政投入3.5亿元建设完善的配套及公共服务基础设施，目前"五彩田园"堪称广西区位条件最优、农业生产基础最好、三产融合发展最快、自然环境最美的园区，先后被授予"中国农业公园""国家4A级旅游景区"等称号。截至2020年，全区示范区共新建水利渠道2.5万多千米，架设电力线路2.1万多千米，建设交通道路3.6万多千米，引进先进设施设备22396台（套），单个示范区建设投入超过1亿元的示范区至少有30个。农业基础设施明显改善，是自治区改革开放以来现代农业建设投入、农业综合生产能力提升之最，对提高示范区及周边农村的农业综合生产能力有直接的推动作用。

（四）与美丽广西乡村建设相结合，乡村环境不断改善

全区示范区建设与"美丽广西"乡村建设活动相结合，围绕"产业富民、服务惠民、基础便民"等目标，重点完善对农田水利设施的建设，全面开展示范区的环境卫生、绿化植被、饮水安全、道路修建、住宅改造等工程，使村容村貌焕然一新，综合承载能力逐步提升，示范区以及农村居民点的农村生态文明建设得到加强，农村人居环境日益改善，涌现出许多好山好水有乡愁的社会主义新农村，示范区农业综合生产能力明显提高。7年来，自治区通过土地整理和高标准农田建设，开展山水林田湖草系统治理与综合治理，解决水土资源约束条件下田、水、土、气多要素治理和系统内相互作用要素循环的土地利用实现技术的难题，构建山水田林湖草"生命共同体""自然—人工生态系统"体系，示范区基本形成经济效益、社会效益、生态效益协调发展的良性循环格局，示范区农业综合生产能力显著提升。这些都有效地促进了更强大的产业、良好的生态环境、更美丽整洁的村庄和更富裕的农民的社会主义新农村建设。

（五）与脱贫攻坚相结合，提高农民收入水平

现代特色农业示范区在建设中，坚持与脱贫攻坚的目标相结合，鼓励农户积极参与示范区建设，精心培育特色产业实现产业脱贫。重点是坚持示范区建设布局对接区域脱贫、示范区产业发展对接产业扶贫、示范区生产经营对接贫困农户，引导贫困户通过出资、出地、出力参与到示范区的生产经营上来，共享示范区建设成果，让贫困户成为示范区建设、治理贫困的参与主体和受益主体，因地制宜发展主导特色产业，明确具体实施项目，扎实推进产业精准脱贫。据统计，2020 年全区示范区带动贫困户超过 26.7 万户，户均增收 2044 元。全区示范区共带动务工人数约 54.9 万人，人年均务工收入 8177 元，示范区内农民人均可支配收入普遍比周边农民高 1/3 以上。全区示范区每年仅需花费 7.2 亿元，即可租用农民和村庄的集体土地。同时，自治区积极鼓励农民参与示范区建设，尤其是贫困地区，并通过资本投资、土地分配和投资等多种形式实现乡村繁荣和农民富裕。以自治区级核心示范区为例，2019 年全区各地共申报验收 129 个自治区级核心示范区，认定了 98 个，认定率超过 70%，申报和认定数量为历年之最。其中，河池市申报验收自治区级核心示范区 19 个，获认定 14 个；百色市申报 13 个，获认定 10 个；崇左市申报 12 个，获认定 8 个。这 3 个贫困地区申报数量占到全区申报总数的 1/3，获认定数量也占到全区总数的 1/3 以上，其中河池市认定数量勇居全区第一。自治区农垦局将示范区建设与桂北、火光、白平、百合等 10 个贫困农场的扶贫工作有机结合起来，组织贫困农场发展柑橘、生猪、剑麻、芒果等特色产业成效显著，截至 2019 年底，已有 6 个农场实现脱贫摘帽出列。南宁市隆安金穗香蕉产业示范区创立"统租分包""产业联盟"土地流转模式，给予贫困农户地租、劳务工资、入股超额分成、养老福利等优惠条件，贫困户不仅获得"地租＋承包工资""基本价＋超额分成"收益，还可从休闲农业中获益。

截至 2020 年，全区 54 个贫困县都创建了示范区，其中，有 167 个自治区级核心区，占全区自治区级核心区的 49%。全区各级示范区经营年总收入达 2211 多亿元。这是自改革开放以来，自治区现代农业园区建设产业扶贫产业富民之最。

第三节　广西现代特色农业示范区经验总结

一、明确战略认识，形成特色发展

在广西建立现代特色农业示范区，可以提高现代农业发展的质量、充分展示目前农业发展取得的成果，有利于提高劳动生产率和促进农民增收，是探索广西农业现代化发展道路的重要手段，是实施乡村振兴战略的重要保证，对示范和引领广西现代农业有着重大意义。要统一和提高各级领导的思想认识，阐明建设农业示范区对发展农村农业，改善农民生活条件和发展地方经济的重要性和紧迫性，才能把思想转化为具体的行动。各级政府和参与农民必须团结一致，提高对示范区建设的目的、内容、路径的认识，以示范区为突破口推进广西农业现代化发展。

按照高起点规划、高标准建设、高水平管理的要求，规划好示范区基础配套设施的建设，提高装备设施水平。通过展示和创建当地知名品牌，将走上具有广西特色的农业现代化之路，根据广西的资源特色、区位的特点、社会经济发展的现状等具体情况，根据县区的实际情况和农业资源的优势，推进资源优势向经济优势转化，高效的农业产业化主要任务是着眼于广西的水稻、玉米、甘蔗、生猪等优势品种和附加值高的特色蔬果、中药材、粮油、茶叶、桑蚕等其他特色农产品品种，进行科学规划和布局，明确各个地区优先发展的优势和特色农产品。

二、建设产学研平台，加强科技成果转化能力

农产品质量的提高和国际化市场的开拓需要建立健全相关农业标准化体系，构建产学研平台，通过区域共建的形式，将区域内农业科研院所、农业大专院校等资源利用起来，构建能服务示范区的产学研平台，使基层农业技术示范推广、动植物检疫防控、病虫害统防统治、农产品加工销售和质量监管等农业公共服务体系逐步健全和完善起来。

围绕广西的主导农产品和特色农产品，制定适合广西现代特色农业的农业标准化体系，涵盖生产前、生产后的所有过程，并建立农产品追溯制度和质量监管

制度以保障农产品质量安全，让人民放心买、放心食用。

三、发挥龙头企业作用，推进农业产业化进程

广西各级党委和政府在现代特色农业示范区建设之中，通过引领培育农业龙头企业，更好地建立优势农产品和特色农产品的品牌，专注于扩大现有的本地品牌，扶持成长中的品牌；积极推进认证制度，引导和鼓励龙头企业开展标准化管理体系认证和无公害、有机农产品基地认定，并利用龙头企业来促进农业产业化进程，充分发挥龙头企业的引领作用，用高标准的模式增强品牌产品的市场竞争力和在国际国内的知名度。

四、充分发挥广西区域资源特色与优势

广西具有良好的生态资源背景，但地理、制度、产业、人才等比较优势不足，需要做出科学的决策，把这些优势转化为生产力发展的优势，政府出面组织各个专业的专家、龙头企业管理者，对广西的生态资源、农业资源、特优农产品资源等进行系统的调查研究，找出广西现代特色农业发展目前存在的问题以及限制农业发展的因素，并找出解决问题的关键之处。通过制定相关的政策和措施，形成制度比较优势；再通过制度比较优势促进形成人才比较优势，通过制订广西现代特色农业高质量提升行动方案，扩大农业功能，发展观光旅游、休闲农业、创意农业等新业态，形成新的现代农业产业比较优势和新的农业经济增长点，形成新的广西农业发展模式。

五、打破行政区域局限，优化示范区发展空间

一些跨行政区的农业资源，不是按照资源的整体特点来进行合理有效的、成片区的统筹利用，导致优质农业资源被分割成行政范围内的有限利用，降低了资源的使用价值，减少了各级现代特色农业示范区的拉动效应。从现代特色农业示范区发展来说，可以推动示范区从核心区向拓展区延伸，延伸的过程中如果出现行政区域的边界，就可以突破界限，有效拓展示范区的发展空间和示范效应，提升主导产业的覆盖面。通过打破示范区的行政边界来实现同类产业跨区域合作，同类资源的生态共享，可以实现优势互补，加快产业规模化发展。

第六章　广西现代特色农业
示范区发展模式分析

第一节　广西现代特色农业示范区的建设模式分析

一、科技农业型

科技农业型园区是以科技为主导，力求农业生产高质高量高效，进行集约化生产，通过引进推广新品种，进行蔬菜、花卉、水果等经济作物的高产栽培技术试验和推广，最大限度地获得产能以及优质农产品的一种建设模式。科技农业型园区是大部分城郊型现代农业园区建设的良好起点。

【案例6-1-1】南宁市邕宁区香流溪热带水果产业核心示范区

南宁市邕宁区香流溪热带水果产业核心示范区位于南宁市邕宁区蒲庙镇以南10千米处的联团村以及广良村，距外环高速路新江出口5千米，交通条件便利，区位优势明显。

示范区于2014年创建，规划建设核心区面积6000亩，累计完成投入13346.784万元，其中市级财政投入1696.55万元、城区财政投入2025.88万元、经营主体投入10428.69万元。在主导特色产业建设上，核心A区引进和培育种植了"美龙"系列自花授粉红心火龙果新品种，面积3180亩；核心B区种植百香果、番石榴等面积3000亩。拓展区面积种植5200亩，辐射区面积种植10320

亩。引进南宁振企农业科技有限公司、广西田野创新农业科技有限公司、南宁市广东温氏禽畜有限公司和广西振泓农业科技开发有限公司4家龙头企业，并有"美之林水果""韦陆种植""壹心共创"3家农民专业合作社，以"公司＋合作社＋农户"的模式共同建设示范区。并与广西壮族自治区农业科学院、广西壮族自治区亚热带作物研究所、南宁学院等高校院所建立了产学研合作关系。通过培育新型经营主体、完善基础和配套设施、强化质量安全管理、实施生产标准化、转变经营方式、走品牌化道路等，探索一二三产业互融互动新模式，推动特色经营产业化。核心区"红振企""百馨果园"品牌分别获得火龙果绿色食品认证和西番莲无公害产品认证。种植基地通过"无公害产地认证""有机产品认证"，是"精准扶贫特色水果产业种植示范基地""邕宁区名优水果标准化生产示范基地"。建设示范区的组织化、设施化、标准化、集成化、产业化程度得到大幅提升。

示范区通过大力推广农业新品种、新技术，组建深加工厂，延伸产业链，研发了一系列火龙果、百香果等深加工产品。其中，火龙果加工品获得6项发明专利；建立了"八桂鲜"电商平台，实现线上线下营销。示范区企业与贫困户签订种植帮扶协议，由企业提供良种种苗，农户按照标准化种植规程种植，公司负责回收及统一品牌销售。示范区建立精准扶贫特色水果产业种植示范基地，辐射带动邕宁区842户农户新种植11424.2亩优质特色水果，其中贫困户约185户，涉及贫困人口约743人。同时，通过采取"公司＋基地＋合作社＋农户"的方式，带动农民种植3000多亩百香果，种果致富387户，农户从农业产业化经营中户均收入12190元。

示范区开通邕宁蒲庙五圣宫—联团的乡村旅游观光线路，实现农旅相结合，成为集高科技农业种植、农业观光休闲旅游、农村休闲文化体验为一体的综合生态旅游示范区。

二、生态农业型

生态农业型园区是建立在生态学和农业可持续发展理论之上，旨在实现资源利用和农业生态良性循环的一种园区模式。生态农业是结合传统的农业经营模式，如精耕细作、农牧结合、间套轮种、基塘种养、林间养种等，在遵循经济节约和绿色生态原则的基础上，与现代科技相结合的综合生产体系。生态农业理论遵循了中国传统理论中的天人合一的思想，将适度的投入与天时地利相结合，运用先进的农业技术和利用高效的农业资源，使农业在顺应生态环境的前提下实现协调、稳定、持续的发展，并同时形成生态环境的良性循环。生态农业是农业发展的较高层次，对农业乃至整个人类社会的可持续发展起到很大作用，现代农业不能脱离生态农业而发展，实现生态农业和农业经济共同发展是现代农业发展的必经之路。

【案例6-1-2】钟山水墨画廊生态农业示范区

钟山县通过巨型稻鱼、稻虾立体种养技术，打造了种养结合、生态循环的新型现代生态农业产业。钟山县水墨画廊生态种养核心示范区以稻鱼共生型生态种养、特色水果为主，种植名贵中草药、开发休闲观光为辅，采用产学研紧密结合的模式。示范区积极沟通协调龙头企业，以中科院研究所等科研单位和专家团队为技术支撑，不断加强产、学、研的融合，高效地生产优质农产品，达到集约化生产的目的。示范区的稻田养鱼模式平均亩产值可达1.1万元，每亩的净收入也达到了4000元。示范区积极带动周边贫困户创收，参与这种稻田养鱼、稻田养虾生产模式的300多户贫困户，均已成功实现脱贫摘帽。钟山县水墨画廊生态种养核心示范区正在积极推广巨型稻鱼、稻虾立体的生态种养技术，已建成1200亩智能化稻（菜）鱼闭环种养体系，大大地提高了单位面积的收益水平。

三、设施农业型

设施农业型园区是以使用现代化农业设施为基础，引进国内外高新设备及技术进行园区农业产业化生产，实现园区电气化和自动化，通过改变植物光温条件，实现植物全天候生长的一种模式。广西的示范园区越来越多引进这种节能、环保的模式。

【案例6-1-3】南宁市马山县乔利果蔬产业核心示范区

南宁市马山县乔利果蔬产业核心示范区位于乔利社区街三队，距都南高速马山出口10千米，自2016年以来，示范区在基地装备设施化建设上，从美国亨特公司和以色列泰丰公司引进了2套国际先进水平的水肥一体化设备，能够作业2000多亩园区面积；建成2个分拣加工房和260立方米的冷藏库，示范区综合机械化率达71%；完成道路硬化9.28千米，完善示范区大门、接待中心等配套设施。在生产体系标准化建设上，建立完善标准化生产和质量控制体系，病虫害统防统治覆盖率达100%。大棚精品火龙果采用密集种植法，确保果实重量标准化、经济效益最大化。示范区注册登记"乔利思恩府"商标，并取得"无公害产品"认证。在投入要素集成化建设上，统筹整合各级财政资金和辐射区内46个合作社的资源，通过互联网平台，共享各类农业生产信息，加快推进专业合作社抱团发展；通过"小块并大块"的高效土地流转模式，示范带动全县土地流转面积达9.65万亩；邀请中国农业大学、自治区农科院等高校单位的高级职称农业专家深入示范区指导建设，已形成企业（合作社）主体、政府引导、群众积极参与的多元化机制。目前，示范区规划建设"七园一区"初具规模：建成种植优质红心火龙果600亩、沃柑等新品种1020亩、果蔬大棚330多个（面积300多亩）、中药材种植区（葛根、千斤拔、百步等）250亩、标准化种桑养蚕示范区400亩、生态养殖区30亩（年出栏生猪8000头）、思恩府乡村休闲区450亩。同时，盛世生态种养合作社利用自治区村级集体经济试点项目发展资金320万元，联合广西汉世伟公司建设生态环保养猪场及大型沼气池，保障村集体经济年收入达25.6万元，收益率超过8%。

四、观光农业型

观光农业型园区是利用其独特的地理位置优势，以其独特的自然风光、乡土民情、山体景观为核心，突出生态环境的优势并发挥生态观光、休闲旅游等主要功能，吸引游客前来休闲娱乐的园区模式。观光农业型园区主要分为偏园林艺术的单纯观赏性园区和进行体验式农业的游玩性园区，其运营的核心即为消费者提供一个身心放松的场所。

【案例6-1-4】柳州市柳江区荷塘月色核心示范区

柳州市柳江区荷塘月色核心示范区位于柳江区百朋镇，距柳江城区14千米。百朋镇在全国具有"双季莲藕"之乡的称号，示范区被列入农业农村部第一批蔬菜标准园创建项目。示范区依托百朋镇农业产业优势，高起点抓好规划编制，以规划引领示范区创建工作。示范区着眼"五化"要求，确定了以柳来公路为主轴，以发展双季莲藕和观光休闲旅游为两大主导产业，实现了机械化试验区、新品种展示区、莲藕套种（养）示范区、出口莲藕种植区、千荷休闲观光区五大功能分区的"一轴两业五区"的总体布局。其中，核心区规划面积3800亩，拓展区6500亩，辐射区1.5万亩。实施了以农田水利、道路交通为重点的基础设施建设；完善了以观景平台、展示中心、村庄风貌改造、河道治理、旅客接待中心、景区大门为重点的旅游配套设施；建立了国家水生蔬菜西南繁育中心，建设了以新品种展示、莲藕交易市场及信息平台、产品检测为重点的生产配套服务设施；探索以莲藕采收机械化、莲藕套养泥鳅为重点的试验示范。建立了市县乡村四级农产品质量安检网络，健全质量安全追溯系统，实现"从农田到市场"的全过程监控，首创"农产品质量安全追溯系统搭载视频监控系统全程监控"运用。在全国首创双季莲藕套种慈姑"一年三熟"生产模式，在第七届全国水生蔬菜学术及产业化研讨会上得到全国专家、学者和业内同行的肯定。"柳江莲藕"获批国家地理标志保护产品，产品畅销全国各地，并出口美国、日本及东南亚等国。示范区先后被评为"国家AAA级旅游景区""全国农业旅游示范点""中国美丽田园""广西农业旅游示范点""广西十大魅力乡村""广西休闲农业旅游示范点""广西双季莲藕之乡"等。自2012年至今，在示范区内已成功举办了九届柳江百朋荷花文化旅游节，吸引了成千上万的游客。

五、品牌农业型

品牌农业型园区是指园区打造、推广自己的农产品品牌，通过品牌效应，为农产品带来高于同类产品的溢价，为园区带来更高的收入。品牌农业型园区整合多种类型和区域的农产品，提高市场占有率，达到盈利的目的，其核心竞争力在于有较强的影响力，使大众对其耳熟能详，优先被选择的概率大。因此，园区十分注重培育农产品品牌。广西共有名优品牌1166个，"三品一标"品牌产品1547个，注册商标1969个。"横县茉莉花""柳州螺蛳粉""百色芒果""梧州六堡茶""恭城月柿"等一批区域公用品牌无一不是示范区品牌产品。

【案例6-1-5】桂林市恭城瑶族自治县甜蜜柿业核心示范区

恭城甜蜜柿业核心示范区位于恭城瑶族自治县莲花镇，示范区总面积29200亩，以竹山村红岩新村为核心示范区，面积3600亩；拓展区和辐射区范围覆盖莲花镇、平安乡2个乡（镇）8个村委51个自然村，涉及农户13898户，其中拓展区面积7600亩，辐射区面积18000亩。

恭城县2015年启动创建示范区工作，成立了领导小组，制订了工作实施方案和通过专家评审的示范区规划，加大资金投入，按照"五化两结合"的建设要求，共投入资金24933.8万元，其中，市财政投入4483万元，县财政整合投入 8791.1 万元，经营主体投入 10287.8 万元，合作组织投入 824.1 万元，当地农民投资 547.8 万元，主要完成了道路、水利、电力、通信、体育、新农村、培训、文化、休闲等方面的基础设施和美化、亮化、绿化等工程；完成基础设施 24422.58 平方米、公共设施 8080 平方米、服务设施 50290 平方米、文化设施 1220 平方米等，新增"美丽乡村"微菜园、微果园、微花园一批，全面完成了规划的"九大工程"各项指标，2016 年桂林市政府授予恭城甜蜜柿业核心示范区称号。通过"恭城月柿节"加大"休闲农业与乡村旅游"宣传，红岩至矮寨"乡村旅游"空前红火，红岩村 2012 年获得 AAA 级景区（广西三星级乡村旅游景区）称号，2015 年获得全国休闲农业与乡村旅游示范点称号，2016 年，接待游客突破 47 万人次，实现了"农旅"很好的结合，2016 年 10 月成功举办了"第十三届恭城月柿节"。

示范区通过加强宣传培训，强化组织生产，恭城月柿病虫害统防统治覆盖率和质量安全关键技术到位率均达到 100%，水果废弃物资源化利用率达到 100%，莲花丰盛果蔬农民专业合作社、丰华园公司的一批农产品进入桂林市农产品质量安全溯源系统。通过绿色植保技术推广，确保了恭城月柿品质安全。2016 年红岩被农业部确定为"国家农业部定点培训基地之一"，2016 年成功承接培训班三期，培训全国各地学员 300 人以上。通过以点带面，2004 年恭城县 27.32 万亩水果被广西农业厅认定为水果无公害农产品产地；2015 年农业部绿色食品管理办公室批准恭城县 10 万亩月柿基地为"全国绿色食品原料标准化生产基地"；2016 年获自治区农产品质量安全县的称号。

示范区不断强化恭城月柿产品加工和销售，提高产品经济效益。示范区统一投入品、统一标准、统一加工、统一品牌、统一销售达 80% 以上；食用农产品标准化率达到 100%；恭城月柿的脆柿、红柿（软柿）、果醋、果酒、果脯、果干实现工厂化加工；恭城月柿加工、包装、冷链物流机械化率达 80% 以上，实现订单生产 80% 以上，通过"产、加、销"建设，恭城成为"国家级出口农产品（水果）质量安全示范区"；自治区工商局认定"恭城月柿"为"广西著名商标"；桂林丰华园食品有限公司生产恭城月柿为"全国名特优新农产品"。恭城月柿被农业农村部批准为"农产品地理标志登记保护产品"。恭城月柿出口俄罗斯及韩国、日本、越南、泰国等东南亚国家。通过"公司 + 合作社 + 基地 + 农户"的农业产业化经营模式，带动农民进行规模化种植、标准化管理，使农产品更上一个新台阶，实现了企业发展壮大、农民增产增收的目的，走出了一条具有恭城特色的切合恭城实际的富民兴县之路。据专家 2015 年调查测算,示范区恭城月柿产量每亩比广西平均提高 720 千克,比上年增 230 千克,增加产值约 570 元,整个核心示范区增加产值 210 多万元。2016 年核心区农民人均纯收入达 12937.7 元,分别比拓展区、辐射区高 13.8% 和 26.8%,比莲花镇和恭城县高 29.6% 和 32.3%,达到了预期效果。

示范区主推技术为恭城月柿绿色食品标准化栽培技术,重点是"一剥二剪三控四适收"技术;主要经验为依托休闲农业景观,发展乡村旅游,通过企业和合作社入驻,带动一二三产业有机融合,增加农产品附加值,促进农业增效,农民增收。

第二节　广西现代特色农业示范区的运营模式分析

广西按照"政府引导、龙头企业牵动、群众为主"的运营模式,积极实施新型农业经营主体培育工程,大力扶持培育家庭农场、农民合作社、专业种植大户、农业型企业等新型农业经营主体。广西政府十分鼓励加强家庭农场规范化建设,积极组织认定和培育申报国家、自治区农民合作社示范社,壮大新型农业经营主体。同时,广西大力推进人才队伍建设,加强对农民骨干、青年农场主的教育培训,培育新型农业经营主体带头人以及新型职业农民,探索培育农业职业经理人。鼓励、吸引高等院校毕业生返乡创业,招聘各类科技人员,提高农民的整体素质。截至 2020 年,全区累计培育十万名新型职业农民。

广西采取小农户经营与多种形式的适度规模经营并举的经营模式,促进小农户与现代农业发展有机衔接,对小农户经营给予政策上的补助。政府鼓励推进"合作社 + 农户""公司 + 合作社 + 农户"等经营模式,多元化经营主体可以有效地规避以及减少小农户面临的风险,同时也可以提高小农户生产组织化程度、生产经营能力。广西现代特色农业示范区采取与企业、小农户、合作社、基地的利益联结机制,分散风险,并完善分红机制,实现风险小、利益大的运营模式。

一、"政府 + 公司 + 农户"型

玉东新区五彩田园核心示范区采取市、区两级共建的模式,市、区两级分别

成立了以党委、政府主要领导任指挥长的"五彩田园"建设管理项目指挥部，统筹、协调、决策"五彩田园"建设、管理等过程中需要解决的原则性重大事项和问题。玉东新区五彩田园核心示范区成立了管理中心，具体负责或牵头协调当地政府关于落实园区沟通等事务。由专门的公司具体负责园区的规划、开发、建设、经营及管理等事务，构建了"一个中心抓管理，一个公司抓运营"的工作格局。引进了中农富通公司等专业公司，实现了先进理念、高端人才、社会资本的加速流入。玉东新区五彩田园核心示范区形成"政府引导、市场主导、多元投入、统一管理"的运营管理机制。

二、"公司+基地+农户"型

龙州县水窿果蔗产业核心示范区通过招商引资，引进龙头企业，依托广州大唐公司和广西国兴农现代农业发展有限公司两个龙头企业，将土地流转承包给公司，采用"公司+基地+农户"的经营模式，农民自主创办了龙泉黑皮果蔗种植合作社、上龙村香蕉协会、丰利种养专业合作社等农业专业合作组织。农民除了得到土地租金，还能得到劳务收入和分红。

三江侗族自治县布央茶叶示范区通过成立专业公司管理示范区，通过农民用茶园入股公司的方式，使农民成为公司股东并参与示范区管理，采用公司分红的收益方式，充分调动了农户参与示范区建设的积极性。

天等县田园牧歌生态农业核心示范区采用"公司+基地+贫困户"的模式，广西国本农牧发展有限公司对示范区投资，引导示范区内的农户通过资金入股、土地入股等方式，参与示范区开发建设，形成政府、企业、金融、合作社、贫困户一起发力的局面，实现政府、企业、贫困户三赢，将示范区建成精准扶贫攻坚战的产业平台。

三、"示范区+村集体入股分红"型

贵港市港南区四季花田核心示范区采用"租金+劳务收入+土地入股+劳动保障"运营模式，合作社和龙头企业会在农民65岁后给予养老保障，解决了农民养老问题。

忻城县百香果产业示范区推行公司承租、农户承包、按利分红的运营模式，农户除了可以获得土地租金外，还可以通过在示范区内打工获得收入，每月按时领取固定工资，承包户超过每亩1000公斤百香果的额外增产部分与公司按照三七比例进行分成，农户成为公司的小股东，收入大幅度提高。

陆川县绿丰橘红产业核心示范区采取"贫困户＋示范区＋基地"运营新模式，贫困户通过将土地流转给示范区收取租金的方式获取收益，示范区积极吸收160户贫困户小额信贷资金入股，贫困户年底除获得8%的利润分红外，还可在示范区内务工获得工资，实现了生产技能与收入的双提升。

靖西市福喜乐生态扶贫母猪产业核心示范区，采用"示范区＋村集体入股分红"运营模式，鼓励村集体土地流转入股、村集体经济发展资金入股、村集体通过第三方平台入股等方式，让村民们实实在在收获了示范区发展带来的好处，实现了示范区与村集体经济共同发展。

马山县乔老河休闲农业核心示范区不断创新农村集体经济发展路子，依托小都百、二甲屯生态环境综合示范村，建成屯级集体企业，采取农村集体资金和人力入股的经营模式发展休闲农业。

第三节　广西现代特色农业示范区的盈利模式分析

中国农科院农业经济与发展研究所现代农业研究室主任蒋和平曾说过，我们要有一个思维，就是做现代农业一定要有盈利，不盈利就不能持续发展。过去讲农业是公益性的，当然粮食这种基础性行业它可能是带公益性的，但是要做其他的新农业，如特色农业、休闲观光农业，必须盈利，而且一定要有投入产出成本的概念。搞农业一定要有商业模式，要学会用商业的思维做农业。

相比于传统农业的自产自销模式，现代农业是采取盈利的商业模式。盈利的模式怎么形成？无非就是土地、资金、技术和劳动力，把这几个要素组合形成盈利的产业、产品、品牌和产业链，一个好的盈利模式必须考虑四大生产要素。按照中国的国情，对现代特色农业示范区的投入要讲究适度，投入越少越好，要达到低成本、高产出、高效益的目标。所以要打造农业的营销模式，挖掘园区的潜在价值，做到可持续盈利，一是不断提升农业的附加值，二是有准确的市场定位，三是品牌，四是营销模式。

一、基础产品盈利模式

粮食作物和经济作物是维持农业基本食物供应功能的主要作物。各个现代特色农业示范区结合当地优质粮油、蔬菜瓜果等特色产业，建设高产高效的示范基地，就要将现有特色产业基地进行规模化、集约化、标准化、品牌化的提升建设。如贵港市桂平市粮食产业核心示范区，位于厚禄乡延寿村和石龙镇新村，示范区核心区面积 10000 亩，拓展区 30000 亩，辐射区 50000 亩。示范区以水田"以小并大"土地流转试点为契机，以永和米业、佳雅合作社等新型农业经营主体为建设主体，创立"家庭经营＋社会服务"和"合作社＋产业化"的双层经营模式，形成农田标准化、装备现代化、技术集成化、经营规模化、环境生态化、农民职业化的优质水稻生产示范区。示范区通过增加粮食产量，提高生产效率，促进农产品销售，实现产业增效、农民增收。

二、农旅融合观光农业盈利模式

现代特色农业示范区发展创意农业，通过创意，将农业变成可观、可赏、可玩的服务产业，满足人们对乡土乡情的追求，满足都市人对闲适田园生活向往的需求，带动乡村旅游发展，促进第一产业和第三产业的有机融合。园区打造这种"传统农业＋乡村旅游"的新型盈利模式，大幅度提高了传统农业的附加值，提升了园区的盈利能力。现代特色农业示范区充分利用当地区域丰富的自然资源，结合浓厚的休闲娱乐氛围，规划并融合乡村产业及自然风光，通过农旅融合、产村融合带动当地经济发展。西乡塘区美丽南方休闲农业核心示范区依托其自身丰富的农业资源特点，以发展休闲农业为主线，打造邕江滨水和生态农业两条景观长廊，建成生态菜园、四季花果园和水上乐园三大园区。示范区充分利用田园景观、自然生态及人文资源，开发农事体验、创意农业、农耕教育、休闲旅游等多种功能，探索生产、生活、生态"三生同步"，使三产进一步融合。西乡塘区美丽南方休闲农业核心示范区在文旅产业方面，打造了广西五星级乡村旅游区，逐步实现特色化、产业化、集聚化，大力推进"农业＋文化＋旅游＋养生"等新模式、新业态。现代特色农业示范区的这种"传统农业＋乡村旅游"的新型盈利模式，将成为农村经济发展的新增长点。

三、特色食品加工盈利模式

特色食品加工盈利模式是指结合当地饮食文化，发展地方特色的食品加工产业，并以地方特色饮食文化为主题，开展美食文化体验休闲特色旅游，融合农业与二三产业，形成园区生态农业与农业产业化相结合的发展格局。在柳州有着"不吃螺蛳粉，枉为柳州人"的说法。柳州螺蛳粉企业已达 80 多家，打造 200 多个螺蛳粉品牌，包括螺霸王、好欢螺等一批知名度高、消费者喜爱的商标品牌，形成了庞大的产业集聚群。螺蛳粉，这道曾经的"路边摊"美食如今已华丽转身，成为网络上极为畅销的速食产品，更名扬海外。螺蛳粉经济也逐渐兴起，吸引了无数螺蛳粉爱好者来到柳州品尝最地道的味道。

如广西柳州柳南区现代农业产业园，柳州螺蛳粉区域公用品牌的品牌溢价在 2020 年初充分显现，为推动柳州经济高质量发展起到了非常大的作用。企业品牌和螺蛳粉区域公用品牌之间是一种捆绑关系，互利共赢、相互依存，能更好地提升柳州螺蛳粉的市场知名度与品牌竞争力。柳南区现代农业产业园的建设兼顾产业发展与村庄建设，以生态宜居为规划前提，建成一区（科技创新与加工流通区）、一镇（螺蛳粉特色小镇）、多基地（螺蛳粉原材料种养基地）的总体格局，螺蛳粉生产过程中严格实施标准化，紧抓食品安全质量保障。广西柳州柳南区现代农业产业园区积极打造螺蛳粉小镇，推行螺蛳粉文化，开展螺蛳粉文化节，积极扩大品牌知名度。广西柳州柳南区现代农业产业园已打造几十个螺蛳粉特产品牌和多个连锁品牌。近年来，螺蛳粉成为畅销国内外的"网红"产品，为园区带来了高收益。

四、特色种植产业融合休闲旅游业盈利模式

现代特色农业示范区以特色优势产业为支撑，优化基础设施，强化内部管理，通过吸引游客参观，丰富景区内涵，改善环境质量，全面提档升级，带动休闲观光旅游产业的发展。如广西横县现代农业产业园通过种植茉莉花，吸引了无数喜爱茉莉花的游客前去观赏游玩。近年来，广西横县现代农业产业园区积极促进三产融合发展，在花田建工厂，形成茉莉花茶产业集群，加工制作茶叶向外出售。在这里，游客们不仅能欣赏到一望无际的茉莉花海，还能参观茉莉花茶的制作，仅一天就体会到了从鲜花到花茶的跨越。横县产业园深度挖掘茉莉特色产品，打造出一条以茉莉花风情游为主线的"茉莉之旅"。广西横县现代农业产业

园区整合园内资源，积极推进茉莉花（茶）产业精深加工，完善后续加工产业链，提升茉莉花的附加值，以茉莉花的文化内涵为特色，打造茉莉特色小镇，促进农旅结合、文旅融合，使茉莉花成为横县最美形象和品牌。广西横县现代农业产业园区以"旅游＋""＋旅游"融合发展新模式，吸引无数外来游客观光。示范园区依托茉莉花田，让游客亲自体验农事，把茉莉花资源转化为旅游经济，带动周边居民经济发展。近年来，横县通过打造现代特色农业示范区，大力发展乡村旅游，带动周边经济发展。2019 年，全县茉莉主题旅游达 502.21 万人次，消费总收入 52.16 亿元。

第四节　广西现代特色农业示范区的融资模式分析

现代特色农业示范区的建设需要巨大的人力、物力、财力，需要很大的投入，仅凭政府对其的资金投入远远不够，一般示范区的建设需要很长的周期，规模也比较庞大，所以很容易面临着融资难的问题。为了提高示范区经营主体的融资能力，广西政府除了每年对示范区进行资金投入外，还鼓励引导金融机构创新支农贷款产品，为示范区申请资金开辟审批绿色通道，大力开展农村"两权"抵押贷款试点工作，加快推广"农担信用贷"，鼓励农担机构对示范区内的经营主体实行优惠担保费率。根据资金的来源方式，广西现代特色农业示范区的融资模式可以分为内源型和外源型。

一、内源型

资金一般是由现代特色农业示范区的经营主体自筹所得，由于农业在行业中处于弱势地位，如果示范区完全按照自身的功能定位出发，仅通过种植经济作物来满足示范区的盈利需求，一般难以筹集到满足其自身发展建设所需要的资金数额，因此，示范区必须摆脱其自身功能定位的农业领域的限制，通过促进农业与其他产业的融合，发展农产品的加工制造以及开发休闲娱乐的功能，提高农产品的附加价值，以取得良好的经济效益，填补政府和其他投资融资渠道无法弥补的资金缺口，解决示范区的筹资难题。

广西政府积极鼓励集体经济组织通过股份合作、租赁、专业承包等形式，与承包大户、龙头企业等合作经营。以龙头企业为例,龙头企业可以为示范区提供经营发展的资金、技术、管理和信息等资源,而示范区可以为龙头企业提供稳定的原料,可以降低龙头企业交易成本,两者通过资源整合、优化配置实现共赢。同时,龙头企业还可以为示范区融资起到资金担保作用,会帮助示范区筹到更多的资金。以平桂区温氏生态养殖示范区为例,示范区采用"公司 + 家庭农场/养殖大户"的产业化经营模式,由贺州温氏公司与周边养殖户挂钩合作养猪,贺州温氏公司为示范区提供技术实力作为强大后盾,为合作养殖户提供"五统一"服务,即统一提供猪苗、统一提供饲料、统一提供药品及疫苗、统一提供技术服务、统一按合同保护价回收成品合格肉猪。目前,贺州温氏公司已带动建立合作社 5 个、家庭农场 2 个,合作养猪户 300 多户,解决农民劳动就业 1000 多人,涉及贫困户 52 户,示范带动的养殖基地和养殖户年出栏生猪达 30 万头,养殖户户均收益达 20.2 万元。

二、外源型

(一) 政府融资

按照市场运作为主体、政府扶持为补充的原则,广西政府推出一系列倾斜扶持政策,把分散在各部门的涉农项目和资金进行有效整合,重点建设示范区,合理高效使用政府扶持资金。每年自治区财政安排 3 亿元奖补资金,资金实行以奖代补的分配方式优先投向示范区建设,并按照市场化方式,引导设立各类创新和产业基金,投资农业特色企业。财政资金按照绩效考核机制分配,在安排下一年度的资金分配时,审核本年度示范区项目的绩效水平。广西政府整合部门资金项目和资源要素,重点扶持一批相关产业重点项目、重点基地、重点龙头企业和知名品牌,提高示范区资金使用效率。以桂林市灌阳县千家洞水果产业核心示范区为例,示范区位于灌阳县灌阳镇,以国家地理标志农产品——灌阳雪梨(约占70%)和"中华名果"——灌阳黑李(约占 30%)为主导产业。示范区创建以来,县委、县政府通过整合财政和有关项目资金,积极引导工商资本、金融资本参与示范区建设,多渠道整合资金 1.86 亿元用于示范区建设。

(二) 信贷融资

要充分发挥农业银行、农业发展银行、农村信用社、广西北部湾银行等地方商业银行在农村金融中的骨干和支柱作用,加大参与农业信贷担保贷款力度,引导担保机构为示范区新型农业经营主体提供农业信贷利率优惠,鼓励各类金融机构增加对示范区的信贷投放，加快农村信用社改革，创新信贷方式，进一步简化、优化信贷手续，为新型农业经营主体提供及时便捷的农业信贷担保服务，把农村信用社办成支持示范区建设的银行。

玉林市陆川县绿丰橘红产业核心示范区于 2016 年接收 220 户贫困户的小额扶贫信贷，将信贷资金入股合作社，每年每户可获得 3000～4000 元的固定分红。合作社还承诺划出 200 亩橘红种植园区，五年后无偿划归新山村委作为村集体经济收入，预计村集体每年将获得不少于 300 万元的收益。

第七章 广西现代特色农业
示范区发展概况

第一节 总体概况

为了贯彻落实中央关于全面深化农村改革，加快推进农业农村现代化的重大部署，尽快提升自治区农业产业化、市场化、国际化、现代化水平，夯实乡村振兴的产业基础，2014 年 4 月，自治区党委、政府做出了创建"广西现代特色农业核心示范区"的重大决策。7 年来，通过政策引导、市场主导、财政资金扶持与服务协调等综合措施，广西现代特色农业示范区建设取得了突破性进展，建成了一大批产品特色鲜明、竞争优势明显、示范带动效应突出、经济效益良好的现代特色农业示范区，引领全区现代农业高质量发展。

通过开展现代特色农业示范区建设以及现代特色农业示范区建设增点扩面提质升级三年行动，加快促进全区现代特色农业发展，并取得了良好的效果。截至 2020 年，广西已创建并公布共九批广西现代特色农业核心示范区 339 个，超额完成建成自治区级核心示范区 300 个的目标任务。其中，第一批 11 个，第二批 18 个，第三批 41 个，第四批 21 个，第五批 51 个，第六批 35 个，第七批 64 个，第八批 36 个，第九批 62 个；自第三批广西现代特色农业核心示范区公布后，更加细化了星级的标准等级，其中，五星级 30 个，四星级 127 个，三星级 182 个。在九批核心示范区中，第二批和第三批示范区达到五星级标准的数量最多，各有 9 个；第三批示范区达到四星级标准的数量最多，有 25 个；第九批示范区达到三星级标准的数量最多，有 46 个。全区形成了各级各类示范区梯次分布的新格局（见表 7 - 1 和表 7 - 2）。同时，在自治区三星级以上核心示范区中，升级打造了 8 个自治区级现代农业产业园，在五星级核心示范区中，升级争创了横县茉莉花、来宾市金凤凰（甘蔗）、柳南区螺蛳粉、都安县肉牛肉羊 4 个国家级现代农业产业园和南宁市美丽南方国家级田园综合体。

表 7 - 1 广西现代特色农业核心示范区批次与数量

批次	认定时间	个数	五星级	四星级	三星级
第一批	2015 年 2 月 7 日	11	6	2	3
第二批	2015 年 12 月 23 日	18	9	6	3
第三批	2017 年 1 月 6 日	41	9	25	7
第四批	2017 年 9 月 20 日	21	2	8	11
第五批	2017 年 12 月 8 日	51	0	22	29
第六批	2018 年 10 月 12 日	35	0	16	19
第七批	2019 年 1 月 5 日	64	1	24	39
第八批	2019 年 9 月 23 日	36	1	10	25
第九批	2020 年 1 月 21 日	62	2	14	46
合计		339	30	127	182

表 7 - 2 广西现代特色农业核心示范区批次

批次	星级	名称	数量
第一批	五星级	南宁市隆安县金穗香蕉产业核心示范区 南宁市西乡塘区美丽南方休闲农业核心示范区 柳州市柳江区荷塘月色核心示范区 桂林市兴安县灵渠葡萄产业核心示范区 玉林市玉东新区五彩田园核心示范区 贺州市富川瑶族自治县神仙湖果蔬产业核心示范区	6
	四星级	南宁市良庆区坛板特色农业核心示范区 崇左市龙州县水隆果蔗产业核心示范区	2
	三星级	梧州市岑溪市西江果蔬产业核心示范区 百色市田阳县右江河谷果蔬产业核心示范区 河池市都安瑶族自治县红水河岸火龙果产业核心示范区	3

续表

批次	星级	名称	数量
第二批	五星级	南宁市兴宁区十里花卉长廊核心示范区 南宁市横县中华茉莉花产业核心示范区 柳州市三江侗族自治县三江茶产业核心示范区 桂林市荔浦市橘子红了砂糖橘产业核心示范区 桂林市阳朔县百里新村金橘产业核心示范区 贵港市覃塘区荷美覃塘莲藕产业核心示范区 贵港市港南区亚计山生态养殖核心示范区 崇左市扶绥县甜蜜之光甘蔗产业核心示范区 广西农垦永新源生猪健康养殖核心示范区	9
	四星级	柳州市鹿寨县呦呦鹿鸣葡萄产业核心示范区 梧州市苍梧县原生六堡茶产业核心示范区 防城港市东兴市京岛海洋渔业核心示范区 百色市凌云县浪伏小镇白毫茶产业核心示范区 来宾市高新技术产业开发区金凤凰果蔬产业核心示范区 崇左市凭祥市宝岛美人椒产业核心示范区	6
	三星级	北海市银海果蔬产业核心示范区 河池市南丹县绿稻花海休闲农业核心示范区 河池市天峨县龙滩珍珠李产业核心示范区	3
第三批	五星级	南宁市宾阳县古辣香米产业核心示范区 南宁市武鸣区伊岭溪谷休闲农业核心示范区 南宁市邕宁区一遍天原种猪产业核心示范区 柳州市柳北区兰亭林叙花卉苗木产业核心示范区 北海市合浦县利添水果产业核心示范区 玉林市福绵区凤鸣八桂生态养殖核心示范区 贺州市平桂区姑婆山森林生态文化旅游核心示范区 来宾市兴宾区红河红晚熟柑橘产业核心示范区 广西农垦金色阳光甘蔗产业核心示范区	9
	四星级	南宁市邕宁区香流溪热带水果产业核心示范区 南宁市青秀区花雨湖生态休闲农业核心示范区 柳州市柳城县禅韵丝缘蚕业核心示范区 柳州市融安县小村之恋金橘产业核心示范区	

续表

批次	星级	名称	数量
第三批	四星级	桂林市灌阳县千家洞水果产业核心示范区 桂林市灵川县古镇提香核心示范区 梧州市蒙山县东乡橘园核心示范区 梧州市岑溪市古典鸡产业核心示范区 北海市银海区罗汉松产业核心示范区 防城港市港口区红树林海洋渔业核心示范区 钦州市浦北县佳荔水果产业核心示范区 钦州市灵山县百年荔枝核心示范区 贵港市港南区四季花田休闲农业核心示范区 贵港市桂平市粮食产业核心示范区 玉林市兴业县凤鸣雅江生态种养核心示范区 玉林市容县沙田柚产业核心示范区 百色市右江区澄碧湖芒果产业核心示范区 百色市乐业县猕猴桃产业核心示范区 贺州市八步区满天下李子产业核心示范区 贺州市昭平县南山茶海核心示范区 河池市环江毛南族自治县毛南柚美核心示范区 河池市凤山县核桃产业核心示范区 崇左市大新县德天水果产业核心示范区 崇左市天等县田园牧歌生态农业核心示范区 广西农垦七里香休闲农业核心示范区	25
	三星级	桂林市平乐县车田河肉牛循环农业核心示范区 梧州市万秀区思良江休闲农业核心示范区 钦州市钦北区宝鸭坪花木世界核心示范区 百色市平果县红色果业核心示范区 河池市巴马瑶族自治县盘阳河流域农业核心示范区 来宾市武宣县双龙盛柿核心示范区 崇左市江州区火红左江核心示范区	7
第四批	五星级	桂林市恭城瑶族自治县甜蜜柿业核心示范区 广西农垦向阳红沃柑产业核心示范区	

续表

批次	星级	名称	数量
第四批	四星级	南宁市马山县乔利果蔬产业核心示范区 柳州市融水苗族自治县风情苗乡现代农业核心示范区 桂林市永福县福寿橘园核心示范区 钦州市钦南区虾虾乐核心示范区 贵港市平南县活力龚州生态循环农业核心示范区 贵港市覃塘区毛尖茶产业核心示范区 玉林市陆川县绿丰橘红产业核心示范区 玉林市北流市荔乡缘荔枝产业核心示范区	10
	三星级	南宁市兴宁区沙平蔬菜产业核心示范区 南宁市上林县山水牛扶贫产业核心示范区 广西—东盟经济技术开发区宁武都市农业核心示范区 柳州市柳南区金色太阳现代都市生态农业核心示范区 桂林市临桂区桂林之花特色林业核心示范区 河池市大化瑶族自治县红水河现代农业核心示范区 河池市金城江区侧岭三红现代农业核心示范区 来宾市武宣县金泰丰夏南牛养殖核心示范区 崇左市江州区大华山水牧场核心示范区 崇左市宁明县花山田园核心示范区 广西农垦荔乡新光休闲农业核心示范区	11
第五批	四星级	南宁市青秀区田野牧歌肉牛产业核心示范区 鹿寨县寨美一方都市休闲农业核心示范区 融安县林海杉源香杉生态产业核心示范区 桂林市雁山区柿里回乡休闲农业核心示范区 灵川县橘红甘棠江特色农业核心示范区 桂林市临桂区相思湖柑橘产业核心示范区 灌阳县神农稻博园水稻产业核心示范区 藤县葛色天香和平粉葛产业核心示范区 合浦县东园循环农业产业核心示范区 钦州市钦北区九百垌特色农业核心示范区 贵港市港北区富硒优质稻产业核心示范区 陆川县银农生猪产业核心示范区 玉林市福绵区六万大山四季香海八角产业核心示范区	22

批次	星级	名称	数量
第五批	四星级	北流市兆周高脂松产业核心示范区	
		靖西市海升柑橘产业核心示范区	
		钟山县幸福冲贡柑产业核心示范区	
		贺州市平桂区猪福天下生态养殖核心示范区	
		河池市宜州区刘三姐桑蚕高效生态产业核心示范区	
		天峨县天湖峨山特色农业核心示范区	
		来宾市高新技术产业开发区海升现代柑橘产业核心示范区	
		龙州县北部湾食用菌产业核心示范区	
		广西农垦东湖胡萝卜产业核心示范区	
	三星级	南宁市兴宁区富凤鸡产业核心示范区	29
		南宁市江南区江韵扬美休闲农业核心示范区	
		横县朝阳大垌优质稻产业核心示范区	
		柳州市柳江区葱满幸福香葱产业核心示范区	
		鹿寨县笑缘香樟核心示范区	
		阳朔县遇龙河休闲农业核心示范区	
		兴安县红色湘江蜜橘产业核心示范区	
		全州县金槐产业核心示范区	
		灌阳县油茶产业核心示范区	
		苍梧县东安荔园生态种养核心示范区	
		北海市铁山港区深水抗风浪养殖核心示范区	
		防城港市防城区农潮火龙果产业核心示范区	
		钦州市钦州港区大蚝养殖核心示范区	
		桂平市龙潭神光森林生态文化旅游核心示范区	
		贵港市覃塘区林业生态循环经济核心示范区	
		博白县桂牛奶水牛产业核心示范区	
		容县凤凰谷生态养殖核心示范区	
		田东县东养芒果产业核心示范区	
		德保县百乐德柑橘产业核心示范区	
		贺州市八步区西溪森林生态文化旅游核心示范区	
		河池市宜州区拉浪林场森林生态文化旅游核心示范区	
		罗城仫佬族自治县中国毛葡萄核心示范区	
		环江毛南族自治县花山果海休闲农业核心示范区	
		南丹县歌娅思谷农旅融合核心示范区	

续表

批次	星级	名称	数量
第五批	三星级	金秀瑶族自治县大瑶山银杉森林生态文化旅游核心示范区 武宣县风沿柚获核心示范区 宁明县花山松涛桐棉松产业核心示范区 广西农垦山圩林业生态产业核心示范区 广西农垦越州天湖休闲农业核心示范区	
第六批	四星级	南宁市青秀区长塘金花茶产业核心示范区 隆安县那之乡火龙果产业核心示范区 柳州市柳南区宏华蛋鸡生态养殖核心示范区 灵川县银杏金色海洋生态旅游核心示范区 荔浦市兴万家砂糖橘产业核心示范区 梧州市万秀区林产品精深加工核心示范区 藤县石表山森林生态文化旅游核心示范区 上思县十万大山坚果产业核心示范区 浦北县五皇山石祖林中茶核心示范区 北流市富硒水稻产业核心示范区 乐业县乐叶乐茶园休闲农业核心示范区 东兰县墨米产业核心示范区 来宾市兴宾区维都油茶产业核心示范区 金秀瑶族自治县瑶韵茶业核心示范区 扶绥县果满山坡澳洲坚果产业核心示范区 广西农垦朗姆风情甘蔗循环经济核心示范区	16
	三星级	南宁市西乡塘区群南柑橘产业核心示范区 南宁市邕宁区坛里沃柑产业核心示范区 广西—东盟经济技术开发区特色农业核心示范区 上林县禾田生态休闲农业核心示范区 宾阳县品绿留香休闲农业核心示范区 灵川县逍遥湖森林旅游核心示范区 全州县国际茶花核心示范区 防城港市防城区大南山金花茶产业核心示范区 东兴市富康生态养猪产业核心示范区 平南县石硖龙眼产业核心示范区 玉林市福绵区龙湖黄沙鳖生态农业核心示范区	19

续表

批次	星级	名称	数量
第六批	三星级	西林县驮娘江砂糖橘产业核心示范区 河池市金城江区凤飞三境循环农业核心示范区 巴马瑶族自治县小巴香猪有机循环产业核心示范区 天峨县六美休闲农业核心示范区 来宾市兴宾区黄安蔗野仙踪核心示范区 武宣县金葵花休闲农业核心示范区 象州县纳禄休闲农业核心示范区 天等县生猪生态养殖核心示范区	
第七批	五星级	都安瑶族自治县瑶山牛扶贫产业核心示范区	1
	四星级	马山县乔老河休闲农业核心示范区 南宁市武鸣区起凤沃柑产业核心示范区 鹿寨县桂中现代林业核心示范区 柳城县稻花飘香现代粮食产业核心示范区 柳城县冲脉镇蔗奏凯歌现代糖业核心示范区 兴安县金满田园粮食产业核心示范区 荔浦市木衣架产业核心示范区 合浦县凤翔肉鸡产业核心示范区 东兴市东兴桂产业核心示范区 灵山县猪福万家生态养殖核心示范区 贵港市港北区瑶山鸡产业核心示范区 平南县北帝山森林生态文化旅游核心示范区 陆川县聚银供港生猪产业核心示范区 博白县一起同甘沃柑产业核心示范区 兴业县蕉海蔗林核心示范区 隆林各族自治县油茶产业核心示范区 贺州市八步区森林仙草健康产业核心示范区 贺州市平桂区藕莲天下水生蔬菜产业核心示范区 天峨县布菇山食用菌产业核心示范区 凤山县金凤凰林下养殖核心示范区 金秀瑶族自治县橘香园柑橘产业核心示范区 宁明县骆晔循环农业核心示范区 广西农垦大明山茶核心示范区 广西农垦黔江丰收甜园甘蔗产业核心示范区	24

续表

批次	星级	名称	数量
第七批	三星级	上林县云姚谷休闲农业核心示范区 宾阳县永和火龙果产业核心示范区 广西—东盟经济技术开发区沃柑产业核心示范区 三江侗族自治县三江油茶产业核心示范区 融安县古兰新韵金橘产业核心示范区 永福县福寿神果罗汉果产业核心示范区 资源县丹霞红提产业核心示范区 阳朔县蔗香甜园核心示范区 龙胜各族自治县龙脊梯田休闲农业核心示范区 阳朔县牧生源生猪产业核心示范区 全州县良种杉产业核心示范区 苍梧县仙迹桃花岛休闲农业核心示范区 蒙山县羽生谷生态果蔬产业核心示范区 梧州市万秀区思委米产业核心示范区 北海市银海区向海水产业核心示范区 北海市铁山港区南珠产业核心示范区 上思县皇袍山森林生态文化旅游核心示范区 钦州市钦南区龙门蚝湾大蚝产业核心示范区 钦州市钦北区娥眉湾现代休闲农业核心示范区 桂平市麻垌荔枝产业核心示范区 玉林市福绵区农贝贝益农生态养殖核心示范区 陆川县顺康生猪产业核心示范区 北流市大容山森林生态文化旅游核心示范区 容县清香蜜橘产业核心示范区 田东县山地芒果产业核心示范区 那坡县边关丝路桑蚕产业核心示范区 田林县八渡笋产业核心示范区 钟山县菌美人间食用菌产业核心示范区 东兰县江洞油茶产业核心示范区 河池市宜州区然泉构树生态循环养殖产业核心示范区 罗城仫佬族自治县明亿万亩油茶产业核心示范区 东兰县东兰乌鸡产业养殖核心示范区 象州县寺村生态水果现代农业核心示范区 大新县明仕田园休闲农业核心示范区 龙州县山水连城休闲农业核心示范区 崇左市江州区龙赞东盟国际林业循环经济产业核心示范区 凭祥市边关牧歌生态羊产业核心示范区 广西农垦百合芒果产业核心示范区 广西农垦新兴生态养殖核心示范区	39

续表

批次	星级	名称	数量
	五星级	隆安县金穗火龙果产业核心示范区	1
	四星级	南宁市西乡塘区顶哈鸽产业核心示范区 横县南山茶香古韵茶旅产业核心示范区 融水苗族自治县双龙沟森林生态文化旅游核心示范区 三江侗族自治县侗天湖茶产业核心示范区 阳朔县漓江东岸柑橘产业核心示范区 田林县高山晚熟芒果产业核心示范区 西林县京桂古道茶叶产业核心示范区 百色市田阳区芒果脱贫产业核心示范区 环江毛南族自治县油茶产业核心示范区 巴马瑶族自治县百灵水果产业核心示范区	10
第八批	三星级	南宁市邕宁区告祥时宜桑蚕产业核心示范区 马山县华星柑橘产业核心示范区 融水苗族自治县竹韵荪香产业核心示范区 三江侗族自治县高山稻渔生态种养核心示范区 恭城瑶族自治县生态瑶乡新三位一体循环农业核心示范区 荔浦市三华李产业核心示范区 永福县龙溪麻竹产业核心示范区 全州县天湖绿淼稻渔共生核心示范区 上思县十万大山布透温泉森林生态文化旅游核心示范区 桂平市闽航科技富硒火龙果产业核心示范区 北流市伟人山三黄鸡生态养殖核心示范区 北流市实木家具产业核心示范区 容县中南生态油茶产业核心示范区 玉林市福绵区桂水鱼乡淡水养殖产业核心示范区 百色市右江区六沙柑橘产业核心示范区 天峨县山旮旯旱藕产业核心示范区 东兰县板栗产业核心示范区 南丹县南国之丹花卉苗木产业核心示范区 东兰县淡水养殖产业核心示范区 合山市澳洲坚果产业核心示范区 金秀瑶族自治县圣堂瑶乡森林生态文化旅游核心示范区 崇左市江州区雨花石森林生态文化旅游核心示范区 扶绥县晶桂蛋鸡产业核心示范区 龙州县大湾生态肉牛循环产业核心示范区 广西农垦绿姆山蔗牛产业核心示范区	25

续表

批次	星级	名称	数量
第九批	五星级	靖西市福喜乐生态扶贫母猪产业核心示范区 南丹县瑶乡牛循环产业核心示范区	2
	四星级	隆安县那乡米产业核心示范区 融安县橘乡恋歌金橘产业核心示范区 叠彩区花卉产业核心示范区 阳朔县遇龙河柑橘产业核心示范区 长洲区摩天茶海休闲农业核心示范区 陆川县神龙王生猪产业核心示范区 兴业县金谷水稻产业核心示范区 田东县天成有机农业核心示范区 平果县国控林投油茶产业核心示范区 富川瑶族自治县秀水森林生态文化旅游核心示范区 天等县金鸡产业核心示范区 扶绥县东门澳洲大花梨产业核心示范区 广西农垦桂林相思江休闲农业核心示范区 广西农垦源头柑橘产业核心示范区	14
	三星级	武鸣区香山源种羊产业核心示范区 宾阳县兴拓现代蔗业核心示范区 良庆区百乐澳洲坚果产业核心示范区 柳城县侨城桔缘柑橘产业核心示范区 柳北区香兰农园现代农业核心示范区 鹿寨县鹿寨蜜橙产业核心示范区 柳江区虾青素鸡蛋生态循环产业核心示范区 三江侗族自治县布代茗乡扶贫产业核心示范区 融水苗族自治县林下灵芝产业核心示范区 资源县高山特色休闲生态农业核心示范区 龙胜各族自治县勇爱有机油茶核心示范区 灵川县富丘柑橘产业核心示范区 平乐县丝绸之源桑蚕产业核心示范区 藤县古龙大红八角产业核心示范区 龙圩区温氏家禽产业核心示范区 合浦县禾美稻香粮食产业核心示范区 合浦县钦廉木本香料产业核心示范区	

续表

批次	星级	名称	数量
第九批	三星级	上思县汉森澳洲坚果种植核心示范区 防城区珍珠湾海洋渔业核心示范区 钦南区北部湾花卉小镇森林生态文化旅游核心示范区 钦北区九联肉鸡产业核心示范区 覃塘区生猪循环产业核心示范区 港南区津口水果产业核心示范区 容县祝氏大荣养殖核心示范区 福绵区凤舞岭南优质鸡产业核心示范区 容县绿碧山森林生态文化旅游核心示范区 玉州区玉林香蒜产业核心示范区 凌云县下甲古丝绸桑蚕产业核心示范区 田阳县兴茂火龙果综合利用产业核心示范区 隆林各族自治县三冲缘茶产业核心示范区 平桂区设施蔬菜产业核心示范区 八步区东融供港蔬菜产业核心示范区 钟山县水墨画廊生态种养核心示范区 昭平县华泰中药材产业核心示范区 南丹县云水谷高山油茶产业核心示范区 大化县七百弄鸡产业核心示范区 都安县澳寒羊产业核心示范区 大化县红水河生态渔业核心示范区 罗城县金玉柚产业核心示范区 天峨县富万家核桃产业核心示范区 金城江区同干核桃产业核心示范区 象州县诗画田园休闲农业核心示范区 忻城县长和肉牛产业核心示范区 大新县正邦生态养殖核心示范区 龙州县大青山坚果产业核心示范区 宁明县金花茶产业核心示范区	46

全区各级示范区累计投入财政资金 330 多亿元，吸引社会资金投入 934 多亿元，经营总收入 2211 多亿元，接待游客达 2.42 亿人次，实现旅游总消费 100.73 多亿元，各市县乡村积极开展创建认定各级示范园区 19631 个，有力地助推了脱

贫攻坚，促进了农民增收，带动贫困户超过 26.9 万户，推动形成了自治区的特色农业产业化，全区第一产业增加值多年在全国领先，农民人均纯收入水平稳步提升。实践证明，示范区建设促进了农业高质量发展和农村一二三产业融合发展，提升了农业基础设施建设水平，增强了农业科技引领作用，发展壮大了农业新型经营主体，有效地促进了农民增收和农村脱贫攻坚，形成了"三农"工作的有效抓手。创建现代特色农业示范区符合中央要求，遵循现代农业发展规律，切合广西实际，已成为越来越多人的共识，也成了自治区农业的一道亮丽风景。

截至 2020 年，广西获评国家级现代农业示范园区已有 11 家，这 11 个国家级现代农业示范园区在创建及建设发展中，积累了非常宝贵的经验，也有很多的创新，很值得总结、借鉴和推广。这 11 个国家级现代农业示范园区分别是：广西北海市合浦县国家现代农业示范区、百色市田东县国家现代农业示范区、玉林市兴业县国家现代农业示范区、广西贵港市港北区国家现代农业示范区、桂林市全州县国家现代农业示范区、南宁市横县国家现代农业示范区、南宁市武鸣区国家现代农业示范区、横县中华茉莉花国家现代农业产业园、来宾市金凤凰（甘蔗）国家现代农业产业园、柳州市柳南区（螺蛳粉）国家现代农业产业园、都安县肉牛肉羊国家现代农业产业园。

示范区从无到有，从少到多，从小到大，从点连线成面，从学习到赶超，有力推动了自治区农业生产经营方式由传统粗放分散经营向规模化、专业化和集约化方向转变，在八桂大地上形成了星火燎原、遍地开花的局面。广西现代特色农业示范区不仅是在国内的农业示范区中特色性地增加特色以及核心农业二字，更是呈现定位准、思路清、速度快、成效大四大特点，覆盖一二三产业，"广西经验"受到中央肯定，并为供给侧结构性改革、乡村振兴提供可行之路。

第二节　区域概况

广西共包含 14 个地级市，所有地级市积极开展现代特色农业示范区建设。截至 2020 年，广西共建立 339 个自治区级核心示范区，示范区涵盖农林牧渔、休闲农业、富硒农业、有机农业共 19 项主导产业（"10 + 3"种养产业和六大林业产业）。各地在创建过程中，坚持产业优先，突出示范区建设"经营组织化、装备设施化、生产标准化、要素集成化、特色产业化"的"五化"要求，结合产业优势和资源特点，通过完善基础设施，推广新品种，应用新技术，延长产业链，狠抓质量品牌，引入农村电商，推进绿色发展，培育新型经营主体，完善利益联结机制，集成各类现代元素，培育壮大了一批具有区域特色的农业主导产品、支柱产业和特色品牌，促进了产业新提升、新优化和新拓展，为乡村产业振兴提供了有力支撑。各地市现代特色农业示范区如图 7-1 所示。

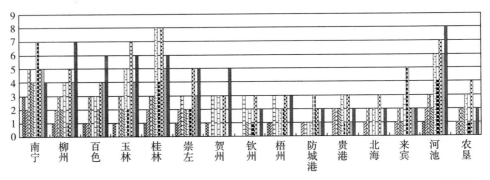

图 7-1 各地市不同批次现代特色农业示范区

一、南宁市

南宁市位于广西壮族自治区南部偏西，是广西壮族自治区首府及广西政治、经济、文化中心，总面积 22112 平方千米，建成区面积 242 平方千米。南宁市行政区划分共有 7 区 5 县 84 镇。南宁市一直致力于示范区建设，共建成 39 个自治区级核心示范区，其中，五星级 8 个、四星级 12 个、三星级 19 个，南宁市现代特色农业示范区信息汇总如表 7-3 所示。示范区建设涉及面广，包含种植业、养殖业、休闲农业、林业等。种植业包含特色产业香蕉、火龙果、柑橘等；畜禽业包含山羊、牛、鸡、鸭等；林业涉及坚果种植。南宁市示范区规模逐步完善，以南宁市隆安县金穗香蕉产业核心示范区为例，该示范区将流转的 8 万亩土地划分为 16 个分场分包给当地居民管护，公司统一生产、收购、销售，已经建成全国最大的标准化香蕉产业核心示范区。

表 7 - 3　南宁市自治区级核心示范区信息汇总

序号	名称	级别	类型	主导产业	批次
1	南宁市隆安县金穗香蕉产业核心示范区	五星级	种植业	香蕉	第一批
2	南宁市良庆区坛板特色农业核心示范区	四星级	种植业	火龙果、柑橘	第一批
3	南宁市西乡塘区美丽南方休闲农业核心示范区	五星级	休闲农业	果蔬	第一批
4	南宁市兴宁区十里花卉长廊核心示范区	五星级	林业	花卉苗木	第二批
5	南宁市横县中华茉莉花产业核心示范区	五星级	林业	茉莉花	第二批
6	南宁市宾阳县古辣香米产业核心示范区	五星级	种植业	粮食	第三批
7	南宁市武鸣区伊岭溪谷休闲农业核心示范区	五星级	休闲农业	火龙果、葡萄、柑橘、蔬菜	第三批
8	南宁市邕宁区香流溪热带水果产业核心示范区	四星级	种植业	火龙果	第三批
9	南宁市青秀区花雨湖生态休闲农业核心示范区	四星级	休闲农业	火龙果、芒果	第三批
10	南宁市邕宁区一遍天原种猪产业核心示范区	五星级	畜禽业	种猪	第三批
11	南宁市马山县乔利果蔬产业核心示范区	四星级	种植业	柑橘、火龙果、葛根	第四批
12	兴宁区沙平蔬菜产业核心示范区	三星级	种植业	蔬菜	第四批
13	上林县山水牛扶贫产业核心示范区	三星级	畜禽业	肉牛	第四批
14	广西—东盟经济技术开发区宁武都市农业核心示范区	三星级	种植业	蔬菜	第四批
15	青秀区田野牧歌肉牛产业核心示范区	四星级	畜禽业	肉牛	第五批
16	兴宁区富凤鸡产业核心示范区	三星级	畜禽业	肉鸡	第五批
17	南宁市江南区江韵扬美休闲农业核心示范区	三星级	休闲农业	菠萝、青枣	第五批
18	横县朝阳大垌优质稻产业核心示范区	三星级	种植业	水稻	第五批
19	青秀区长塘金花茶产业核心示范区	四星级	林业	金花茶	第六批
20	隆安县那之乡火龙果产业核心示范区	四星级	种植业	火龙果	第六批
21	西乡塘区群南柑橘产业核心示范区	三星级	种植业	柑橘	第六批
22	邕宁区坛里沃柑产业核心示范区	三星级	种植业	沃柑	第六批
23	广西—东盟经济技术开发区特色农业核心示范区	三星级	种植业	火龙果、甜瓜	第六批
24	上林县禾田生态休闲农业核心示范区	三星级	休闲农业	沃柑、砂糖橘、葡萄	第六批

序号	名称	级别	类型	主导产业	批次
25	宾阳县品绿留香休闲农业核心示范区	三星级	休闲农业	葡萄、百香果、名贵树	第六批
26	马山县乔老河休闲农业核心示范区	四星级	休闲农业	果蔬	第七批
27	武鸣区起凤沃柑产业核心示范区	四星级	种植业	沃柑	第七批
28	上林县云姚谷休闲农业核心示范区	三星级	休闲农业	花卉、水果	第七批
29	宾阳县永和火龙果产业核心示范区	三星级	种植业	火龙果	第七批
30	广西—东盟经济技术开发区沃柑产业核心示范区	三星级	种植业	沃柑	第七批
31	隆安县金穗火龙果产业核心示范区	五星级	种植业	火龙果	第八批
32	南宁市西乡塘区顶哈鸽产业核心示范区	四星级	畜禽业	肉鸽	第八批
33	横县南山茶香古韵茶旅产业核心示范区	四星级	种植业	茶叶	第八批
34	南宁市邕宁区告祥时宜桑蚕产业核心示范区	三星级	种植业	桑蚕	第八批
35	马山县华星柑橘产业核心示范区	三星级	种植业	柑橘	第八批
36	隆安县那乡米产业核心示范区	四星级	种植业	香米	第九批
37	南宁市武鸣区香山源种羊产业核心示范区	三星级	畜禽业	山羊	第九批
38	宾阳县兴拓现代蔗业核心示范区	三星级	种植业	糖料蔗	第九批
39	南宁市良庆区百乐澳洲坚果产业核心示范区	三星级	林业	澳洲坚果	第九批

南宁市现代特色农业示范区建设工作首先充实了领导小组，成立了以市委、市政府主要领导为组长，分管领导为副组长，各县（区、开发区）和市直相关部门主要领导为成员的创建组织领导工作机构，在市农委设立了由5名工作人员组成的市级示范区创建办公室，专门承担日常各项具体工作。各县区、乡镇也加强了示范区创建的组织领导，建立完善了县乡两级示范区工作机构。全市上下通过明确责任分工、加强联动，示范区创建形成了顶层抓设计、层层抓落实的工作格局，构建了市、县（区）、乡（镇）三级联动的示范区创建协调工作机制。另外，强化督查考评，确保取得实效。市委、市政府督查室将示范区建设内容列入全市重点工作督查对象，市、县绩效办将示范区建设任务完成情况列入年终考评县区和乡镇绩效范畴。市农委认真履行示范区创建办公室职责，同时采取定期或不定期方式，指导检查和督促县（区、开发区）扎实开展示范区建设。

南宁市示范区围绕主导产业、主体培育和规模经营，从做优一产、做强二产、做活三产上下功夫，把发展特色农业与加工、物流、电商、旅游、休闲体验、文化展示等紧密结合起来，大力推进农产品初加工、精深加工和加工园区建设，加快建设一批生产设施、生态环保、休闲观光、康养体验、农耕文化等项目，拓展农业功能，延长产业链、提升价值链、完善供应链，实现了产业上中下游相互衔接配套，以产兴村、以村助产、产村互动，有力地促进了农村一二三产业融合发展。很多示范区因此成了农产品加工区、农产品电商物流区、农林业生态旅游区，农业综合效益显著提升。南宁市西乡塘区美丽南方休闲农业核心示范区以发展休闲农业为主线，将知青楼变成了旅游景点，将土改历史变成文化科普，提升改造一批美丽乡村，打造邕江滨水和生态农业两条景观长廊，建成生态菜园、四季花果园和水上乐园三大园区，形成了蔬菜、水果、花卉、水产四个特色产业，通过一产带二产、三产促一产，打造集欣赏田园风光、体验农业生产、传播农业科普、畅享水上娱乐等功能的休闲农业胜地。南宁市横县中华茉莉花产业核心示范区建成全国最大的茉莉花茶交易市场和电子商务平台，并与阿里巴巴签订合作协议成立了阿里巴巴农村淘宝横县服务中心，成为广西首个"村淘"示范区、示范县。

南宁市为示范区的经营主体提供贷款贴息和融资担保，让经营主体抵御农业经营风险能力不断增强，通过创新农村金融改革，充分发挥财政资金的杠杆作用，在探索创新政府信贷、担保、保险等金融改革方面取得了突破性进展。探索以 PPP 方式开展示范区公共服务、基础设施类项目建设。用工业化理念发展农业，用企业化经营提升农业，学习借鉴先进省园区管理运营的先进经验，跳出"包"的老路，淡化了政府包办，企业（合作社）成为支撑力量；跳出"管"的思维定式，淡化了行政管理的理念，强化了企业（合作社）自我管理。南宁宾阳县古辣香米产业核心示范区创新"企业＋股份合作社＋农户"模式，以农户土地入股方式建设连片 6000 亩优质稻种植基地，并成立 4 家农业综合服务中心和 1 家粮食银行，推进了粮食规模化经营和社会化服务体系建设。为全国现代农业建设发展提供了广西经验、广西模式和广西智慧。马山县乔老河休闲农业核心示范区不断创新农村集体经济发展新路子，依托小都百、三甲屯生态环境综合示范村，建成屯级集体企业，采取农村集体资金和人力入股的经营模式发展休闲农业，把收入的 55% 用于村民分红，2018 年村民分红 97.68 万元，户均 1.35 万元，村集体收入达 17 万元。

广西壮族自治区制定出台了多个示范区建设相关政策文件，这些文件在促进示范区要素集聚、产业融合、品牌提升和脱贫增收等方面的溢出效果不断显现。南宁市对获认定的自治区级、县级示范区另外再分别奖励300万元、50万元，对乡（村）示范园（点）财政资金投入不少于30万元（10万元）。

南宁市下一步将继续加大对示范区建设的宣传力度，加快提高创建质量和建设水平，推动农业全产业链升级。继续拓展和培育农业新业态，提升示范区社会和经济效益。推进示范区建设提档升级，争创"三园三区一体"。积极打造成国家级现代农业产业园、科技园和创业园。

二、柳州市

柳州市地处中国华南地区、广西中部偏东北，是沟通西南与中南、华东、华南地区的重要铁路枢纽，国务院批复确定的中国广西壮族自治区中部重要中心城市。截至2018年，全市下辖5区3县，代管2个自治县，总面积18618平方千米，建成区面积281.92平方千米。柳州市共建成29个自治区级核心示范区，其中，五星级3个、四星级13个、三星级13个，柳州市现代特色农业示范区信息汇总如表7-4所示。柳州市每年建设现代旅游示范点的数量正在逐年增加，如：2015年柳城县大埔镇知青城；2016年柳江区晋航农业生态园、融水县归抱观光桃源、柳城县桂柳田园、柳城县崖山休闲农庄；2017年三江侗族自治县八江镇布央村、融水县七彩水果种植家庭农场、三江侗族自治县独峒镇大塘坳休闲农业景区；2018年广西柳丰葡萄庄园休闲农业与乡村旅游示范点、祥荷乡韵休闲农业与乡村旅游示范点、三江斗江镇瑶水湾休闲山庄、三江小龙胜休闲农业示范点。由数据可见，柳州市正在加快脚步推动乡村旅游和休闲农业建设，就发展现状而言，柳州市近年来现代特色农业示范区发展状况良好，正在稳步推进。全市各级各类示范区创建与粮食生产功能区、重要农产品生产保护区、特色农产品优势区以及现代农业产业园、科技园、创业园和田园综合体建设有机结合，示范区具备了"三区三园一体"建设的核心内容与主要要素，形成了你中有我，我中有你的叠加现象。

表7-4　柳州市自治区级核心示范区信息汇总

序号	名称	级别	类型	主导产业	批次
1	柳州市柳江区荷塘月色核心示范区	五星级	种植业	蔬菜	第一批

续表

序号	名称	级别	类型	主导产业	批次
2	柳州市三江侗族自治县三江茶产业核心示范区	五星级	种植业	茶叶	第二批
3	柳州市鹿寨县呦呦鹿鸣葡萄产业核心示范区	四星级	种植业	葡萄	第二批
4	柳州市柳北区兰亭林叙花卉苗木产业核心示范区	五星级	林业	花卉	第三批
5	柳州市柳城县禅韵丝缘蚕业核心示范区	四星级	种植业	蚕	第三批
6	柳州市融安县小村之恋金橘产业核心示范区	四星级	种植业	金橘	第三批
7	柳州市融水苗族自治县风情苗乡现代农业核心示范区	四星级	种植业	蔬菜	第四批
8	柳州市柳南区金色太阳现代都市生态农业核心示范区	三星级	种植业	韭黄	第四批
9	鹿寨县寨美一方都市休闲农业核心示范区	四星级	休闲农业	果蔬	第五批
10	鹿寨县笑缘杏樟核心示范区	三星级	林业	香樟树	第五批
11	融安县林海杉源杏杉生态产业核心示范区	四星级	林业	香杉	第五批
12	柳州市柳江区葱满幸福香葱产业核心示范区	三星级	种植业	葱	第五批
13	柳州市柳南区宏华蛋鸡生态养殖核心示范区	四星级	畜禽业	鸡	第六批
14	柳城县稻花飘香现代粮食产业核心示范区	四星级	种植业	粮食	第七批
15	柳城县冲脉镇蔗奏凯歌现代糖业核心示范区	四星级	种植业	糖料蔗	第七批
16	融安县古兰新韵金橘产业核心示范区	三星级	种植业	金橘	第七批
17	三江侗族自治县三江油茶产业核心示范区	三星级	林业	油茶	第七批
18	鹿寨县桂中现代林业核心示范区	四星级	林业	林产品加工	第七批
19	融水苗族自治县双龙沟森林生态文化旅游核心示范区	四星级	林业	森林旅游	第八批
20	三江侗族自治县侗天湖茶产业核心示范区	四星级	种植业	茶叶	第八批
21	融水苗族自治县竹韵荪香产业核心示范区	三星级	林业	毛竹	第八批
22	三江侗族自治县高山稻渔生态种养核心示范区	三星级	水产业	水稻、鱼	第八批
23	融安县橘乡恋歌金橘产业核心示范区	四星级	种植业	金橘	第九批
24	柳州市柳北区香兰农园现代农业核心示范区	三星级	种植业	柑橘	第九批
25	柳州市柳江区虾青素鸡蛋生态循环产业核心示范区	三星级	畜禽业	虾青素鸡	第九批
26	鹿寨县鹿寨蜜橙产业核心示范区	三星级	种植业	橙子	第九批
27	融水苗族自治县林下灵芝产业核心示范区	三星级	林业	灵芝	第九批
28	柳城县侨城桔缘柑橘产业核心示范区	三星级	种植业	柑橘	第九批
29	三江侗族自治县布代茗乡扶贫产业核心示范区	三星级	种植业	茶叶	第九批

柳州市引进了一大批新品种、新技术，形成标准化种植、病虫害统防统治基地，示范区日益成为良种良法的试验区和展示区，成为现代特色农业高端孵化器。柳州柳北区兰亭林叙花卉苗木产业核心示范区仅天姿园艺公司就自主研发国兰新品种600多个，获国家专利授权37项，科技成果转化率达90%以上。

柳州市将示范区建设与土地流转、承包地确权、"三权分置"、农村水利改革、农村金融改革、新型职业农民培育、农村集体产权制度改革等有机结合起来，积极探索创新各类经营管理体制机制，激发示范区内生发展动力，实现示范区长效化经营和可持续发展。通过资源变资产、资金变股金、农民变股东等方式，与示范区产业发展有机结合起来，因地制宜以股份合作型、资源开发型、资产盘活型、产业带动型、乡村旅游型等合作模式，发展壮大农村集体经济。柳州鹿寨县呦呦鹿鸣葡萄产业核心示范区实施土地股份制1600多亩，土地利用效率提高了20%。以土地承包经营权抵押结合信用担保，每亩土地最高可得到1万元的贷款，从根本上解决示范区各经营主体的后顾之忧，政府提供了农业贷款贴息和农业政策性保险。

柳州市下一步将开展现代农业产业园建设，促进农业转型升级。加大示范区引智力度，提升示范区科技内涵，加强示范区科技植入和成果展示。针对示范区中的主导产业，成立农业科研试验站，进一步提升示范区的科技内涵。

三、桂林市

桂林地处中国华南，湘桂走廊南端，是中央军委桂林联勤保障中心驻地、国家可持续发展议程创新示范区、中国旅游业态风向标，联合国世界旅游组织/亚太旅游协会旅游趋势与展望国际论坛永久举办地，是泛珠江三角洲经济区与东盟自由贸易区战略交会的重要节点城市。截至2019年，全市下辖6区10县，代管1个县级市，总面积2.78万平方千米，建成区面积162平方千米。桂林市共建成40个自治区级核心示范区，其中，五星级4个、四星级14个、三星级22个，桂林市现代特色农业示范区信息汇总如表7-5所示，示范区涉及种植业、养殖业、休闲农业、林业等。主导产业涉及柑橘、油茶、竹子、旅游业等。桂林市种植业发展有自己的产品体系流程，以永福县福寿橘园核心示范区为例，示范区建成柑橘加工处理带10千米，聚集柑橘采摘后处理企业11家、柑橘销售电商6家、农机服务站1个，投资上亿元新建柑橘交易市场1个，形成完善的初加工销售体系，确保柑橘种得出卖得好，带动全县柑橘特别是金橘快速发展。

表7－5　桂林市自治区级核心示范区信息汇总

序号	名称	级别	类型	主导产业	批次
1	桂林市兴安县灵渠葡萄产业核心示范区	五星级	种植业	葡萄	第一批
2	桂林市荔浦市橘子红了砂糖橘产业核心示范区	五星级	种植业	砂糖橘	第二批
3	桂林市阳朔县百里新村金橘产业核心示范区	五星级	种植业	金橘	第二批
4	桂林市灌阳县千家洞水果产业核心示范区	四星级	种植业	李子、梨	第三批
5	桂林市灵川县古镇提香核心示范区	四星级	种植业	提子	第三批
6	桂林市平乐县车田河肉牛循环农业核心示范区	三星级	畜禽业	肉牛	第三批
7	桂林市恭城瑶族自治县甜蜜柿业核心示范区	五星级	种植业	柿子	第四批
8	桂林市永福县福寿橘园核心示范区	四星级	种植业	金橘	第四批
9	桂林市临桂区杜林之花特色林业核心示范区	三星级	林业	杜鹃树	第四批
10	桂林市雁山区柿里回乡休闲农业核心示范区	四星级	休闲农业	柿子	第五批
11	桂林市临桂区相思湖柑橘产业核心示范区	四星级	种植业	柑橘	第五批
12	灌阳县神农稻博园水稻产业核心示范区	四星级	种植业	粮食	第五批
13	灵川县橘红甘棠江特色农业核心示范区	四星级	种植业	柑橘	第五批
14	阳朔县遇龙河休闲农业核心示范区	三星级	休闲农业	柑橘	第五批
15	全州县金槐产业核心示范区	三星级	林业	金槐	第五批
16	兴安县红色湘江蜜橘产业核心示范区	三星级	种植业	蜜橘	第五批
17	灌阳县油茶产业核心示范区	三星级	林业	油茶	第五批
18	灵川县银杏金色海洋生态旅游核心示范区	四星级	林业	森林旅游	第六批
19	荔浦市兴万家砂糖橘产业核心示范区	四星级	种植业	砂糖橘	第六批
20	灵川县逍遥湖森林旅游核心示范区	三星级	林业	森林旅游	第六批
21	全州县国际茶花核心示范区	三星级	林业	金花茶	第六批
22	兴安县金满田园粮食产业核心示范区	四星级	种植业	玉米	第七批
23	荔浦市木衣架产业核心示范区	四星级	林业	木衣架加工	第七批
24	阳朔县蔗香甜园核心示范区	三星级	种植业	糖料蔗	第七批
25	阳朔县牧生源生猪产业核心示范区	三星级	畜禽业	生猪	第七批
26	全州县良种杉产业核心示范区	三星级	林业	杉树	第七批
27	永福县福寿神果罗汉果产业核心示范区	三星级	种植业	罗汉果	第七批

续表

序号	名称	级别	类型	主导产业	批次
28	龙胜各族自治县龙脊梯田休闲农业核心示范区	三星级	休闲农业	粮食	第七批
29	资源县丹霞红提产业核心示范区	三星级	种植业	红提	第七批
30	阳朔县漓江东岸柑橘产业核心示范区	四星级	种植业	柑橘	第八批
31	全州县天湖绿森稻渔共生核心示范区	三星级	水产业	水稻、鱼	第八批
32	恭城瑶族自治县生态瑶乡新三位一体循环农业核心示范区	三星级	种植业	蜜柑、恭禧橙	第八批
33	荔浦市三华李产业核心示范区	三星级	种植业	李子	第八批
34	永福县龙溪麻竹产业核心示范区	三星级	林业	竹子	第八批
35	桂林市叠彩区花卉产业核心示范区	四星级	林业	花卉	第九批
36	阳朔县遇龙河柑橘产业核心示范区	四星级	种植业	柑橘	第九批
37	灵川县富丘柑橘产业核心示范区	三星级	种植业	柑橘	第九批
38	龙胜各族自治县勇爱有机油茶产业核心示范区	三星级	林业	油茶	第九批
39	资源县高山特色休闲生态农业核心示范区	三星级	休闲农业	高山蔬菜、水果	第九批
40	平乐县丝绸之源桑蚕产业核心示范区	三星级	种植业	桑蚕	第九批

　　创建之初，桂林市就提出了示范区建设要与脱贫攻坚相结合，统筹协调，兼顾经营主体和农民利益的原则要求。示范区通过建立与农民共享增值收益的利益联结机制，精心培育特色产业实现产业扶贫。如龙胜县勇爱有机油茶核心示范区，737 户农民以 2057 亩集体林场入股示范区联合经营油茶产业，人均增收1965.5 元，示范区安排 16 户贫困户居家抚育管护油茶林，共带动 288 户贫困户1223 人脱贫。

　　桂林市不仅旅游产业发达，近年来也重视种植业的发展。袁隆平院士在桂林灌阳县试验超级稻种植，对广西壮族自治区的早稻加再生稻给予了高度评价，题词"广西早稻加再生稻产量全球第一"。广西壮族自治区自主培育的微胚乳高油高蛋白玉米，成为我国第一个可推广的新类型超高油玉米新品种。还有野香优莉丝、桂育 11 号分别在 2018 年和 2019 年全国品质鉴评中获得金奖，成为中国"最受喜爱的十大优质稻米品种"。

桂林市下一步将继续推动生态乡村建设，人居环境不断改善。在示范区建设与城乡一体化发展统筹推进的进程中，中心城镇的基础设施建设不断完善，综合承载能力逐步提升，示范区乡村生态文明建设得到加强，农村人居环境日益改善，紧紧围绕"立足产业基础，强化产业提升；发挥示范作用，发展'带状'经济"的创建工作思路，坚持五个原则，突出桂林特色，进一步加大示范区纵深发展力度，扎实开展各级示范区创建；进一步加大人、财、物投入力度，努力突破工作中的难点和重点，推动示范区建设再上新台阶。

四、梧州市

梧州位于广西东部，扼浔江、桂江、西江总汇，自古以来便被称作"三江总汇"。是广西东大门，是中国西部大开发十二个省（区、市）中最靠近粤港澳的城市，东邻封开县、郁南县，东南与岁定接壤，南接容县，西连平南县，北通昭平县、荔浦市，东北与贺州接壤，西北与金秀县毗邻。2015 年，梧州辖万秀区、长洲区、龙圩区、苍梧县、岑溪市、藤县和蒙山县，全境东西距 115 千米，南北长 196 千米，总面积 12588 平方千米。梧州是六堡茶、龟苓膏的原产地。梧州市共建成 15 个自治区级核心示范区，其中，四星级 7 个、三星级 8 个，梧州市现代特色农业示范区信息汇总如表 7 - 6 所示。主要涉及种植业、林业、养殖业、休闲农业发展，主导产业包含柑橘、鸡、八角、茶叶。梧州市注重农旅融合发展，梧州茂圣有机生态茶园是典型的农旅融合引领产业化发展模式。

表 7 - 6　梧州市自治区级核心示范区信息汇总

序号	名称	级别	类型	主导产业	批次
1	梧州市岑溪市西江果蔬产业核心示范区	三星级	种植业	果蔬	第一批
2	梧州市苍梧县原生六堡茶产业核心示范区	四星级	种植业	茶叶	第二批
3	梧州市岑溪市占典鸡产业核心示范区	四星级	畜禽业	鸡	第三批
4	梧州市蒙山县东乡橘园核心示范区	四星级	种植业	柑橘	第三批
5	梧州市万秀区思良江休闲农业核心示范区	三星级	休闲农业	蔬菜	第三批
6	梧州市苍梧县东安荔园生态种养核心示范区	三星级	畜禽业	荔枝	第五批
7	藤县葛色天香和平粉葛产业核心示范区	四星级	种植业	粉葛	第五批

序号	名称	级别	类型	主导产业	批次
8	梧州市万秀区林产品精深加工核心示范区	四星级	林业	林产品深加工	第六批
9	藤县石表山森林生态文化旅游核心示范区	四星级	林业	森林旅游	第六批
10	苍梧县仙迹桃花岛休闲农业核心示范区	三星级	休闲农业	旅游	第七批
11	蒙山县羽生谷生态果蔬产业核心示范区	三星级	种植业	果蔬	第七批
12	梧州市万秀区思委米产业核心示范区	三星级	种植业	粮食	第七批
13	梧州市长洲区摩天茶海休闲农业核心示范区	四星级	休闲农业	茶叶	第九批
14	藤县古龙大红八角产业核心示范区	三星级	林业	八角	第九批
15	梧州市龙圩区温氏家禽产业核心示范区	三星级	畜禽业	蛋鸡、肉鸡	第九批

梧州市下一步要继续推动示范区扩面提质增效。对已获得的各级现代特色农业示范区，继续巩固完善发展优势主导产业，提升基础设施配套水平，发展农产品加工、延长产业链，打造特色品牌，推动各级示范区向高一级提升，实现逐级提质。

五、北海市

北海市位于广西南部、北部湾东海岸，全市南北跨度 114 千米，东西跨度 93 千米。东邻广东，南与海南省隔海相望，西濒越南。从北海港到海口 124 海里，到湛江 255 海里，到广州 480 海里，到香港 425 海里，到越南海防 157 海里；公路到南宁 204 千米，到钦州 106 千米，到防城 171 千米。总面积 3337 平方千米。截至 2018 年 7 月，北海市辖海城区、银海区、铁山港区和合浦县，共计 23 个乡镇、7 个街道、341 个村、86 个社区。北海市共建成 10 个自治区级核心示范区，其中，五星级 1 个、四星级 3 个、三星级 6 个，北海市现代特色农业示范区信息汇总如表 7-7 所示。主要涉及种植业、林业、养殖业，主导产业包含水产养殖、香蕉、柑橘等。

北海市下一步要在巩固核心区建设的基础上，同时做好拓展区、辐射区建设工作，进一步拓展示范区的加工物流、休闲旅游、科普教育等功能，确保示范区的建设取得实实在在的效果。同时，进一步提升示范区现代化水平。按照规模化、组织化、集约化、品牌化、产业化"五化"要求，突出现代农业技术要素，做大做强有实力的企业和合作社，培育农业科技人才，研发新品种，配套现代化设施设备，打造名特优品牌，努力促进农民收入，推动一二三产业融合发展。

表7-7　北海市自治区级核心示范区信息汇总

序号	名称	级别	类型	主导产业	批次
1	北海市银海果蔬产业核心示范区	三星级	种植业	哈密瓜	第二批
2	北海市合浦县利添水果产业核心示范区	五星级	种植业	香蕉、柑橘	第三批
3	北海市银海区罗汉松产业核心示范区	四星级	林业	罗汉松	第三批
4	合浦县东园循环农业产业核心示范区	四星级	畜禽业	奶水牛	第五批
5	北海市铁山港区深水抗风浪养殖核心示范区	三星级	水产业	金鲳鱼、石斑鱼	第五批
6	合浦县凤翔肉鸡产业核心示范区	四星级	畜禽业	肉鸡	第七批
7	北海市银海区向海水产业核心示范区	三星级	水产业	南美白对虾	第七批
8	北海市铁山港区南珠产业核心示范区	三星级	水产业	南珠	第七批
9	合浦县禾美稻香粮食产业核心示范区	三星级	种植业	粮食	第九批
10	合浦县钦廉木本香料产业核心示范区	三星级	林业	香料	第九批

六、防城港市

防城港市北接扶绥县，西与宁明县为界，东北连南宁市邕宁区，大陆海岸线584千米，边境线200多千米。防城港市地处广西北部湾经济区的核心区域和华南经济圈、西南经济圈与东盟经济圈的接合部，与越南社会主义共和国相连，是中国唯——个与东盟陆海相通的城市。防城港市下辖2区（港口区、防城区）1县（上思县），代管1个县级市（东兴市）。防城港市共建成11个自治区级核心示范区，其中，四星级4个、三星级7个，防城港市现代特色农业示范区信息汇总如表7-8所示。主要涉及种植业、林业、养殖业、休闲农业发展，主导产业包含生蚝、虾、火龙果、金茶花等。防城港被誉为"西南门户、边陲明珠"，是中国氧都、中国金花茶之乡、中国长寿之乡、中国白鹭之乡、广西第二大侨乡。

防城港市下一步将发展优势特色农产品，重点发展农产品加工业。深入实施广西现代特色农业产业品种品质品牌"10+3"提升和"一县一品"行动，加快粮食生产功能区、重要农产品生产保护区、特色农产品优势区"三区"划定建设，大力发展县域特色经济作物、特色水产、畜禽业、特色林业等优势产业，围绕县域农业特色经济和一二三产业融合发展。创新示范区建设发展模式，推行"示范区＋公司（合作社）＋基地＋农户"等紧密型利益联结机制及土地入股、合作经营、订单生产、代耕代种等新型利益联结模式，建立健全示范区管理运行体制机制。同时引进在行业内有较强实力和品牌效应的农业龙头企业参与农业示范区创建，带动多种生产要素的集结，推广新技术、新品种、新模式，形成产业开发链条和利益分享机制，进一步加大力度推进地理标志保护登记，提升现代农业示范区创建的整体水平。

表7-8　防城港市自治区级核心示范区信息汇总

序号	名称	级别	类型	主导产业	批次
1	防城港市东兴市京岛海洋渔业核心示范区	四星级	水产业	南美白对虾、石斑鱼、大蚝	第二批
2	防城港市港口区红树林海洋渔业核心示范区	四星级	水产业	大蚝、网箱鱼	第三批
3	防城港市防城区农潮火龙果产业核心示范区	三星级	种植业	火龙果	第五批
4	防城港市防城区大南山金花茶产业核心示范区	三星级	林业	金花茶	第六批
5	东兴市富康生态养猪产业核心示范区	三星级	畜禽业	生猪	第六批
6	上思县十万大山坚果产业核心示范区	四星级	林业	澳洲坚果	第六批
7	东兴市东兴桂产业核心示范区	四星级	林业	肉桂	第七批
8	上思县皇袍山森林生态文化旅游核心示范区	三星级	林业	森林旅游	第七批
9	上思县十万大山布透温泉森林生态文化旅游核心示范区	三星级	林业	森林旅游	第八批
10	防城港市防城区珍珠湾海洋渔业核心示范区	三星级	水产业	对虾、石斑鱼	第九批
11	上思县汉森澳洲坚果产业核心示范区	三星级	林业	澳洲坚果	第九批

七、钦州市

钦州市是南海之滨，位于北部湾经济区南北钦防的中心位置。钦州市北邻广西首府南宁，东与北海市和玉林市相连，西与防城港市毗邻，下辖2区2县（钦南区、钦北区、灵山县、浦北县）。钦州市位于北回归线以南，在亚洲东南部季风区内，季风环流明显，太阳辐射强。钦州市旅游景区有30多处，AAAA级景区有多处。是中国大蚝之乡、中国香蕉之乡、中国荔枝之乡和中国奶水牛之乡。

钦州市共建成 12 个自治区级核心示范区,其中,四星级 6 个、三星级 6 个,钦州市现代特色农业示范区信息汇总如表 7-9 所示。主要涉及种植业、林业、养殖业、休闲农业发展。钦州市依靠核心示范区中 3000 亩标准化荔枝生产基地推动灵山县其余 55 万亩荔枝种植园区实现提档增效,打造出"龙武荔枝"的品牌,实现品牌宣传效应,使全县荔枝产业实现质量的调优、产量的调高、产业程度的调深、品牌优势的调特。

表 7-9 钦州市自治区级核心示范区信息汇总

序号	名称	级别	类型	主导产业	批次
1	钦州市浦北县佳荔水果产业核心示范区	四星级	种植业	荔枝、番石榴	第三批
2	钦州市灵山县百年荔枝核心示范区	四星级	种植业	荔枝	第三批
3	钦州市钦北区宝鸭坪花木世界核心示范区	三星级	林业	花卉、苗木	第三批
4	钦州市钦南区虾虾乐核心示范区	四星级	水产业	对虾、泥鳅	第四批
5	钦州市钦北区九百垌特色农业核心示范区	四星级	种植业	火龙果、特色蔬菜	第五批
6	钦州市钦州港区大蚝养殖核心示范区	三星级	水产业	大蚝养殖	第五批
7	浦北县五皇山石祖林中茶核心示范区	四星级	林业	林中茶、茶油	第六批
8	灵山县猪福万家生态养殖核心示范区	四星级	畜禽业	生猪养殖	第七批
9	钦州市钦北区娥眉湾现代休闲农业核心示范区	三星级	休闲农业	台湾香水柠檬、六马煌大青枣、荔枝	第七批
10	钦州市钦南区龙门蚝湾大蚝产业核心示范区	三星级	水产业	大蚝养殖	第七批
11	钦州市钦南区北部湾花卉小镇森林生态文化旅游核心示范区	三星级	林业	森林旅游	第九批
12	钦州市钦北区九联肉鸡产业核心示范区	三星级	畜禽业	肉鸡	第九批

钦州市下一步将紧密结合乡村建设等重点工作开展现代特色农业示范区创建。以示范区为载体,指导各示范区采取订单农业的方式,带动农户建立特色产业生产基地,增加农户经营性收入。把示范区创建与美丽乡村建设紧密结合起来,指导各示范区开展"清洁田园"活动,大力推广农业清洁生产技术和绿色植保防控技术,积极推进示范区所在行政村创建美丽乡村。

八、贵港市

贵港市位于广西壮族自治区的东南部，处于广西壮族自治区最大的冲积平原——浔郁平原的中部，面向粤、港、澳，背靠大西南，郁、黔、浔三江交汇，拥有华南内河第一大港口，北回归线横贯中部。东面与梧州市接壤，南面与玉林市相邻，西面与南宁市交界，北面与来宾市相连。2018年，贵港市行政区域面积约1.06万平方千米，下辖3区1县，1个县级市，7个街道办事处，56个镇，9个乡，2个民族乡，共74个乡（镇），74个居委会，1072个村委会。贵港市共建成16个自治区级核心示范区，其中，五星级2个、四星级7个、三星级7个，贵港市现代特色农业示范区信息汇总如表7-10所示。主要涉及种植业、林业、养殖业、休闲农业发展，主导产业包含猪、火龙果、百香果等。贵港市是广西壮族自治区重要的商品粮、糖、果、肉桂和禽畜生产基地，素有广西壮族自治区"鱼米之乡""甘蔗之乡""莲藕之乡"等美喻。

表7-10 贵港市自治区级核心示范区信息汇总

序号	名称	级别	类型	主导产业	批次
1	贵港市覃塘区荷美覃塘莲藕产业核心示范区	五星级	种植业	莲藕	第二批
2	贵港市港南区亚计山生态养殖核心示范区	五星级	畜禽业	生猪	第二批
3	贵港市港南区四季花田休闲农业核心示范区	四星级	休闲农业	鹰嘴桃、荷花、油葵	第三批
4	贵港市桂平市粮食产业核心示范区	四星级	种植业	粮食	第三批
5	贵港市平南县活力龚州生态循环农业核心示范区	四星级	畜禽业	生猪	第四批
6	贵港市覃塘区毛尖茶产业核心示范区	四星级	种植业	茶叶	第四批
7	贵港市港北区富硒优质稻产业核心示范区	四星级	种植业	粮食	第五批
8	贵港市覃塘区林业生态循环经济核心示范区	三星级	林业	木材加工	第五批
9	桂平市龙潭神光森林生态文化旅游核心示范区	三星级	林业	森林旅游	第五批
10	平南县石硖龙眼产业核心示范区	三星级	种植业	龙眼	第六批
11	贵港市港北区瑶山鸡产业核心示范区	四星级	畜禽业	肉鸡	第七批
12	平南县北帝山森林生态文化旅游核心示范区	四星级	林业	森林旅游	第七批

序号	名称	级别	类型	主导产业	批次
13	桂平市麻垌荔枝产业核心示范区	三星级	种植业	荔枝	第七批
14	桂平市闽航科技富硒火龙果产业核心示范区	三星级	种植业	火龙果	第八批
15	贵港市覃塘区生猪循环产业核心示范区	三星级	畜禽业	生猪	第九批
16	贵港市港南区津口水果产业核心示范区	三星级	种植业	百香果	第九批

贵港市下一步将加大招商力度，引进培育示范区主体。进一步加大示范区招商引资力度，借助外力来发展示范区主体，结成产业联盟，特别是加工类龙头企业，引导企业对示范区产品进行深度加工开发，提高示范区抗各类风险的能力。通过对示范区经营主体的培育和扶持，提升示范区自身造血功能和市场竞争力。打造品牌，促进示范区提档升级。围绕示范区的优质稻、莲藕、水果、禽畜、蔬菜等主导产业，充分发挥富硒土壤丰富、耕地平整的优势，组织、引导企业建立富硒生产基地，加强富硒农产品认证和品牌创建工作，把各示范区及其经营主体建设成为富硒农产品开发的引领者。

九、玉林市

玉林市是广西壮族自治区下辖地级市，古称郁林州，四周环山，中部高，向南北两面倾斜；属南亚热带季风气候，呈显著的季节性变化，气候暖热，气温较高，热量充足。全市共 1.28 万平方千米；下辖 2 区 1 市 4 县；2019 年全市总人口 736.97 万人。玉林市共建成 30 个自治区级核心示范区，其中，五星级 2 个、四星级 13 个、三星级 15 个，玉林市现代特色农业示范区信息汇总如表 7 - 11 所示，主要涉及种植业、养殖业、休闲农业。示范区主导产业包含水稻、柚子、荔枝、龙眼、柑橘、猪、鸡等。玉林市示范区建设主体投入积极性持续高涨，如玉林玉东新区五彩田园休闲农业核心示范区由县级财政投入 3.5 亿元建设完善的配套及公共服务基础设施，目前"五彩田园"堪称广西区位条件最优、农业生产基础最好、三产融合发展最快、自然环境最美的园区，先后被授予"中国农业公园""国家 4A 级旅游景区"等称号。

玉林市坚持推广应用农业科技成果为主线，标准化养殖、"微生物＋益生菌"生态养殖、无抗养殖、健康养殖、清洁生产、绿色加工、种养高效循环利用、农产品质量安全追溯、设施农业、智慧农业、休闲农业等一批新技术、新模式得到广泛推广应用。玉林容县奇昌生态养殖核心示范区主推"猪—沼—鱼—林"生态循环种养模式，全程高架网床养殖，达到粪污零排放及完全资源化利用，辐射带动了全县120个生猪规模养殖场扭转高污染的传统养殖模式。

表7-11 玉林市自治区级核心示范区信息汇总

序号	名称	级别	类型	主导产业	批次
1	玉林市玉东新区五彩田园核心示范区	五星级	休闲农业	果蔬、粮食	第一批
2	玉林市福绵区凤鸣八桂生态养殖核心示范区	五星级	畜禽业	鸡	第三批
3	玉林市容县沙田柚产业核心示范区	四星级	种植业	沙田柚	第三批
4	玉林市兴业县凤鸣雅江生态种养核心示范区	四星级	畜禽业	鸡	第三批
5	玉林市陆川县绿丰橘红产业核心示范区	四星级	种植业	橘红	第四批
6	玉林市北流市荔乡缘荔枝产业核心示范区	四星级	种植业	荔枝	第四批
7	陆川县银农生猪产业核心示范区	四星级	畜禽业	生猪	第五批
8	玉林市福绵区六万大山四季香海八角产业核心示范区	四星级	林业	八角	第五批
9	北流市兆周高脂松产业核心示范区	四星级	林业	高脂松	第五批
10	博白县桂牛奶水牛产业核心示范区	三星级	畜禽业	奶水牛	第五批
11	容县凤凰谷生态养殖核心示范区	三星级	畜禽业	鸡	第五批
12	北流市富硒水稻产业核心示范区	四星级	种植业	粮食	第六批
13	玉林市福绵区龙湖黄沙鳖生态农业核心示范区	三星级	水产业	黄沙鳖	第六批
14	陆川县聚银供港生猪产业核心示范区	四星级	畜禽业	生猪	第七批
15	博白县一起同甘沃柑产业核心示范区	四星级	种植业	沃柑	第七批
16	兴业县蕉海蔗林核心示范区	四星级	种植业	粉蕉、果蔗	第七批
17	玉林市福绵区农贝贝益农生态养殖核心示范区	三星级	畜禽业	鸡鸭	第七批
18	陆川县顺康生猪产业核心示范区	三星级	畜禽业	生猪	第七批
19	北流市大容山森林生态文化旅游核心示范区	三星级	林业	森林旅游	第七批
20	容县清香蜜橘产业核心示范区	三星级	种植业	清香蜜橘	第七批
21	北流市伟人山三黄鸡生态养殖核心示范区	三星级	畜禽业	三黄鸡	第八批
22	北流市实木家具产业核心示范区	三星级	林业	木材加工	第八批
23	容县中南生态油茶产业核心示范区	三星级	林业	油茶	第八批

续表

序号	名称	级别	类型	主导产业	批次
24	玉林市福绵区桂水鱼乡淡水养殖产业核心示范区	三星级	水产业	淡水鱼	第八批
25	陆川县神龙王生猪产业核心示范区	四星级	畜禽业	生猪	第九批
26	兴业县金谷水稻产业核心示范区	四星级	种植业	粮食	第九批
27	玉林市福绵区凤舞岭南优质鸡产业核心示范区	三星级	畜禽业	鸡	第九批
28	容县祝氏大荣养殖核心示范区	三星级	畜禽业	鸡鸭	第九批
29	容县绿碧山森林生态文化旅游核心示范区	三星级	林业	森林旅游	第九批
30	玉林市玉州区玉林香蒜产业核心示范区	三星级	种植业	香蒜	第九批

玉林市下一步将严格规划建设。规划是项目实施的统领大纲，各示范区要根据"因地制宜、突出特色，一业为主、多元发展"的思路，以规划指导贯穿示范区创建全过程，结合自身资源条件、产业基础、区位优势、人文特点等实际，明确发展定位，突出产业特色，促进关联产业集聚，实现一二三产业融合，打造现代特色农业标杆示范区。

十、百色市

百色市位于广西壮族自治区西部，右江上游，北与贵州省兴义市毗邻，南与越南接壤，西与云南省文山州相接，东与广西壮族自治区首府南宁紧连。总面积3.6252万平方千米。全市共辖12个县（市、区），2016年总人口417.17万人。百色市地势走向由西北向东南倾斜，地形南北高中间低，气候条件属于亚热带季风气候，气候分明，所以种植业较为发达。百色市共建成24个自治区级核心示范区，其中，五星级1个、四星级11个、三星级12个，百色市现代特色农业示范区信息汇总如表7-12所示，主要涉及种植业、林业、养殖业、休闲农业。其中，种植业的主导产业涉及芒果、柑橘等；林业主导产业为油茶；养殖业主导产业为猪。百色市虽然养殖业只有2个自治区级核心示范区，但是百色市大力推进示范区带动区域经济发展。以靖西市福喜乐生态扶贫母猪产业核心示范区为例，该示范区大力推行"示范区+村集体入股分红"联营模式，通过村集体流转土地入股、村集体经济发展资金入股、村集体通过第三方平台入股等方式，让村民们实实在在收获了示范区发展带来的好处，2019年带动145个贫困村村均增加收入4万元，带动贫困村数占靖西市贫困村村数的95%，示范区核心区农民收入达

10725 元，贫困户年增收 4000 元，实现了示范区与村集体经济共同发展。

表 7 - 12　百色市自治区级核心示范区信息汇总

序号	名称	级别	类型	主导产业	批次
1	百色市田阳县右江河谷果蔬产业核心示范区	三星级	种植业	番茄、芒果	第一批
2	百色市凌云县浪伏小镇白毫茶产业核心示范区	四星级	种植业	茶叶	第二批
3	百色市右江区澄碧湖芒果产业核心示范区	四星级	种植业	芒果	第三批
4	百色市平果县红色果业核心示范区	三星级	种植业	火龙果	第三批
5	百色市乐业县猕猴桃产业核心示范区	四星级	种植业	猕猴桃	第三批
6	靖西市海升柑橘产业核心示范区	四星级	种植业	柑橘	第五批
7	田东县东养芒果产业核心示范区	三星级	种植业	芒果	第五批
8	德保县百乐德柑橘产业核心示范区	三星级	种植业	柑橘	第五批
9	乐业县乐叶乐茶园休闲农业核心示范区	四星级	休闲农业	茶叶	第六批
10	西林县驮娘江砂糖橘产业核心示范区	三星级	种植业	砂糖橘	第六批
11	隆林各族自治县油茶产业核心示范区	四星级	林业	油茶	第七批
12	田东县山地芒果产业核心示范区	三星级	种植业	芒果	第七批
13	那坡县边关丝路桑蚕产业核心示范区	三星级	种植业	桑蚕	第七批
14	田林县八渡笋产业核心示范区	三星级	林业	竹笋	第七批
15	田林县高山晚熟芒果产业核心示范区	四星级	种植业	芒果	第八批
16	西林县京桂古道茶叶产业核心示范区	四星级	种植业	茶叶	第八批
17	百色市田阳区芒果脱贫产业核心示范区	四星级	种植业	芒果	第八批
18	百色市右江区六沙柑橘产业扶贫核心示范区	三星级	种植业	柑橘	第八批
19	靖西市福喜乐生态扶贫母猪产业核心示范区	五星级	畜禽业	母猪	第九批
20	田东县天成有机农业核心示范区	四星级	种植业	果蔬	第九批
21	平果市国控林投油茶产业核心示范区	四星级	林业	油茶	第九批
22	凌云县下甲古丝绸桑蚕产业核心示范区	三星级	种植业	蚕	第九批
23	百色市田阳区兴茂火龙果综合利用产业核心示范区	三星级	种植业	火龙果	第九批
24	隆林各族自治县三冲缘茶产业核心示范区	三星级	种植业	茶叶	第九批

百色市下一步将加强示范区创建业务培训。围绕示范区创建标准、创建要素

等内容，组织相关经营主体、建设单位和具体业务人员开展培训工作，使示范区创建能够按照"五化"标准来建设，进一步提高示范区创建质量，真正体现示范区可看、可学、可复制的带动示范效应作用。同时，加快补齐产业链建设短板。组织各示范区认真总结经验，加强与区内外农业科学院所的合作，学习农业发展先进地区和区内各地市建设成效突出的示范区成功经验，找准发展差距，补齐仓储冷链物流和深加工等方面的短板，着实推动一二三产业融合发展。

十一、贺州市

贺州市位于广西东北部，于 2002 年撤地设市，地处湘、粤、桂三省（自治区）交界地，行政区域面积 11753 平方千米，下辖八步区、平桂区、钟山县、昭平县、富川瑶族自治县。贺州市共建成 15 个自治区级核心示范区，其中，五星级 2 个、四星级 7 个、三星级 6 个，贺州市现代特色农业示范区信息汇总如 7 - 13 所示。主要涉及种植业、林业、养殖业、休闲农业发展，主导产业包含中药材、果蔬、森林康养项目。其中由于贺州市注重林地发展建设，贺州市林地面积达 90.04 万公顷，森林覆盖率达 72.87%。贺州属亚热带南部季风气候，具有日照充足、雨量丰沛、雨热同季、干湿季节明显、无霜期长等特点，是广西重点林区之一。贺州市在示范区创建过程中，坚持"政府引导、市场主导、各方参与"的原则，注重发挥龙头企业资金实力强、管理理念新、产业化经营的优势，带动农民专业合作社、家庭农场、专业大户不断发展壮大，使之成为管理运营高效、利益联结紧密、产业链条完整的经济联合体，实现"利用一个龙头、带动一个产业、致富一方百姓"的目标。如贺州富川县神仙湖果蔬产业核心示范区引进农业企业 12 家，成立农民专业合作社 21 家，建设 2000 亩农产品加工物流中心，年加工水果、蔬菜分别达 25 万吨、10 万吨以上，形成了果蔬"育苗—种植—加工—销售"全产业链发展的格局。

贺州市下一步将加强品牌建设，打造示范区"生态健康"品牌。利用贺州"世界长寿市"金字招牌，打响示范区农产品"生态健康"招牌。第一，提高品牌建设意识。加强宣传引导，鼓励、支持经营业主开展品牌创建工作，打造"生态健康"系列优质农产品。第二，加强"三品一标"建设。宣传全市生态有机农业扶持政策，鼓励、支持示范区内经营业主积极开展"三品一标"认证与富硒农产品认证，提升贺州"生态健康"农产品可信度与公信力。第三，加大品牌宣传力度。在示范区举办多形式、多内容、富含民族文化特色的节目，鼓励、支持示范区内经营业主参加各类农产品展销、评比活动，推广示范区建设成果，增强农业品牌知名度。

表 7－13　贺州市自治区级核心示范区信息汇总

序号	名称	级别	类型	主导产业	批次
1	贺州市富川瑶族自治县神仙湖果蔬产业核心示范区	五星级	种植业	果蔬	第一批
2	贺州市平桂区姑婆山森林生态文化旅游核心示范区	五星级	林业	森林旅游	第三批
3	贺州市八步区满天下李子产业核心示范区	四星级	种植业	李子	第三批
4	贺州市昭平县南山茶海核心示范区	四星级	种植业	茶	第三批
5	钟山县幸福冲贡柑产业核心示范区	四星级	种植业	贡柑	第五批
6	贺州市平桂区猪福天下生态养殖核心示范区	四星级	畜禽业	生猪	第五批
7	贺州市八步区西溪森林生态文化旅游核心示范区	三星级	林业	林下种植	第五批
8	贺州市八步区森林仙草健康产业核心示范区	四星级	林业	森林旅游	第七批
9	贺州市平桂区藕莲天下水生蔬菜产业核心示范区	四星级	种植业	藕、蔬菜	第七批
10	钟山县菌美人间食用菌产业核心示范区	三星级	种植业	食用菌	第七批
11	富川瑶族自治县秀水森林生态文化旅游核心示范区	四星级	林业	森林旅游	第九批
12	贺州市平桂区设施蔬菜产业核心示范区	三星级	种植业	蔬菜	第九批
13	贺州市八步区东融供港蔬菜产业核心示范区	三星级	种植业	蔬菜	第九批
14	钟山县水墨画廊生态种养核心示范区	三星级	种植业	生态种养	第九批
15	昭平县华泰中药材产业核心示范区	三星级	种植业	中药材	第九批

十二、河池市

河池是大西南通向沿海港口的重要通道，地处广西西北边陲、云贵高原南麓，东连柳州，南接南宁，西接百色市，北邻贵州省黔南布依族苗族自治州，东西长228千米，南北宽260千米，总面积3.35万平方千米。截至2020年7月，河池市下辖2区9县。河池市共建成39个自治区级核心示范区，其中，五星级2个、四星级9个、三星级28个，河池市现代特色农业示范区信息汇总如表7－14所示。主要涉及种植业、林业、养殖业、休闲农业发展，主导产业包含火龙果、葡萄、鸡、牛等。河池境内有国家"五纵七横"国道主干线西南出海大通道贯穿，是西南出海大通道的咽喉要塞，是"泛珠三角经济圈""南贵昆经济区"和"东盟自由贸易区"人流、资金流、物流、信息流聚集交汇的枢纽。河池是一座以壮族为主的多民族聚居城市，是广西壮族自治区少数民族聚居最多的地区之一，也是广西实施西部大开发的重点区域。河池市积极组织开展各类节庆活动，"庆丰收促脱贫"系列等3个活动被列为全国重点保障活动，入选全国70地庆丰收全媒体直播内容。

表7-14 河池市自治区级核心示范区信息汇总

序号	名称	级别	类型	主导产业	批次
1	河池市都安县红水河岸火龙果产业核心示范区	三星级	种植业	火龙果	第一批
2	河池市南丹县绿稻花海休闲农业核心示范区	三星级	种植业	粮食	第二批
3	河池市天峨县龙滩珍珠李产业核心示范区	三星级	种植业	珍珠李	第二批
4	河池市凤山县核桃产业核心示范区	四星级	林业	核桃	第三批
5	河池市环江毛南族自治县毛南柚美核心示范区	四星级	种植业	红心香柚、核桃	第三批
6	河池市巴马瑶族自治县盘阳河流域农业核心示范区	三星级	种植业	粮食、蔬菜	第三批
7	河池市大化瑶族自治县红水河现代农业核心示范区	三星级	种植业	丝瓜	第四批
8	河池市金城江区侧岭三红现代农业核心示范区	三星级	种植业	柚子、猕猴桃	第四批
9	河池市宜州区刘三姐桑蚕高效生态产业核心示范区	四星级	种植业	桑蚕	第五批
10	天峨县天湖峨山特色农业核心示范区	四星级	种植业	李子	第五批
11	罗城仫佬族自治县中国毛葡萄核心示范区	三星级	种植业	葡萄	第五批
12	环江毛南族自治县花山果海休闲农业核心示范区	三星级	休闲农业	砂糖橘	第五批
13	南丹县歌娅思谷农旅融合核心示范区	三星级	休闲农业	果蔬、花卉	第五批
14	河池市宜州区拉浪林场森林生态文化旅游核心示范区	三星级	林业	森林旅游	第五批
15	东兰县墨米产业核心示范区	四星级	种植业	墨米	第六批

序号	名称	级别	类型	主导产业	批次
16	河池市金城江区凤飞三境循环农业核心示范区	三星级	畜禽业	鸡	第六批
17	巴马瑶族自治县小巴香猪有机循环产业核心示范区	三星级	畜禽业	小巴香猪	第六批
18	天峨县六美休闲农业核心示范区	三星级	休闲农业	柚子	第六批
19	都安瑶族自治县瑶山牛扶贫产业核心示范区	五星级	畜禽业	牛	第七批
20	天峨县布菇山食用菌产业核心示范区	四星级	种植业	食用菌	第七批
21	凤山县金凤凰林下养殖核心示范区	四星级	畜禽业	鸡	第七批
22	东兰县江洞油茶产业核心示范区	三星级	林业	油茶	第七批
23	河池市宜州区然泉构树生态循环养殖产业核心示范区	三星级	畜禽业	黑猪	第七批
24	罗城仫佬族自治县明亿万亩油茶产业核心示范区	三星级	林业	油茶	第七批
25	东兰县东兰乌鸡产业养殖核心示范区	三星级	畜禽业	乌鸡	第七批
26	环江毛南族自治县油茶产业核心示范区	四星级	林业	油茶	第八批
27	巴马瑶族自治县百灵水果产业核心示范区	四星级	种植业	水果	第八批
28	天峨县山旮旯旱藕产业核心示范区	三星级	种植业	藕	第八批
29	东兰县板栗产业核心示范区	三星级	林业	板栗	第八批
30	南丹县南国之丹花卉苗木产业核心示范区	三星级	林业	花卉苗木	第八批
31	东兰县淡水养殖产业核心示范区	三星级	水产业	小龙虾、虾	第八批
32	南丹县瑶乡牛循环产业核心示范区	五星级	畜禽业	牛	第九批
33	南丹县云水谷高山油茶产业核心示范区	三星级	林业	油茶	第九批
34	都安瑶族自治县澳寒羊产业核心示范区	三星级	畜禽业	羊	第九批
35	大化瑶族自治县七百弄鸡产业核心示范区	三星级	畜禽业	七百弄鸡	第九批
36	大化瑶族自治县红水河生态渔业核心示范区	三星级	水产业	草鱼、鲤鱼、鲢鱼、大头鱼等	第九批
37	罗城仫佬族自治县金玉柚产业核心示范区	三星级	林业	柚子	第九批
38	天峨县富万家核桃产业核心示范区	三星级	林业	核桃	第九批
39	河池市金城江区同干核桃产业核心示范区	三星级	林业	核桃	第九批

河池市下一步将继续发挥引领作用。通过示范区先进生产经营管理、技术的应用和生产资料、产品销售的统一，惠及带动农户与示范区发展同类农产品生产经营，促进农户有稳定的产业收入来源。同时，积极提升科技水平。充分发挥市级现代特色农业示范区建设指导专家组的指导作用，加强对示范区综合业务、产业发展、基础设施建设等方面的指导。积极引导示范区与高校、科研院所、农业服务公司等技术优势明显的部门构建产、教、研等相结合的互利共赢联结机制，助推示范区产业健康、持续发展。不定期邀请区内外专家到河池市进行专业指导，提高示范区现代化种养科技水平。

十三、来宾市

来宾市位于广西壮族自治区中部，有"桂中"之称，是桂北与桂南、桂西与桂东的连接部。来宾市是西南出海大通道的重要组成部分，总面积13411平方千米。北与柳州市、桂林市、河池市交界，东与梧州市、桂林市、贵港市相邻，西与河池市、南宁市相交，南与贵港市、南宁市毗邻。2016年，来宾市下辖兴宾区、象州县、武宣县、忻城县、金秀瑶族自治县、合山市。设40个镇、26个乡、4个街道、721个行政村、74个社区。来宾市共建成18个自治区级核心示范区，其中，五星级1个、四星级5个、三星级12个，来宾市现代特色农业示范区信息汇总如表7－15所示。主要涉及种植业、养殖业、休闲农业发展，主导产业包含柑橘、牛、旅游业等。来宾市注重城市发展建设，享有"世界瑶都""中国观赏石之城""广西煤都"等美称。被评为首批"国家公共文化服务体系示范区"创建城市、"全国全民健身示范城市"、"全国文明城市提名城市"、"全国双拥模范城"、"国家森林城市"、"广西园林城市"。2014年，来宾被列为首批国家新型城镇化综合试点地区。2017年11月，来宾获评全国未成年人思想道德建设工作先进城市（区）。

来宾市下一步将加强服务引导，加强与创建业主的沟通对接，促成企业进一步加大投资力度，加快项目建设进程。进一步加大宣传力度，加强引导，提高群众参与的积极性和主动性，再次掀起来宾市创建现代特色农业（核心）示范区的热潮，全力提升创建质量。针对示范区存在的突出问题，找出短板，进一步完善提升，打造集示范、教育、观光休闲于一体的综合性生态示范区。

表 7 - 15　来宾市自治区级核心示范区信息汇总

序号	名称	级别	类型	主导产业	批次
1	来宾市高新技术产业开发区金凤凰果蔬产业核心示范区	四星级	种植业	果蔬	第二批
2	来宾市兴宾区红河红晚熟柑橘产业核心示范区	五星级	种植业	柑橘	第三批
3	来宾市武宣县双龙盛柿核心示范区	三星级	种植业	牛心柿、红心柚	第三批
4	来宾市武宣县金泰丰夏南牛养殖核心示范区	三星级	畜禽业	肉牛	第四批
5	来宾市高新技术产业开发区海升现代柑橘产业核心示范区	四星级	种植业	沃柑	第五批
6	武宣县风沿柚获核心示范区	三星级	种植业	蜜柚	第五批
7	金秀瑶族自治县大瑶山银杉森林生态文化旅游核心示范区	三星级	林业	森林旅游	第五批
8	金秀瑶族自治县瑶韵茶业核心示范区	四星级	种植业	茶叶	第六批
9	来宾市兴宾区维都油茶产业核心示范区	四星级	林业	油茶	第六批
10	来宾市兴宾区黄安蔗野仙踪核心示范区	三星级	种植业	糖料蔗	第六批
11	象州县纳禄休闲农业核心示范区	三星级	休闲农业	砂糖橘	第六批
12	武宣县金葵花休闲农业核心示范区	三星级	休闲农业	果蔬、花卉	第六批
13	象州县寺村生态水果现代农业核心示范区	三星级	种植业	砂糖橘	第七批
14	金秀瑶族自治县橘香园柑橘产业核心示范区	四星级	种植业	柑橘	第七批
15	合山市澳洲坚果产业核心示范区	三星级	林业	坚果	第八批
16	金秀瑶族自治县圣堂瑶乡森林生态文化旅游核心示范区	三星级	林业	森林旅游	第八批
17	象州县诗画田园休闲农业核心示范区	三星级	休闲农业	果蔬	第九批
18	忻城县长和肉牛产业核心示范区	三星级	畜禽业	肉牛	第九批

十四、崇左市

崇左市位于广西壮族自治区西南部，东及东南部接南宁市、防城港市，北邻百色市，西与越南接壤，是广西边境线陆路最长的地级市，总面积 1.73 万平方千米。崇左市地势大致呈现为西北及西南略高，向东倾斜，地处北回归线以南，属亚热带季风气候区，有丰富的物产资源，被誉为中国的糖都和锰都，是中国最大的甘蔗种植、蔗糖生产基地。截至 2018 年，崇左市下辖 1 区 5 县（江州区、大新县、扶绥县、龙州县、天等县、宁明县），代管凭祥市。2016 年末全市户籍总人口 250.54 万人，年末常住人口 206.92 万人。崇左市共建成 25 个自治区级核心示范区，其中，五星级 1 个、四星级 9 个、三星级 15 个，崇左市现代特色农业示范区信息汇总如表 7-16 所示。崇左市示范区形成规模生产，如龙州县北部湾食用菌产业核心示范区，是目前国内单体规模最大、自动化生产程度靠前的食用菌全产业链生产加工基地，每年可生产菌棒 4000 万棒，年产食用菌可达 1.8 万吨，年销售收入 1.9 亿元，把自治区食用菌生产提高到全国中等以上水平。

表 7-16　崇左市自治区级核心示范区信息汇总

序号	名称	级别	类型	主导产业	批次
1	崇左市龙州县水隆果蔗产业核心示范区	四星级	种植业	果蔗	第一批
2	崇左市扶绥县甜蜜之光甘蔗产业核心示范区	五星级	种植业	糖料蔗	第二批
3	崇左市凭祥市宝岛美人椒产业核心示范区	四星级	种植业	辣椒	第二批
4	崇左市大新县德天水果产业核心示范区	四星级	种植业	凤梨释迦、金钻凤梨	第三批
5	崇左市天等县田园牧歌生态农业核心示范区	四星级	种植业	特色蔬菜	第三批
6	崇左市江州区火红左江核心示范区	三星级	种植业	火龙果	第三批
7	崇左市江州区大华山水牧场核心示范区	三星级	畜禽业	肉牛	第四批
8	崇左市宁明县花山田园核心示范区	三星级	种植业	粮食	第四批
9	龙州县北部湾食用菌产业核心示范区	四星级	种植业	食用菌	第五批
10	宁明县花山松涛桐棉松产业核心示范区	三星级	林业	桐棉松	第五批
11	扶绥县果满山坡澳洲坚果产业核心示范区	四星级	林业	坚果	第六批
12	天等县生猪生态养殖核心示范区	三星级	畜禽业	生猪	第六批
13	宁明县骆晔循环农业核心示范区	四星级	畜禽业	肉牛、糖料蔗	第七批
14	大新县明仕田园休闲农业核心示范区	三星级	休闲农业	水果	第七批
15	龙州县山水连城休闲农业核心示范区	三星级	休闲农业	火龙果、坚果	第七批
16	崇左市江州区龙赞东盟国际林业循环经济产业核心示范区	三星级	林业	木材加工	第七批
17	凭祥市边关牧歌生态羊产业核心示范区	三星级	畜禽业	羊	第七批
18	崇左市江州区雨花石森林生态文化旅游核心示范区	三星级	林业	森林旅游	第八批

序号	名称	级别	类型	主导产业	批次
19	扶绥县晶桂蛋鸡产业核心示范区	三星级	畜禽业	蛋鸡	第八批
20	龙州县大湾生态肉牛循环产业核心示范区	三星级	畜禽业	肉牛	第八批
21	天等县金鸡产业核心示范区	四星级	畜禽业	鸡	第九批
22	扶绥县东门澳洲大花梨产业核心示范区	四星级	林业	澳洲大花梨木、木材加工	第九批
23	大新县正邦生态养殖核心示范区	三星级	畜禽业	生猪	第九批
24	龙州县大青山坚果产业核心示范区	三星级	林业	坚果	第九批
25	宁明县金花茶产业核心示范区	三星级	林业	金花茶	第九批

崇左市下一步将培植地方企业，加强农业技术培训。大力扶植本地农业龙头企业，通过龙头带动为农业的科技优势、品牌培育、产业链构建、集群效应的形成提供示范性经验。加强产业集约化，引进生产、加工、销售、服务企业，优势互补，加强产业协同，提升地方品牌实力。同时，发挥龙头企业的技术优势和市场优势，通过理论和实践培训，将农民培养成有较强市场意识、有较高生产技能、有一定管理经验的现代农业经营者。

十五、自治区农垦局

自治区农垦局注重核心示范区的建设，共建成 16 个自治区级核心示范区，其中，五星级 3 个、四星级 7 个、三星级 6 个，自治区农垦局现代特色农业示范区信息汇总如表 7 - 17 所示。主要涉及种植业、林业、养殖业、休闲农业发展，主导产业包含甘蔗、柑橘、茶叶等。

表 7 - 17　自治区农垦局自治区级核心示范区信息汇总

序号	名称	级别	类型	主导产业	批次
1	广西农垦永新源生猪健康养殖核心示范区	五星级	畜禽业	猪	第二批
2	广西农垦金色阳光甘蔗产业核心示范区	五星级	种植业	糖料蔗	第三批
3	广西农垦七里香休闲农业核心示范区	四星级	休闲农业	水果	第三批
4	广西农垦向阳红沃柑产业核心示范区	五星级	种植业	沃柑	第四批

续表

序号	名称	级别	类型	主导产业	批次
5	广西农垦荔乡新光休闲农业核心示范区	三星级	休闲农业	荔枝	第四批
6	广西农垦东湖胡萝卜产业核心示范区	四星级	种植业	胡萝卜	第五批
7	广西农垦山圩林业生态产业核心示范区	三星级	林业	木材加工	第五批
8	广西农垦越州天湖休闲农业核心示范区	三星级	休闲农业	青梅、火龙果	第五批
9	广西农垦朗姆风情甘蔗循环经济核心示范区	四星级	种植业	糖料蔗	第六批
10	广西农垦大明山茶核心示范区	四星级	种植业	茶叶	第七批
11	广西农垦黔江丰收甜园甘蔗产业核心示范区	四星级	种植业	糖料蔗	第七批
12	广西农垦百合芒果产业核心示范区	三星级	种植业	芒果	第七批
13	广西农垦新兴生态养殖核心示范区	三星级	畜禽业	猪	第七批
14	广西农垦绿姆山蔗牛产业核心示范区	三星级	畜禽业	牛	第八批
15	广西农垦桂林相思江休闲农业核心示范区	四星级	休闲农业	柑橘	第九批
16	广西农垦源头柑橘产业核心示范区	四星级	种植业	柑橘	第九批

　　自治区农垦局下一步将进一步推动一二三产业融合发展。大力发展农产品加工和冷链物流体系，推广"互联网＋"模式，推动电子商务发展。完善示范区休闲旅游功能，推进国家现代农业庄园建设，发展观光农业、体验农业、创意农业等新业态，促进农垦农耕文化传承，推动示范区多元化发展。

第三节　各星级示范区发展概况

　　广西壮族自治区政府于2016年印发了《广西现代特色农业（核心）示范区星级评定管理办法》（以下简称《办法》），对各现代特色农业示范区进行星级评定并将对获认定的示范区实行星级管理。《办法》规定，广西农业厅负责组织开展广西现代特色农业（核心）示范区星级评定管理工作，组织专家组成考评组，依据评定标准对参评的示范区进行打分评级，分别评定三星级、四星级、五星级三个层次，授匾和给予奖补，分别奖补300万元、400万元、500万元，自治区政府每年认定一批标注星级的"广西现代特色农业核心示范区"，并公布名单。

广西现代特色农业（核心）示范区实行"目标考核、能进能退"的星级动态管理机制，实行星级动态管理，每两年考评一次。示范区星级与其创建水平紧密相连，随着创建水平的升降而变动。示范区考核分值达到更高星级标准的予以晋级；考核分值低于原星级标准的予以降级。

2017 年 6~7 月，自治区组织开展了第一批、第二批广西现代特色农业核心示范区考核工作，对第一批、第二批共 30 个示范区进行评定，评定南宁市隆安县金穗香蕉产业核心示范区等 14 个示范区为五星级，来宾市高新技术产业开发区金凤凰果蔬产业核心示范区等 8 个示范区为四星级，北海银海果蔬产业核心示范区等 6 个示范区为三星级。钦州市钦南区玛氏火龙果产业核心示范区和柳州市三江侗族自治县三江茶产业核心示范区未上榜。此外，柳州市三江侗族自治县三江茶产业核心示范区于 2017 年与第五批广西现代特色农业核心示范区和第二批县乡级现代特色农业示范区一同参与考评工作，被授予"广西现代特色农业核心示范区（五星级）"称号。

自治区政府办公厅先后公布《关于公布第三第四批广西现代特色农业核心示范区监测结果的通知》（桂政办函〔2019〕31 号）、《关于公布第三第四批广西现代特色农业核心示范区监测结果的通知》（桂政办函〔2020〕3 号），按照《广西现代特色农业（核心）示范区星级评定管理办法》，对第三批、第四批共 66 个广西现代特色农业核心示范区进行监测，经自治区人民政府同意，17 个广西现代特色农业核心示范区成功晋级，1 个广西现代特色农业核心示范区降星处理，取消了东兴市鑫宇金花茶产业核心示范区、象州县桑蚕高效循环农业核心示范区、忻城县薰衣草庄园休闲农业核心示范区、来宾市高新技术产业开发区绿健奶牛产业核心示范区的"广西现代特色农业核心示范区"称号。第三批、第四批广西现代特色农业核心示范区监测结果星级变动情况如表 7－18 所示。

表 7－18　第三批、第四批广西现代特色农业核心示范区监测结果星级变动情况

序号	名称	原星级	现星级	变动情况	所属地市	批次
1	贺州市昭平县南山茶海核心示范区	三星级	四星级	升星	贺州	第三批
2	南宁市邕宁区一遍天原种猪产业核心示范区	四星级	五星级	升星	南宁	第三批
3	玉林市福绵区凤鸣八桂生态养殖核心示范区	四星级	五星级	升星	玉林	第三批
4	玉林市兴业县凤鸣雅江生态种养核心示范区	三星级	四星级	升星	玉林	第三批
5	防城港市港口区红树林海洋渔业核心示范区	三星级	四星级	升星	防城港	第三批

续表

序号	名称	原星级	现星级	变动情况	所属地市	批次
6	河池市大化瑶族自治县红水河现代农业核心示范区	四星级	三星级	降星	河池	第四批
7	桂林市恭城瑶族自治县甜蜜柿业核心示范区	四星级	五星级	升星	桂林	第四批
8	桂林市永福县福寿橘园核心示范区	三星级	四星级	升星	桂林	第四批
9	广西农垦向阳红沃柑产业核心示范区	四星级	五星级	升星	农垦	第四批
10	柳州市融安县小村之恋金橘产业核心示范区	三星级	四星级	升星	柳州	第三批
11	桂林市灵川县古镇提香核心示范区	三星级	四星级	升星	桂林	第三批
12	钦州市灵山县百年荔枝核心示范区	三星级	四星级	升星	钦州	第三批
13	贵港市桂平市粮食产业核心示范区	三星级	四星级	升星	贵港	第三批
14	贵港市覃塘区毛尖茶产业核心示范区	三星级	四星级	升星	贵港	第四批
15	广西农垦七里青休闲农业核心示范区	二星级	四星级	升星	农垦	第三批
16	百色市乐业县猕猴桃产业核心示范区	三星级	四星级	升星	百色	第三批
17	玉林市容县沙田柚产业核心示范区	三星级	四星级	升星	玉林	第三批
18	玉林市北流市荔乡缘荔枝产业核心示范区	三星级	四星级	升星	玉林	第四批

　　监测结果表明,大部分广西现代特色农业核心示范区积极争创星级示范区,严格管理,不断提升示范区的经营组织化、装备设施化、生产标准化、要素集成化、特色产业化水平,加快带动拓展区和辐射区农业发展、农民增收、农村建设,成功实现了示范区星级晋级,给其他示范区起到了很好的带头作用。广西现代特色农业示范区星级情况如图7-2、图7-3所示。

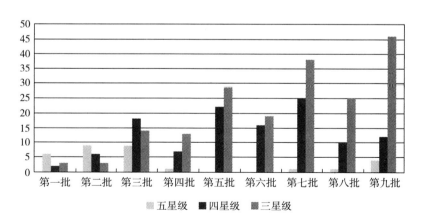

图7-2　广西现代特色农业示范区不同批次星级分布

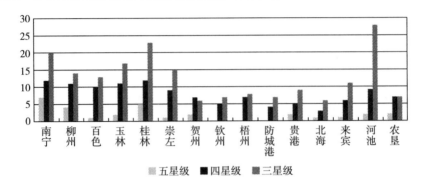

图 7-3 各地市现代特色农业核心示范区

一、广西现代特色农业核心示范区（五星级）

截至 2020 年，广西共创建了 30 个五星级核心示范区。其中大多分布在南宁市、柳州市、桂林市和贵港市，梧州市、防城港市、钦州市等地还未能成功创建五星级核心示范区。

在自治区五星级核心示范区基础上，广西壮族自治区升级争创了横县茉莉花、来宾市金凤凰（甘蔗）、柳南区螺蛳粉、都安肉牛肉羊 4 个国家级现代农业产业园。广西五星级现代特色农业核心示范区情况如表 7-19 所示。

表 7-19 广西现代特色农业核心示范区（五星级）

序号	名称	星级	所属地市	批次
1	崇左市扶绥县甜蜜之光甘蔗产业核心示范区	五星级	崇左	第二批
2	来宾市兴宾区红河红晚熟柑橘产业核心示范区	五星级	来宾	第三批
3	贵港市覃塘区荷美覃塘莲藕产业核心示范区	五星级	贵港	第二批
4	贵港市港南区亚计山生态养殖核心示范区	五星级	贵港	第二批
5	贺州市富川瑶族自治县神仙湖果蔬产业核心示范区	五星级	贺州	第一批
6	贺州市平桂区姑婆山森林生态文化旅游核心示范区	五星级	贺州	第三批
7	柳州市柳江区荷塘月色核心示范区	五星级	柳州	第一批
8	柳州市三江侗族自治县三江茶产业核心示范区	五星级	柳州	第二批
9	柳州市柳北区兰亭林叙花卉苗木产业核心示范区	五星级	柳州	第三批

续表

序号	名称	星级	所属地市	批次
10	广西农垦永新源生猪健康养殖核心示范区	五星级	农垦	第二批
11	广西农垦金色阳光甘蔗产业核心示范区	五星级	农垦	第三批
12	广西农垦向阳红沃柑产业核心示范区	五星级	农垦	第四批
13	南宁市隆安县金穗香蕉产业核心示范区	五星级	南宁	第一批
14	南宁市西乡塘区美丽南方休闲农业核心示范区	五星级	南宁	第一批
15	南宁市兴宁区十里花卉长廊核心示范区	五星级	南宁	第二批
16	南宁市横县中华茉莉花产业核心示范区	五星级	南宁	第二批
17	南宁市宾阳县古辣香米产业核心示范区	五星级	南宁	第三批
18	南宁市武鸣区伊岭溪谷休闲农业核心示范区	五星级	南宁	第三批
19	南宁市邕宁区一遍天原种猪产业核心示范区	五星级	南宁	第三批
20	隆安县金穗火龙果产业核心示范区	五星级	南宁	第八批
21	北海市合浦县利添水果产业核心示范区	五星级	北海	第三批
22	靖西市福喜乐生态扶贫母猪产业核心示范区	五星级	百色	第九批
23	玉林市玉东新区五彩田园核心示范区	五星级	玉林	第一批
24	玉林市福绵区凤鸣八桂生态养殖核心示范区	五星级	玉林	第三批
25	都安瑶族自治县瑶山牛扶贫产业核心示范区	五星级	河池	第七批
26	南丹县瑶乡牛循环产业核心示范区	五星级	河池	第九批
27	桂林市兴安县灵渠葡萄产业核心示范区	五星级	桂林	第一批
28	桂林市荔浦市橘子红了砂糖橘产业核心示范区	五星级	桂林	第二批
29	桂林市阳朔县百里新村金橘产业核心示范区	五星级	桂林	第二批
30	桂林市恭城瑶族自治县甜蜜柿业核心示范区	五星级	桂林	第四批

二、广西现代特色农业核心示范区（四星级）

截至 2020 年，广西共创建了 127 个四星级核心示范区。产业类型以种植业为主，其中，南宁市 12 个、柳州市 13 个、桂林市 14 个、梧州市 7 个、北海市 3 个、防城港市 4 个、钦州市 6 个、贵港市 7 个、玉林市 13 个、百色市 11 个、贺州市 7 个、河池市 9 个、来宾市 5 个、崇左市 9 个、自治区农垦局 7 个。桂林市在数量上居于首位。广西四星级现代特色农业核心示范区情况如 7−20 所示。

表 7 - 20 广西现代特色农业核心示范区（四星级）

序号	名称	星级	所属地市	批次
1	崇左市龙州县水弄果蔗产业核心示范区	四星级	崇左	第一批
2	崇左市凭祥市宝岛美人椒产业核心示范区	四星级	崇左	第二批
3	崇左市大新县德天水果产业核心示范区	四星级	崇左	第三批
4	崇左市天等县田园牧歌生态农业核心示范区	四星级	崇左	第三批
5	龙州县北部湾食用菌产业核心示范区	四星级	崇左	第五批
6	扶绥县果满山坡澳洲坚果产业核心示范区	四星级	崇左	第六批
7	宁明县骆晔循环农业核心示范区	四星级	崇左	第七批
8	天等县金鸡产业核心示范区	四星级	崇左	第九批
9	扶绥县东门澳洲大花梨产业核心示范区	四星级	崇左	第九批
10	来宾市高新技术产业开发区金凤凰果蔬产业核心示范区	四星级	来宾	第二批
11	来宾市高新技术产业开发区海升现代柑橘产业核心示范区	四星级	来宾	第五批
12	金秀瑶族自治县瑶韵茶业核心示范区	四星级	来宾	第六批
13	来宾市兴宾区维都油茶产业核心示范区	四星级	来宾	第六批
14	金秀瑶族自治县橘香园柑橘产业核心示范区	四星级	来宾	第七批
15	钦州市浦北县佳荔水果产业核心示范区	四星级	钦州	第三批
16	钦州市钦南区虾虾乐核心示范区	四星级	钦州	第四批
17	钦州市钦北区九佰垌特色农业核心示范区	四星级	钦州	第五批
18	浦北县五皇山石祖林中茶核心示范区	四星级	钦州	第六批
19	灵山县猪福万家生态养殖核心示范区	四星级	钦州	第七批
20	钦州市灵山县百年荔枝核心示范区	四星级	钦州	第三批
21	贵港市港南区四季花田休闲农业核心示范区	四星级	贵港	第三批
22	贵港市平南县活力龚州生态循环农业核心示范区	四星级	贵港	第四批
23	贵港市港北区富硒优质稻产业核心示范区	四星级	贵港	第五批
24	贵港市港北区瑶山鸡产业核心示范区	四星级	贵港	第七批
25	贵港市覃塘区毛尖茶产业核心示范区	四星级	贵港	第四批
26	平南县北帝山森林生态文化旅游核心示范区	四星级	贵港	第七批
27	贵港桂平市粮食产业核心示范区	四星级	贵港	第三批
28	贺州市八步区满天下李子产业核心示范区	四星级	贺州	第三批
29	贺州市昭平县南山茶海核心示范区	四星级	贺州	第三批

序号	名称	星级	所属地市	批次
30	钟山县幸福冲贡柑产业核心示范区	四星级	贺州	第五批
31	贺州市平桂区猪福天下生态养殖核心示范区	四星级	贺州	第五批
32	贺州市八步区森林仙草健康产业核心示范区	四星级	贺州	第七批
33	贺州市平桂区藕莲天下水生蔬菜产业核心示范区	四星级	贺州	第七批
34	富川瑶族自治县秀水森林生态文化旅游核心示范区	四星级	贺州	第九批
35	柳州市鹿寨县呦呦鹿鸣葡萄产业核心示范区	四星级	柳州	第二批
36	柳州市柳城县禅韵丝缘蚕业核心示范区	四星级	柳州	第三批
37	柳州市融水苗族自治县风情苗乡现代农业核心示范区	四星级	柳州	第四批
38	鹿寨县寨美一方都市休闲农业核心示范区	四星级	柳州	第五批
39	融安县林海杉源香杉生态产业核心示范区	四星级	柳州	第五批
40	融安县橘乡恋歌金橘产业核心示范区	四星级	柳州	第九批
41	柳州市融安县小村之恋金橘产业核心示范区	四星级	柳州	第三批
42	柳州市柳南区宏华蛋鸡生态养殖核心示范区	四星级	柳州	第六批
43	柳城县稻花飘香现代粮食产业核心示范区	四星级	柳州	第七批
44	柳城县冲脉镇蔗奏凯歌现代糖业核心示范区	四星级	柳州	第七批
45	鹿寨县桂中现代林业核心示范区	四星级	柳州	第七批
46	融水苗族自治县双龙沟森林生态文化旅游核心示范区	四星级	柳州	第八批
47	三江侗族自治县侗天湖茶产业核心示范区	四星级	柳州	第八批
48	广西农垦东湖胡萝卜产业核心示范区	四星级	农垦	第五批
49	广西农垦朗姆风情甘蔗循环经济核心示范区	四星级	农垦	第六批
50	广西农垦大明山茶核心示范区	四星级	农垦	第七批
51	广西农垦黔江丰收甜园甘蔗产业核心示范区	四星级	农垦	第七批
52	广西农垦桂林相思江休闲农业核心示范区	四星级	农垦	第九批
53	广西农垦源头柑橘产业核心示范区	四星级	农垦	第九批
54	广西农垦七里香休闲农业核心示范区	四星级	农垦	第三批
55	南宁市良庆区坛板特色农业核心示范区	四星级	南宁	第一批
56	南宁市邕宁区香流溪热带水果产业核心示范区	四星级	南宁	第三批
57	南宁市青秀区花雨湖生态休闲农业核心示范区	四星级	南宁	第三批

序号	名称	星级	所属地市	批次
58	南宁市马山县乔利果蔬产业核心示范区	四星级	南宁	第四批
59	青秀区田野牧歌肉牛产业核心示范区	四星级	南宁	第五批
60	青秀区长塘金花茶产业核心示范区	四星级	南宁	第六批
61	隆安县那之乡火龙果产业核心示范区	四星级	南宁	第六批
62	马山县乔老河休闲农业核心示范区	四星级	南宁	第七批
63	武鸣区起凤沃柑产业核心示范区	四星级	南宁	第七批
64	南宁市西乡塘区顶哈鸽产业核心示范区	四星级	南宁	第八批
65	横县南山茶香古韵茶旅产业核心示范区	四星级	南宁	第八批
66	隆安县那乡米产业核心示范区	四星级	南宁	第九批
67	北海市银海区罗汉松产业核心示范区	四星级	北海	第三批
68	合浦县东园循环农业产业核心示范区	四星级	北海	第五批
69	合浦县凤翔肉鸡产业核心示范区	四星级	北海	第七批
70	百色市凌云县浪伏小镇白毫茶产业核心示范区	四星级	百色	第二批
71	百色市右江区澄碧湖芒果产业核心示范区	四星级	百色	第三批
72	靖西市海升柑橘产业核心示范区	四星级	百色	第五批
73	乐业县乐叶乐茶园休闲农业核心示范区	四星级	百色	第六批
74	百色市乐业县猕猴桃产业核心示范区	四星级	百色	第三批
75	隆林各族自治县油茶产业核心示范区	四星级	百色	第七批
76	田林县高山晚熟芒果产业核心示范区	四星级	百色	第八批
77	西林县京桂古道茶叶产业核心示范区	四星级	百色	第八批
78	百色市田阳区芒果脱贫产业核心示范区	四星级	百色	第八批
79	田东县天成有机农业核心示范区	四星级	百色	第九批
80	平果市国控林投油茶产业核心示范区	四星级	百色	第九批
81	玉林市兴业县凤鸣雅江生态种养核心示范区	四星级	玉林	第三批
82	玉林市陆川县绿丰橘红产业核心示范区	四星级	玉林	第四批
83	玉林市北流市荔乡缘荔枝产业核心示范区	四星级	玉林	第四批
84	陆川县银农生猪产业核心示范区	四星级	玉林	第五批
85	玉林市福绵区六万大山四季香海八角产业核心示范区	四星级	玉林	第五批

续表

序号	名称	星级	所属地市	批次
86	玉林市容县沙田柚产业核心示范区	四星级	玉林	第三批
87	北流市兆周高脂松产业核心示范区	四星级	玉林	第五批
88	北流市富硒水稻产业核心示范区	四星级	玉林	第六批
89	陆川县聚银供港生猪产业核心示范区	四星级	玉林	第七批
90	博白县一起同甘沃柑产业核心示范区	四星级	玉林	第七批
91	兴业县蕉海蔗林核心示范区	四星级	玉林	第七批
92	陆川县神龙王生猪产业核心示范区	四星级	玉林	第九批
93	兴业县金谷水稻产业核心示范区	四星级	玉林	第九批
94	防城港市东兴市京岛海洋渔业核心示范区	四星级	防城港	第二批
95	防城港市港口区红树林海洋渔业核心示范区	四星级	防城港	第三批
96	上思县十万大山坚果产业核心示范区	四星级	防城港	第六批
97	东兴市东兴桂产业核心示范区	四星级	防城港	第七批
98	梧州市苍梧县原生六堡茶产业核心示范区	四星级	梧州	第二批
99	梧州市岑溪市古典鸡产业核心示范区	四星级	梧州	第三批
100	梧州市蒙山县东乡橘园核心示范区	四星级	梧州	第三批
101	藤县葛色天香和平粉葛产业核心示范区	四星级	梧州	第五批
102	梧州市万秀区林产品精深加工核心示范区	四星级	梧州	第六批
103	藤县石表山森林生态文化旅游核心示范区	四星级	梧州	第六批
104	梧州市长洲区摩天茶海休闲农业核心示范区	四星级	梧州	第九批
105	河池市凤山县核桃产业核心示范区	四星级	河池	第三批
106	河池市环江毛南族自治县毛南柚美核心示范区	四星级	河池	第三批
107	河池市宜州区刘三姐桑蚕高效生态产业核心示范区	四星级	河池	第五批
108	天峨县天湖峨山特色农业核心示范区	四星级	河池	第五批
109	东兰县墨米产业核心示范区	四星级	河池	第六批
110	天峨县布菇山食用菌产业核心示范区	四星级	河池	第七批
111	凤山县金凤凰林下养殖核心示范区	四星级	河池	第七批
112	环江毛南族自治县油茶产业核心示范区	四星级	河池	第八批
113	巴马瑶族自治县百灵水果产业核心示范区	四星级	河池	第八批

续表

序号	名称	星级	所属地市	批次
114	桂林市灌阳县千家洞水果产业核心示范区	四星级	桂林	第三批
115	桂林市永福县福寿橘园核心示范区	四星级	桂林	第四批
116	桂林市叠彩区花卉产业核心示范区	四星级	桂林	第九批
117	桂林市雁山区柿里回乡休闲农业核心示范区	四星级	桂林	第五批
118	桂林市临桂区相思湖柑橘产业核心示范区	四星级	桂林	第五批
119	灌阳县神农稻博园水稻产业核心示范区	四星级	桂林	第五批
120	灵川县橘红甘棠江特色农业核心示范区	四星级	桂林	第五批
121	灵川县银杏金色海洋生态旅游核心示范区	四星级	桂林	第六批
122	桂林市灵川县古镇提香核心示范区	四星级	桂林	第三批
123	荔浦市兴万家砂糖橘产业核心示范区	四星级	桂林	第六批
124	兴安县金满田园粮食产业核心示范区	四星级	桂林	第七批
125	荔浦市木衣架产业核心示范区	四星级	桂林	第七批
126	阳朔县漓江东岸柑橘产业核心示范区	四星级	桂林	第八批
127	阳朔县遇龙河柑橘产业核心示范区	四星级	桂林	第九批

三、广西现代特色农业核心示范区（三星级）

截至2020年，广西共创建了182个三星级现代特色农业核心示范区。产业类型以休闲农业和种植业为主，其中，南宁市19个、柳州市13个、桂林市22个、梧州市8个、北海市6个、防城港市7个、钦州市6个、贵港市7个、玉林市15个、百色市12个、贺州市6个、河池市28个、来宾市12个、崇左市15个、自治区农垦局6个。河池市在数量上居于首位。广西三星级现代特色农业核心示范区情况如7-21所示。

表7-21　广西现代特色农业核心示范区（三星级）

序号	名称	星级	所属地市	批次
1	崇左市江州区火红左江核心示范区	三星级	崇左	第三批
2	崇左市江州区大华山水牧场核心示范区	三星级	崇左	第四批

续表

序号	名称	星级	所属地市	批次
3	崇左市宁明县花山田园核心示范区	三星级	崇左	第四批
4	宁明县花山松涛桐棉松产业核心示范区	三星级	崇左	第五批
5	天等县生猪生态养殖核心示范区	三星级	崇左	第六批
6	大新县明仕田园休闲农业核心示范区	三星级	崇左	第七批
7	龙州县山水连城休闲农业核心示范区	三星级	崇左	第七批
8	崇左市江州区龙赞东盟国际林业循环经济产业核心示范区	三星级	崇左	第七批
9	凭祥市边关牧歌生态羊产业核心示范区	三星级	崇左	第七批
10	崇左市江州区雨花石森林生态文化旅游核心示范区	三星级	崇左	第八批
11	扶绥县晶桂蛋鸡产业核心示范区	三星级	崇左	第八批
12	龙州县大湾生态肉牛循环产业核心示范区	三星级	崇左	第八批
13	大新县正邦生态养殖核心示范区	三星级	崇左	第九批
14	龙州县大青山坚果产业核心示范区	三星级	崇左	第九批
15	宁明县金花茶产业核心示范区	三星级	崇左	第九批
16	来宾市武宣县双龙盛柿核心示范区	三星级	来宾	第三批
17	来宾市武宣县金泰丰夏南牛养殖核心示范区	三星级	来宾	第四批
18	武宣县风沿柚获核心示范区	三星级	来宾	第五批
19	金秀瑶族自治县大瑶山银杉森林生态文化旅游核心示范区	三星级	来宾	第五批
20	来宾市兴宾区黄安蔗野仙踪核心示范区	三星级	来宾	第六批
21	象州县纳禄休闲农业核心示范区	三星级	来宾	第六批
22	武宣县金葵花休闲农业核心示范区	三星级	来宾	第六批
23	象州县寺村生态水果现代农业核心示范区	三星级	来宾	第七批
24	合山市澳洲坚果产业核心示范区	三星级	来宾	第八批
25	金秀瑶族自治县圣堂瑶乡森林生态文化旅游核心示范区	三星级	来宾	第八批
26	象州县诗画田园休闲农业核心示范区	三星级	来宾	第九批
27	忻城县长和肉牛产业核心示范区	三星级	来宾	第九批
28	钦州市钦北区宝鸭坪花木世界核心示范区	三星级	钦州	第三批
29	钦州市钦州港区大蚝养殖核心示范区	三星级	钦州	第五批
30	钦州市钦北区娥眉湾现代休闲农业核心示范区	三星级	钦州	第七批
31	钦州市钦南区龙门蚝湾大蚝产业核心示范区	三星级	钦州	第七批

序号	名称	星级	所属地市	批次
32	钦州市钦南区北部湾花卉小镇森林生态文化旅游核心示范区	三星级	钦州	第九批
33	钦州市钦北区九联肉鸡产业核心示范区	三星级	钦州	第九批
34	贵港市覃塘区林业生态循环经济核心示范区	三星级	贵港	第五批
35	桂平市龙潭神光森林生态文化旅游核心示范区	三星级	贵港	第五批
36	平南县石硖龙眼产业核心示范区	三星级	贵港	第六批
37	桂平市麻垌荔枝产业核心示范区	三星级	贵港	第七批
38	桂平市闽航科技富硒火龙果产业核心示范区	三星级	贵港	第八批
39	贵港市覃塘区生猪循环产业核心示范区	三星级	贵港	第九批
40	贵港市港南区津口水果产业核心示范区	三星级	贵港	第九批
41	贺州市八步区西溪森林生态文化旅游核心示范区	三星级	贺州	第五批
42	钟山县菌美人间食用菌产业核心示范区	三星级	贺州	第七批
43	贺州市平桂区设施蔬菜产业核心示范区	三星级	贺州	第九批
44	贺州市八步区东融供港蔬菜产业核心示范区	三星级	贺州	第九批
45	钟山县水墨画廊生态种养核心示范区	三星级	贺州	第九批
46	昭平县华泰中药材产业核心示范区	三星级	贺州	第九批
47	柳州市柳南区金色太阳现代都市生态农业核心示范区	三星级	柳州	第四批
48	鹿寨县笑缘香樟核心示范区	三星级	柳州	第五批
49	柳州市柳江区葱满幸福香葱产业核心示范区	三星级	柳州	第五批
50	融安县古兰新韵金橘产业核心示范区	三星级	柳州	第七批
51	三江侗族自治县三江油茶产业核心示范区	三星级	柳州	第七批
52	融水苗族自治县竹韵荪香产业核心示范区	三星级	柳州	第八批
53	三江侗族自治县高山稻渔生态种养核心示范区	三星级	柳州	第八批
54	柳州市柳北区香兰农园现代农业核心示范区	三星级	柳州	第九批
55	柳州市柳江区虾青素鸡蛋生态循环产业核心示范区	三星级	柳州	第九批
56	鹿寨县鹿寨蜜橙产业核心示范区	三星级	柳州	第九批
57	融水苗族自治县林下灵芝产业核心示范区	三星级	柳州	第九批
58	柳城县侨城桔缘柑橘产业核心示范区	三星级	柳州	第九批
59	三江侗族自治县布代茗乡扶贫产业核心示范区	三星级	柳州	第九批
60	广西农垦荔乡新光休闲农业核心示范区	三星级	农垦	第四批

序号	名称	星级	所属地市	批次
61	广西农垦山圩林业生态产业核心示范区	三星级	农垦	第五批
62	广西农垦越州天湖休闲农业核心示范区	三星级	农垦	第五批
63	广西农垦百合芒果产业核心示范区	三星级	农垦	第七批
64	广西农垦新兴生态养殖核心示范区	三星级	农垦	第七批
65	广西农垦绿姆山蔗牛产业核心示范区	三星级	农垦	第八批
66	兴宁区沙平蔬菜产业核心示范区	三星级	南宁	第四批
67	上林县山水牛扶贫产业核心示范区	三星级	南宁	第四批
68	广西—东盟经济技术开发区宁武都市农业核心示范区	三星级	南宁	第四批
69	兴宁区富凤鸡产业核心示范区	三星级	南宁	第五批
70	南宁市江南区江韵扬美休闲农业核心示范区	三星级	南宁	第五批
71	横县朝阳大垌优质稻产业核心示范区	三星级	南宁	第五批
72	西乡塘区群南柑橘产业核心示范区	三星级	南宁	第六批
73	邕宁区坛里沃柑产业核心示范区	三星级	南宁	第六批
74	广西—东盟经济技术开发区特色农业核心示范区	三星级	南宁	第六批
75	上林县禾田生态休闲农业核心示范区	三星级	南宁	第六批
76	宾阳县品绿留香休闲农业核心示范区	三星级	南宁	第六批
77	上林县云姚谷休闲农业核心示范区	三星级	南宁	第七批
78	宾阳县永和火龙果产业核心示范区	三星级	南宁	第七批
79	广西—东盟经济技术开发区沃柑产业核心示范区	三星级	南宁	第七批
80	南宁市邕宁区告祥时宜桑蚕产业核心示范区	三星级	南宁	第八批
81	马山县华星柑橘产业核心示范区	三星级	南宁	第八批
82	南宁市武鸣区香山源种羊产业核心示范区	三星级	南宁	第九批
83	宾阳县兴拓现代蔗业核心示范区	三星级	南宁	第九批
84	南宁市良庆区百乐澳洲坚果产业核心示范区	三星级	南宁	第九批
85	北海市银海果蔬产业核心示范区	三星级	北海	第二批
86	北海市铁山港区深水抗风浪养殖核心示范区	三星级	北海	第五批
87	北海市银海区向海水产业核心示范区	三星级	北海	第七批
88	北海市铁山港区南珠产业核心示范区	三星级	北海	第七批
89	合浦县禾美稻香粮食产业核心示范区	三星级	北海	第九批

续表

序号	名称	星级	所属地市	批次
90	合浦县钦廉木本香料产业核心示范区	三星级	北海	第九批
91	百色市田阳县右江河谷果蔬产业核心示范区	三星级	百色	第一批
92	百色市平果县红色果业核心示范区	三星级	百色	第三批
93	田东县东养芒果产业核心示范区	三星级	百色	第五批
94	德保县百乐德柑橘产业核心示范区	三星级	百色	第五批
95	西林县驮娘江砂糖橘产业核心示范区	三星级	百色	第六批
96	田东县山地芒果产业核心示范区	三星级	百色	第七批
97	那坡县边关丝路桑蚕产业核心示范区	三星级	百色	第七批
98	田林县八渡笋产业核心示范区	三星级	百色	第七批
99	百色市右江区六沙柑橘产业扶贫核心示范区	三星级	百色	第八批
100	凌云县下甲古丝绸桑蚕产业核心示范区	三星级	百色	第九批
101	百色市田阳区兴茂火龙果综合利用产业核心示范区	三星级	百色	第九批
102	隆林各族自治县三冲缘茶产业核心示范区	三星级	百色	第九批
103	博白县桂牛奶水牛产业核心示范区	三星级	玉林	第五批
104	容县凤凰谷生态养殖核心示范区	三星级	玉林	第五批
105	玉林市福绵区龙湖黄沙鳖生态农业核心示范区	三星级	玉林	第六批
106	玉林市福绵区农贝贝益农生态养殖核心示范区	三星级	玉林	第七批
107	陆川县顺康生猪产业核心示范区	三星级	玉林	第七批
108	北流市大容山森林生态文化旅游核心示范区	三星级	玉林	第七批
109	容县清香蜜橘产业核心示范区	三星级	玉林	第七批
110	北流市伟人山三黄鸡生态养殖核心示范区	三星级	玉林	第八批
111	北流市实木家具产业核心示范区	三星级	玉林	第八批
112	容县中南生态油茶产业核心示范区	三星级	玉林	第八批
113	玉林市福绵区桂水鱼乡淡水养殖产业核心示范区	三星级	玉林	第八批
114	玉林市福绵区凤舞岭南优质鸡产业核心示范区	三星级	玉林	第九批
115	容县祝氏大荣养殖核心示范区	三星级	玉林	第九批
116	容县绿碧山森林生态文化旅游核心示范区	三星级	玉林	第九批
117	玉林市玉州区玉林香蒜产业核心示范区	三星级	玉林	第九批
118	防城港市防城区农潮火龙果产业核心示范区	三星级	防城港	第五批

续表

序号	名称	星级	所属地市	批次
119	防城港市防城区大南山金花茶产业核心示范区	三星级	防城港	第六批
120	东兴市富康生态养猪产业核心示范区	三星级	防城港	第六批
121	上思县皇袍山森林生态文化旅游核心示范区	三星级	防城港	第七批
122	上思县十万大山布透温泉森林生态文化旅游核心示范区	三星级	防城港	第八批
123	防城港市防城区珍珠湾海洋渔业核心示范区	三星级	防城港	第九批
124	上思县汉森澳洲坚果产业核心示范区	三星级	防城港	第九批
125	梧州市岑溪市西江果蔬产业核心示范区	三星级	梧州	第一批
126	梧州市万秀区思良江休闲农业核心示范区	三星级	梧州	第三批
127	梧州市苍梧县乐安荔园生态种养核心示范区	二星级	梧州	第五批
128	苍梧县仙迹桃花岛休闲农业核心示范区	二星级	梧州	第七批
129	蒙山县羽生谷生态果蔬产业核心示范区	三星级	梧州	第七批
130	梧州市万秀区思委米产业核心示范区	三星级	梧州	第七批
131	藤县古龙大红八角产业核心示范区	三星级	梧州	第九批
132	梧州市龙圩区温氏家禽产业核心示范区	三星级	梧州	第九批
133	河池市都安县红水河岸火龙果产业核心示范区	三星级	河池	第一批
134	河池市南丹县绿稻花海休闲农业核心示范区	三星级	河池	第二批
135	河池市天峨县龙滩珍珠李产业核心示范区	三星级	河池	第二批
136	河池市巴马瑶族自治县盘阳河流域农业核心示范区	三星级	河池	第三批
137	河池市大化瑶族自治县红水河现代农业核心示范区	三星级	河池	第四批
138	河池市金城江区侧岭三红现代农业核心示范区	三星级	河池	第四批
139	罗城仫佬族自治县中国毛葡萄核心示范区	三星级	河池	第五批
140	环江毛南族自治县花山果海休闲农业核心示范区	三星级	河池	第五批
141	南丹县歌娅思谷农旅融合核心示范区	三星级	河池	第五批
142	河池市宜州区拉浪林场森林生态文化旅游核心示范区	三星级	河池	第五批
143	河池市金城江区凤飞三境循环农业核心示范区	三星级	河池	第六批
144	巴马瑶族自治县小巴香猪有机循环产业核心示范区	三星级	河池	第六批
145	天峨县六美休闲农业核心示范区	三星级	河池	第六批
146	东兰县江洞油茶产业核心示范区	三星级	河池	第七批
147	河池市宜州区然泉构树生态循环养殖产业核心示范区	三星级	河池	第七批

序号	名称	星级	所属地市	批次
148	罗城仫佬族自治县明亿万亩油茶产业核心示范区	三星级	河池	第七批
149	东兰县东兰乌鸡产业养殖核心示范区	三星级	河池	第七批
150	天峨县山旮旯旱藕产业核心示范区	三星级	河池	第八批
151	东兰县板栗产业核心示范区	三星级	河池	第八批
152	南丹县南国之丹花卉苗木产业核心示范区	三星级	河池	第八批
153	东兰县淡水养殖产业核心示范区	三星级	河池	第八批
154	南丹县云水谷高山油茶产业核心示范区	三星级	河池	第九批
155	都安瑶族自治县澳寒羊产业核心示范区	三星级	河池	第九批
156	大化瑶族自治县七百弄鸡产业核心示范区	三星级	河池	第九批
157	大化瑶族自治县红水河生态渔业核心示范区	三星级	河池	第九批
158	罗城仫佬族自治县金玉柚产业核心示范区	三星级	河池	第九批
159	天峨县富万家核桃产业核心示范区	三星级	河池	第九批
160	河池市金城江区同干核桃产业核心示范区	三星级	河池	第九批
161	桂林市平乐县车田河肉牛循环农业核心示范区	三星级	桂林	第三批
162	桂林市临桂区桂林之花特色林业核心示范区	三星级	桂林	第四批
163	阳朔县遇龙河休闲农业核心示范区	三星级	桂林	第五批
164	全州县金槐产业核心示范区	三星级	桂林	第五批
165	兴安县红色湘江蜜橘产业核心示范区	三星级	桂林	第五批
166	灌阳县油茶产业核心示范区	三星级	桂林	第五批
167	灵川县逍遥湖森林旅游核心示范区	三星级	桂林	第六批
168	全州县国际茶花核心示范区	三星级	桂林	第六批
169	阳朔县蔗香甜园核心示范区	三星级	桂林	第七批
170	阳朔县牧生源生猪产业核心示范区	三星级	桂林	第七批
171	全州县良种杉产业核心示范区	三星级	桂林	第七批
172	永福县福寿神果罗汉果产业核心示范区	三星级	桂林	第七批
173	龙胜各族自治县龙脊梯田休闲农业核心示范区	三星级	桂林	第七批
174	资源县丹霞红提产业核心示范区	三星级	桂林	第七批
175	全州县天湖绿淼稻渔共生核心示范区	三星级	桂林	第八批
176	恭城瑶族自治县生态瑶乡新三位一体循环农业核心示范区	三星级	桂林	第八批

续表

序号	名称	星级	所属地市	批次
177	荔浦市三华李产业核心示范区	三星级	桂林	第八批
178	永福县龙溪麻竹产业核心示范区	三星级	桂林	第八批
179	灵川县富丘柑橘产业核心示范区	三星级	桂林	第九批
180	龙胜各族自治县勇爱有机油茶产业核心示范区	三星级	桂林	第九批
181	资源县高山特色休闲生态农业核心示范区	三星级	桂林	第九批
182	平乐县丝绸之源桑蚕产业核心示范区	三星级	桂林	第九批

第四节　类型概况

按照广西壮族自治区 2018 年农业示范区标准，将评定标准分为种植业类、畜禽业类、水产业类、休闲农业类、林业类五大类，县乡级现代特色农业示范区分为粮食产业、糖料蔗产业、食用菌产业、桑蚕产业、水果产业、茶叶产业、蔬菜和其他种植产业、畜禽产业、水产品产业、休闲农业十个产业。

截至 2020 年底，全区已累计启动创建了 339 个自治区级现代特色农业核心示范区，其中，以种植业为主导产业示范区 160 个，占比 47.19%；以畜禽业为主导产业示范区 57 个，占比 16.82%；以水产业为主导产业示范区 15 个，占比 4.43%；以林业为主导产业示范区 75 个，占比 22.12%；以休闲农业为主导产业示范区 32 个，占比 9.44%。广西现代特色农业核心示范区不同产业类型占比情况如图 7-4 所示。

各地市壮大现有产业优势并不断改进、提升并转变为竞争优势。对于现代特色农业示范区来说主导产业选择十分重要，主导产业是未来的支柱产业，应该具有预期的产业优势，在选择主导产业时应该选择内生能力强、需求弹性大、技术先进、关联度高的产业。具备以上特点的产业能够较快地吸纳先进技术，提高产业的劳动生产率，增加产品的技术附加值，体现当地农业技术进步的主要方向和发展趋势，带动或推动区域内其他产业的发展，在市场竞争中获得优势。

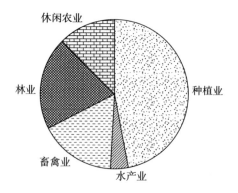

图7－4　广西现代特色农业核心示范区不同产业类型占比

各地市根据自身发展特色选择竞争优势明显、内生增长能力强、需求弹性大、技术先进、关联强度大的产业，将潜在的优势转化为竞争优势，进一步推动广西现代特色农业示范区发展。广西现代特色农业核心示范区主导产业类型统计情况如表7－22所示。

表7－22　广西现代特色农业核心示范区主导产业类型统计

单位：个，%

序号	产业类型	主导产业类型	统计数量		占比
			小计	合计	
1	种植业	粮食	16	160	47.19
		糖料蔗	7		
		果蔬	109		
		桑蚕	6		
		食用菌	3		
		茶叶	12		
		其他	7		
2	水产业	海水养殖	8	15	4.43
		淡水养殖	5		
		水稻＋养殖	2		

续表

序号	产业类型	主导产业类型	统计数量		占比
			小计	合计	
3	畜禽业	禽类	22	57	16.82
		生猪	18		
		牛、羊	16		
		其他	1		
4	林业	珍贵树种及优势木材	9	75	22.12
		特色经济林	25		
		花卉苗木	11		
		林卜种养	4		
		林产品精深加工	8		
		森林生态文化旅游	18		
5	休闲农业	农业观光、文化体验	32	32	9.44
合计				339	100

一、种植业类

广西位于南亚热带和中亚热带地区的交会处，拥有丰富光照资源，具有明显的特色。近年来，广西依靠自身优势，积极发展特色农业，形成了一批特色较好的优势农业产业。甘蔗、蚕和木薯在全国排名第一。甘蔗产量占全国的60%以上，桑蚕的茧产量占全国的45%以上，木薯种植面积和产量占全国的70%以上。此外，广西的水果面积在全国排名第五，是全国5个千万吨省（区）之一；茉莉花茶产量占全国一半以上；蘑菇产量在全国排名第一。中草药资源的种类占全国总量的1/3。广西还是全国重要的"南菜北运"蔬菜基地，也是全国最大的冬菜基地，是全国著名的"南珠"产地。畜禽业和水产品在全国占有重要位置。

（一）种植业产业布局

广西是国内水、土壤和热能配合较好的地区之一，作物种植品种丰富，主要作物有水稻、甘蔗、玉米、木薯、荔枝、龙眼、柑橘、香蕉、芒果、西瓜等，局部地区有少量花生、大豆和葡萄。

1. 粮食产业区域布局

水稻优势产区。以桂林、柳州、来宾、南宁、钦州、贵港、玉林、梧州、贺州9个市的50个县（市、区）为重点，建立水稻优势产区，着力发展优质稻生产。玉米优势产区。以河池、百色、来宾、崇左4个市的18个县（市、区）为重点，建立玉米优势产区。豆类优势产区。以南宁、来宾、崇左、百色、河池5个市的19个县（市、区）为重点，建立大豆优势产区，发展大豆和杂豆生产。

薯类优势产区。冬种马铃薯产业以贵港、钦州、玉林、南宁、梧州、北海、崇左等市为重点，红薯产业以桂林、玉林、贵港、钦州、北海、防城港、梧州、贺州、河池等市为重点。特色品种基地布局。因地制宜发展东兰墨米、靖西香糯、环江黑糯、环江香粳、忻城糯玉米、东兴红姑娘、紫姑娘红薯、横县甜玉米、象州红米等。

2. 蔗糖产业区域布局

重点发展崇左、南宁、来宾、柳州糖料蔗生产优势区域，巩固发展贵港、钦州、北海、防城港等优势老蔗区，因地制宜发展河池、百色蔗区。全区重点扶持33个糖料蔗基地县建设。

3. 水果产业区域布局

重点建立柑橘、香蕉两大优势产业带，科学建立荔枝、龙眼、芒果、柿子、梨、葡萄六大特色产区，合理布局时令优稀水果生产基地和加工型水果原料基地。柑橘布局在桂林、南宁、贺州、柳州、来宾、百色、梧州、河池、钦州、崇左、玉林、北海、防城港、贵港，金橘布局在桂林南部、柳州北部，沙田柚布局在恭城、平乐、阳朔、容县、藤县、八步、苍梧、融水、宜州等县（市、区）。香蕉产业带布局在南宁、百色、崇左、钦州、玉林、北海、防城港。其中，发展优势区域：春夏熟香蕉以南宁、百色、右江河谷、崇左左江流域和北海、防城港为重点；秋冬熟香蕉主要布局在南宁、钦州、玉林、崇左、百色的部分区域。

荔枝、龙眼、芒果、月柿、梨、葡萄六大特色产区。荔枝以钦州、玉林、贵港、梧州、北海、防城港为主，龙眼以南宁、贵港、钦州、崇左为主，芒果以百色右江河谷和钦州为主，月柿以桂林、来宾、河池为主，梨布局在桂北地区，夏熟葡萄布局在桂北地区，两熟葡萄布局在桂中、桂南地区。

时令优稀水果生产基地。桃、李、杨梅、枇杷、枣等布局在桂西、桂北和桂中地区，莲雾、火龙果、番石榴、杨桃、青枣等布局在南宁、钦州、北海、防城港等南部地区。加工型水果原料基地。月柿、白果和甜橙等布局在桂北地区，菠萝布局在南宁、防城港，西番莲布局在贵港、南宁、钦州、防城港，山葡萄布局在河池，板栗、核桃布局在河池、百色。

4. 蔬菜产业区域布局

全区蔬菜产业布局分为秋冬菜优势产区、夏秋反季节蔬菜优势产区、食用菌优势产区、城市"菜篮子"优势产区和创汇蔬菜优势产区五个优势产区。秋冬菜优势产区。包括桂北、桂东、桂西秋菜区，桂中、桂东南秋菜区，桂中、桂北、桂西冬菜区，桂南、桂东南、右江河谷冬菜区。夏秋反季节蔬菜优势产区。以冷凉山区和玉林市南部及钦州、北海、防城港市为重点区域。食用菌优势产区。冬季双孢蘑菇布局在桂林、柳州、来宾、南宁、贵港等市，香菇、木耳布局在贺州、桂林、河池、百色等市，桑枝食用菌布局在来宾、柳州、河池、南宁等市，珍稀菇类布局在主要城市周边城郊，中高温菇布局在桂中、桂南。城市"菜篮子"优势产区。在 14 个大中城市郊区，重点建成速生叶菜、高档特需蔬菜、野生蔬菜为主的淡、旺季互补的蔬菜基地。创汇蔬菜优势产区。面向东盟和港澳市场，以沿海、沿江、沿边、桂东地区等交通较发达以及有一定蔬菜出口基础的地区为主，建设一批标准高、规模大、效益好的外向型创汇基地。

5. 桑蚕产业区域布局

桂西北优势区以河池、百色为重点，桂中优势区以来宾、柳州为重点，桂南优势区以南宁、贵港为重点，发展高产高效蚕业。扶持、培育钦州、梧州、贺州、桂林、玉林、北海、防城港、崇左等市为次优势区。

6. 中药材产业区域布局

重点发展金银花（含木本金银花）、罗汉果、八角、玉桂、桂郁金、鸡血藤、葛根、广豆根、田七、鸡骨草、何首乌 11 种（类）中药材；其中，金银花重点在南宁、河池、柳州等市的石山地区；八角、玉桂重点在防城港、百色、河池、南宁、崇左、梧州；罗汉果重点在桂林南部、柳州北部；桂郁金重点在钦州；葛根重点在贵港、梧州。

7. 木薯产业区域布局

桂西南分布在南宁西南、百色东部、河池南部和崇左；桂东南分布在贵港东部和梧州；沿海分布在北海、钦州、防城港。

（二）种植业类现代特色农业示范区

各地市按照广西壮族自治区产业布局进行现代特色农业示范区建设，共建设 160 个种植业类现代特色农业示范区，其中，南宁 21 个、柳州 17 个、桂林 22

个、梧州 7 个、北海 3 个、防城港 1 个、钦州 3 个、贵港 8 个、玉林 9 个、百色 19 个、贺州 10 个、河池 15 个、来宾 9 个、崇左 8 个、农垦 8 个。种植业类现代特色农业示范区分布情况如图 7-5、表 7-23 所示。

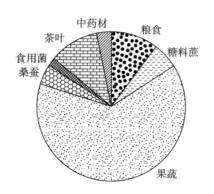

图 7-5　种植业类不同产业占比

表 7-23　种植业类现代特色农业示范区名单

序号	所属地市	名称	主导产业
一、五星级（16 个）			
1	南宁市	隆安县金穗香蕉产业核心示范区	香蕉
2		宾阳县古辣香米产业核心示范区	粮食
3		隆安县金穗火龙果产业核心示范区	火龙果
4	柳州市	柳州市柳江区荷塘月色核心示范区	蔬菜
5		三江侗族自治县三江茶产业核心示范区	茶叶
6	桂林市	兴安县灵渠葡萄产业核心示范区	葡萄
7		荔浦市橘子红了砂糖橘产业核心示范区	砂糖橘
8		阳朔县百里新村金橘产业核心示范区	金橘
9		恭城瑶族自治县甜蜜柿业核心示范区	柿子
10	北海市	合浦县利添水果产业核心示范区	柑橘
11	贵港市	贵港市覃塘区荷美覃塘莲藕产业核心示范区	蔬菜
12	贺州市	贺州市富川瑶族自治县神仙湖果蔬产业核心示范区	柑橘
13	来宾市	来宾市兴宾区红河红晚熟柑橘产业核心示范区	柑橘
14	崇左市	崇左市扶绥县甜蜜之光甘蔗产业核心示范区	糖料蔗

续表

序号	所属地市	名称	主导产业
15	自治区农垦局	广西农垦金色阳光甘蔗产业核心示范区	糖料蔗
16		广西农垦向阳红沃柑产业核心示范区	沃柑
二、四星级（73个）			
17	南宁市	南宁市良庆区坛板特色农业核心示范区	火龙果、柑橘
18		南宁市邕宁区香流溪热带水果产业核心示范区	火龙果
19		南宁市马山县乔利果蔬产业核心示范区	火龙果、沃柑
20		隆安县那之乡火龙果产业核心示范区	火龙果
21		南宁市武鸣区起凤沃柑产业核心示范区	沃柑
22		横县南山茶香古韵茶旅产业核心示范区	茶叶
23		隆安县那乡米产业核心示范区	粮食
24	柳州市	柳州市鹿寨县呦呦鹿鸣葡萄产业核心示范区	葡萄
25		柳州市柳城县禅韵丝缘蚕业核心示范区	桑蚕
26		柳州市融安县小村之恋金橘产业核心示范区	金橘
27		柳州市融水苗族自治县风情苗乡现代农业核心示范区	蔬菜
28		柳城县稻花飘香现代粮食产业核心示范区	粮食
29		柳城县冲脉镇蔗奏凯歌现代糖业核心示范区	糖料蔗
30		三江侗族自治县侗天湖茶产业核心示范区	茶叶
31		融安县橘乡恋歌金橘产业核心示范区	金橘
32	桂林市	桂林市灌阳县千家洞水果产业核心示范区	雪梨、李子
33		桂林市灵川县古镇提香核心示范区	提子
34		桂林市永福县福寿橘园核心示范区	砂糖橘
35		灵川县橘红甘棠江特色农业核心示范区	柑橘
36		桂林市临桂区相思湖柑橘产业核心示范区	柑橘
37		灌阳县神农稻博园水稻产业核心示范区	粮食
38		荔浦市兴万家砂糖橘产业核心示范区	砂糖橘
39		兴安县金满田园粮食产业核心示范区	粮食
40		阳朔县漓江东岸柑橘产业核心示范区	柑橘
41		阳朔县遇龙河柑橘产业核心示范区	柑橘
42	梧州市	梧州市藤县葛色天香和平粉葛产业核心示范区	葛粉
43		梧州市苍梧县原生六堡茶产业核心示范区	茶叶
44		梧州市蒙山县东乡橘园核心示范区	柑橘

序号	所属地市	名称	主导产业
45	钦州市	钦州市浦北县佳荔水果产业核心示范区	荔枝、番石榴
46		钦州市灵山县百年荔枝核心示范区	荔枝
47		钦州市钦北区九佰垌特色农业核心示范区	蔬菜
48	贵港市	贵港市桂平市粮食产业核心示范区	粮食
49		贵港市覃塘区毛尖茶产业核心示范区	茶叶
50		贵港市港北区富硒优质稻产业核心示范区	粮食
51	玉林市	玉林市容县沙田柚产业核心示范区	沙田柚
52		玉林市陆川县绿丰橘红产业核心示范区	中药材
53		玉林市北流市荔乡缘荔枝产业核心示范区	荔枝
54		北流市富硒水稻产业核心示范区	粮食
55		博白县一起同甘沃柑产业核心示范区	沃柑
56		兴业县蕉海蔗林核心示范区	果蔗
57		兴业县金谷水稻产业核心示范区	粮食
58	百色市	百色市凌云县浪伏小镇白毫茶产业核心示范区	茶叶
59		百色市右江区澄碧湖芒果产业核心示范区	芒果
60		百色市乐业县猕猴桃产业核心示范区	猕猴桃
61		靖西市海升柑橘产业核心示范区	柑橘
62		田林县高山晚熟芒果产业核心示范区	芒果
63		西林县京桂古道茶叶产业核心示范区	茶叶
64		百色市田阳区芒果脱贫产业核心示范区	芒果
65		田东县天成有机农业核心示范区	蔬菜
66	贺州市	贺州市八步区满天下李子产业核心示范区	李子
67		贺州市昭平县南山茶海核心示范区	茶叶
68		钟山县幸福冲贡柑产业核心示范区	贡柑
69		贺州市平桂区藕莲天下水生蔬菜产业核心示范区	蔬菜
70	河池市	河池市环江毛南族自治县毛南柚美核心示范区	柚子
71		河池市宜州区刘三姐桑蚕高效生态产业核心示范区	桑蚕
72		天峨县天湖峨山特色农业核心示范区	李子
73		东兰县墨米产业核心示范区	粮食
74		天峨县布菇山食用菌产业核心示范区	食用菌
75		巴马瑶族自治县百灵水果产业核心示范区	菠萝、柑橘

序号	所属地市	名称	主导产业
76	来宾市	来宾市高新技术产业开发区金凤凰果蔬产业核心示范区	蔬菜
77		来宾市高新技术产业开发区海升现代柑橘产业核心示范区	柑橘
78		金秀瑶族自治县瑶韵茶业核心示范区	茶叶
79		金秀瑶族自治县橘香园柑橘产业核心示范区	柑橘
80	崇左市	崇左市龙州县水陇果蔬产业核心示范区	果蔬
81		崇左市凭祥市宝岛美人椒产业核心示范区	蔬菜
82		崇左市大新县德天水果产业核心示范区	凤梨释迦、金钻凤梨、台湾番石榴等
83		崇左市天等县田园牧歌生态农业核心示范区	蔬菜
84		龙州县北部湾食用菌产业核心示范区	食用菌
85	自治区农垦局	广西农垦东湖胡萝卜产业核心示范区	蔬菜
86		广西农垦朗姆风情甘蔗循环经济核心示范区	糖料蔗
87		广西农垦大明山茶核心示范区	茶叶
88		广西农垦黔江丰收甜园甘蔗产业核心示范区	糖料蔗
89		广西农垦源头柑橘产业核心示范区	柑橘

三、三星级（71 个）

序号	所属地市	名称	主导产业
90	南宁市	南宁市兴宁区沙平蔬菜产业核心示范区	蔬菜
91		广西—东盟经济技术开发区宁武都市农业核心示范区	蔬菜
92		横县朝阳大垌优质稻产业核心示范区	粮食
93		南宁市西乡塘区群南柑橘产业核心示范区	柑橘
94		南宁市邕宁区坛里沃柑产业核心示范区	沃柑
95		广西—东盟经济技术开发区特色农业核心示范区	火龙果、甜瓜
96		宾阳县永和火龙果产业核心示范区	火龙果
97		广西—东盟经济技术开发区沃柑产业核心示范区	沃柑
98		南宁市邕宁区告祥时宜桑蚕产业核心示范区	桑蚕
99		马山县华星柑橘产业核心示范区	柑橘
100		宾阳县兴拓现代蔗业核心示范区	糖料蔗

序号	所属地市	名称	主导产业
101	柳州市	柳州市柳南区金色太阳现代都市生态农业核心示范区	蔬菜
102		柳州市柳江区葱满幸福香葱产业核心示范区	蔬菜
103		融安县古兰新韵金橘产业核心示范区	金橘
104		柳城县侨城桔缘柑橘产业核心示范区	柑橘
105		柳北区香兰农园现代农业核心示范区	柑橘
106		鹿寨县鹿寨蜜橙产业核心示范区	柑橘
107		三江侗族自治县布代茗乡扶贫产业核心示范区	茶叶
108	桂林市	兴安县红色湘江蜜橘产业核心示范区	蜜橘
109		永福县福寿神果罗汉果产业核心示范区	罗汉果
110		资源县丹霞红提产业核心示范区	提子
111		阳朔县蔗香甜园核心示范区	果蔗
112		恭城瑶族自治县生态瑶乡新三位一体循环农业核心示范区	柑、橙、柚
113		荔浦市三华李产业核心示范区	李子
114		灵川县富丘柑橘产业核心示范区	柑橘
115		平乐县丝绸之源桑蚕产业核心示范区	桑蚕
116	梧州市	梧州市岑溪市西江果蔬产业核心示范区	柑橘
117		苍梧县东安荔园生态种养核心示范区	荔枝
118		蒙山县羽生谷生态果蔬产业核心示范区	柑橘、蔬菜
119		梧州市万秀区思委米产业核心示范区	粮食
120	北海市	北海市银海果蔬产业核心示范区	蔬菜
121		合浦县禾美稻香粮食产业核心示范区	粮食
122	防城港市	防城港市防城区农潮火龙果产业核心示范区	火龙果
123	贵港市	平南县石硖龙眼产业核心示范区	龙眼
124		桂平市麻垌荔枝产业核心示范区	荔枝
125		桂平市闽航科技富硒火龙果产业核心示范区	火龙果
126		港南区津口水果产业核心示范区	百香果、沃柑
127	玉林市	容县清香蜜橘产业核心示范区	蜜橘
128		玉州区玉林香蒜产业核心示范区	蔬菜
129	百色市	百色市田阳县右江河谷果蔬产业核心示范区	芒果、番茄
130		百色市平果县红色果业核心示范区	火龙果
131		田东县东养芒果产业核心示范区	芒果

续表

序号	所属地市	名称	主导产业
132	百色市	德保县百乐德柑橘产业核心示范区	柑橘
133		西林县驮娘江砂糖橘产业核心示范区	砂糖橘
134		田东县山地芒果产业核心示范区	芒果
135		那坡县边关丝路桑蚕产业核心示范区	桑蚕
136		百色市右江区六沙柑橘产业核心示范区	柑橘
137		凌云县下甲古丝绸桑蚕产业核心示范区	桑蚕
138		田阳县兴茂火龙果综合利用产业核心示范区	火龙果
139		隆林各族自治县三冲缘茶产业核心示范区	茶叶
140	贺州市	钟山县菌美人间食用菌产业核心示范区	食用菌
141		平桂区设施蔬菜产业核心示范区	蔬菜
142		八步区东融供港蔬菜产业核心示范区	蔬菜
143		钟山县水墨画廊生态种养核心示范区	生态种养
144		昭平县华泰中药材产业核心示范区	中药材
145	河池市	河池市大化瑶族自治县红水河现代农业核心示范区	丝瓜
146		罗城仫佬族自治县中国毛葡萄核心示范区	毛葡萄
147		河池市都安瑶族自治县红水河岸火龙果产业核心示范区	火龙果
148		河池市南丹县绿稻花海休闲农业核心示范区	粮食
149		河池市天峨县龙滩珍珠李产业核心示范区	李子
150		河池市巴马瑶族自治县盘阳河流域农业核心示范区	粮食
151		河池市金城江区侧岭三红现代农业核心示范区	柚子、狝猴桃、橘红
152		天峨县山旮旯旱藕产业核心示范区	蔬菜
153		罗城县金玉柚产业核心示范区	柚子
154	来宾市	来宾市武宣县双龙盛柿核心示范区	柿子
155		武宣县风沿柚获核心示范区	柚子
156		来宾市兴宾区黄安蔗野仙踪核心示范区	糖料蔗
157		象州县寺村生态水果现代农业核心示范区	柑橘
158	崇左市	崇左市江州区火红左江核心示范区	火龙果
159		崇左市宁明县花山田园核心示范区	粮食
160	自治区农垦局	广西农垦百合芒果产业核心示范区	芒果

二、林业类

2019 年全区林业产业总产值达到 7042 亿元，人工林、经济林、速生丰产林面积以及松香、八角、肉桂、茴油、桂油、木衣架等特色林产品产量均居全国第一位，广西已成为全国林业产业大省区。全区木材产量达到 3500 万立方米，林下经济总产值达到 1144 亿元，油茶、核桃等特色经济林产业产值达到 1062 亿元。木材加工产业产值达到 2335 亿元，人造板产量达到 4956 万立方米，家具产业产值达到 256 亿元。森林旅游年接待游客达到 1.6 亿人次，林业旅游、康养与休闲产业收入达到 597 亿元。

在特色木竹制品中，桂林、柳州、百色是主要生产基地。同时，广西是全国油茶主产区之一，为实现油茶"双千"计划目标，提高油茶种植现代化水平，广西充分利用现有宜林荒山荒地和树种结构调整林地，扩大油茶种植规模，推进油茶高产高效示范园建设，引导存量巨大的油茶低产低效林更新改造。充分发挥生态优势和资源优势，促进油茶与旅游、健康等产业深度融合，打造一批以油茶为主题的森林人家、森林小镇。

各地市目前共建设 75 个林业类自治区级现代特色农业示范区，其中，南宁 4 个、柳州 8 个、桂林 11 个、梧州 3 个、北海 2 个、防城港 6 个、钦州 3 个、贵港 3 个、玉林 6 个、百色 3 个、贵州 4 个、河池 10 个、来宾 4 个、崇左 7 个、农垦 1 个。林业类现代特色农业示范区分布情况如图 7-6、表 7-24 所示。

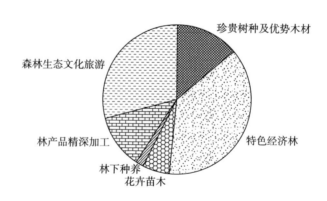

图 7-6 林业类不同产业占比

表 7-24 林业类现代特色农业示范区名单

序号	所属地市	名称	主导产业
一、五星级（4个）			
1	南宁市	南宁市兴宁区十里花卉长廊核心示范区	花卉苗木
2		南宁市横县中华茉莉花产业核心示范区	花卉苗木
3	柳州市	柳州市柳北区兰亭林叙花卉苗木产业核心示范区	花卉苗木
4	贺州市	贺州市平桂区姑婆山森林生态文化旅游核心示范区	森林旅游
二、四星级（25个）			
5	南宁市	南宁市青秀区长塘金花茶产业核心示范区	花卉苗木
6	柳州市	融安县林海杉源香杉生态产业核心示范区	珍贵优势用材林
7		鹿寨县桂中现代林业核心示范区	林产品加工
8		融水苗族自治县双龙沟森林生态文化旅游核心示范区	森林旅游
9	桂林市	灵川县银杏金色海洋生态旅游核心示范区	森林旅游
10		荔浦市木衣架产业核心示范区	林产品加工
11		叠彩区花卉产业核心示范区	花卉苗木
12	梧州市	梧州市万秀区林产品精深加工核心示范区	林产品加工
13		藤县石表山森林生态文化旅游核心示范区	森林旅游
14	北海市	北海市银海区罗汉松产业核心示范区	珍贵优势用材林
15	防城港市	上思县十万大山坚果产业核心示范区	特色经济林
16		东兴市东兴桂产业核心示范区	特色经济林
17	钦州市	浦北县五皇山石祖林中茶核心示范区	林下种养
18	贵港市	平南县北帝山森林生态文化旅游核心示范区	森林旅游
19	玉林市	玉林市福绵区六万大山四季香海八角产业核心示范区	特色经济林
20		北流市兆周高脂松产业核心示范区	林产品加工
21	百色市	隆林各族自治县油茶产业核心示范区	特色经济林
22		平果县国控林投油茶产业核心示范区	特色经济林
23	贺州市	贺州市八步区森林仙草健康产业核心示范区	林下种养
24		富川瑶族自治县秀水森林生态文化旅游核心示范区	森林旅游
25	河池市	河池市凤山县核桃产业核心示范区	特色经济林
26		环江毛南族自治县油茶产业核心示范区	特色经济林
27	来宾市	来宾市兴宾区维都油茶产业核心示范区	特色经济林
28	崇左市	扶绥县果满山坡澳洲坚果产业核心示范区	特色经济林
29		扶绥县东门澳洲大花梨产业核心示范区	珍贵优势用材林

序号	所属地市	名称	主导产业
		三、三星级（46 个）	
30	南宁市	良庆区百乐澳洲坚果产业核心示范区	特色经济林
31	柳州市	鹿寨县笑缘香樟核心示范区	珍贵优势用材林
32		三江侗族自治县三江油茶产业核心示范区	特色经济林
33		融水苗族自治县林下灵芝产业核心示范区	林下种养
34		融水苗族自治县竹韵荪香产业核心示范区	林下种养
35	桂林市	桂林市临桂区桂林之花特色林业核心示范区	花卉苗木
36		全州县金槐产业核心示范区	珍贵优势用材林
37		灌阳县油茶产业核心示范区	特色经济林
38		灵川县逍遥湖森林旅游核心示范区	森林旅游
39		全州县国际茶花核心示范区	花卉苗木
40		全州县良种杉产业核心示范区	珍贵优势用材林
41		永福县龙溪麻竹产业核心示范区	珍贵优势用材林
42		龙胜各族自治县勇爱有机油茶核心示范区	特色经济林
43	梧州市	藤县古龙大红八角产业核心示范区	特色经济林
44	北海市	合浦县钦廉木本香料产业核心示范区	珍贵优势用材林
45	防城港市	防城港市防城区大南山金花茶产业核心示范区	花卉苗木
46		上思县皇袍山森林生态文化旅游核心示范区	森林旅游
47		上思县十万大山布透温泉森林生态文化旅游核心示范区	森林旅游
48		上思县汉森澳洲坚果种植核心示范区	特色经济林
49	钦州市	钦州市钦北区宝鸭坪花木世界核心示范区	花卉苗木
50		钦南区北部湾花卉小镇森林生态文化旅游核心示范区	森林旅游
51	贵港市	桂平市龙潭神光森林生态文化旅游核心示范区	森林旅游
52		贵港市覃塘区林业生态循环经济核心示范区	林产品加工
53	玉林市	北流市大容山森林生态文化旅游核心示范区	森林旅游
54		北流市实木家具产业核心示范区	林产品加工
55		容县中南生态油茶产业核心示范区	特色经济林
56		容县绿碧山森林生态文化旅游核心示范区	森林旅游
57	百色市	田林县八渡笋产业核心示范区	特色经济林
58	贺州市	贺州市八步区西溪森林生态文化旅游核心示范区	森林旅游

续表

序号	所属地市	名称	主导产业
59	河池市	河池市宜州区拉浪林场森林生态文化旅游核心示范区	森林旅游
60		东兰县江洞油茶产业核心示范区	特色经济林
61		罗城仫佬族自治县明亿万亩油茶产业核心示范区	特色经济林
62		东兰县板栗产业核心示范区	特色经济林
63		南丹县南国之丹花卉苗木产业核心示范区	花卉苗木
64		南丹县云水谷高山油茶产业核心示范区	特色经济林
65		天峨县富万家核桃产业核心示范区	特色经济林
66		金城江区同干核桃产业核心示范区	特色经济林
67	来宾市	金秀瑶族自治县大瑶山银杉森林生态文化旅游核心示范区	森林旅游
68		合山市澳洲坚果产业核心示范区	特色经济林
69		金秀瑶族自治县圣堂瑶乡森林生态文化旅游核心示范区	森林旅游
70	崇左市	宁明县花山松涛桐棉松产业核心示范区	珍贵优势用材林
71		崇左市江州区龙赟东盟国际林业循环经济产业核心示范区	林产品加工
72		崇左市江州区雨花石森林生态文化旅游核心示范区	森林旅游
73		龙州县大青山坚果产业核心示范区	特色经济林
74		宁明县金花茶产业核心示范区	花卉苗木
75	自治区农垦局	广西农垦山圩林业生态产业核心示范区	林产品加工

三、畜禽业类

畜禽业是农民增收的主导产业。广西各地、各部门认真贯彻落实中央和自治区关于"三农"工作的部署，扎实工作，克服了市场长期低迷、产品价格大幅度下滑、动物疫情严峻等困难，加速发展优势品种养殖，保持畜禽业持续较快增长势头。

目前，广西畜禽业生产稳定发展，传统优势产品得到巩固，肉蛋奶全面增长，新兴特色产品迅速发展。生猪、家禽稳定增长。各级政府和有关部门加大了对畜禽小区养殖建设扶持的力度，采取对建舍圈补助、贷款贴息等优惠政策和措施，促进畜禽饲养向无公害和标准化等科学饲养方式转变。同时，规模养殖企业防范市场风险能力不断增强。蛋禽生产发展较快。经过几年家禽规模养殖的快速发展，商用、种用鸡蛋以及沿海红树林区域的海鸭蛋生产均取得较大发展，推动了广西禽蛋生产快速发展。同时，全区各级畜牧部门加大了对水牛奶业的扶持力度，广西作为全国最大的水牛养殖大省，得到了中央和自治区的重点扶持，产业发展迅速。皇氏乳业等奶水牛龙头企业采取"公司＋基地＋农户"等规范化养殖和产业化经营，已摸索出一条公司与农户双赢的成功路子。

目前，各地市共建设 57 个畜禽业类自治区级现代特色农业示范区，其中，南宁 6 个、柳州 2 个、桂林 2 个、梧州 2 个、北海 2 个、防城港 1 个、钦州 2 个、贵港 4 个、玉林 12 个、百色 1 个、贺州 1 个、河池 9 个、来宾 2 个、崇左 8 个、农垦 3 个。畜禽业类现代特色农业示范区分布情况如图 7 – 7、表 7 – 25 所示。

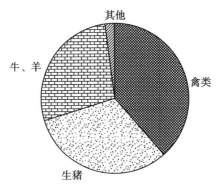

图 7 – 7　畜禽业类不同产业占比

表 7 – 25　畜禽业类现代特色农业示范区名单

序号	所属地市	名称	主导产业
一、五星级（7 个）			
1	南宁市	南宁市邕宁区一遍天原种猪产业核心示范区	生猪
2	贵港市	贵港市港南区亚计山生态养殖核心示范区	生猪
3	玉林市	玉林市福绵区凤鸣八桂生态养殖核心示范区	禽类
4	百色市	靖西市福喜乐生态扶贫母猪产业核心示范区	生猪
5	河池市	都安瑶族自治县瑶山牛扶贫产业核心示范区	肉牛
6		南丹县瑶乡牛循环产业核心示范区	肉牛
7	自治区农垦局	广西农垦永新源生猪健康养殖核心示范区	生猪
二、四星级（17 个）			
8	南宁市	南宁市青秀区田野牧歌肉牛产业核心示范区	肉牛
9		南宁市西乡塘区顶哈鸽产业核心示范区	鸽子
10	柳州市	柳州市柳南区宏华蛋鸡生态养殖核心示范区	禽类

续表

序号	所属地市	名称	主导产业
11	梧州市	梧州市岑溪市古典鸡产业核心示范区	禽类
12	北海市	合浦县东园循环农业产业核心示范区	奶牛
13		合浦县凤翔肉鸡产业核心示范区	禽类
14	钦州市	灵山县猪福万家生态养殖核心示范区	生猪
15	贵港市	贵港市平南县活力龚州生态循环农业核心示范区	禽类
16		贵港市港北区瑶山鸡产业核心示范区	禽类
17	玉林市	玉林市兴业县凤鸣雅江生态种养核心示范区	禽类
18		陆川县银农生猪产业核心示范区	生猪
19		陆川县聚银供港生猪产业核心示范区	生猪
20		陆川县神龙王生猪产业核心示范区	生猪
21	贺州市	贺州市平桂区猪福天下生态养殖核心示范区	生猪
22	河池	凤山县金凤凰林下养殖核心示范区	禽类
23	崇左市	宁明县骆晔循环农业核心示范区	肉牛
24		天等县金鸡产业核心示范区	禽类

三、三星级（33 个）

序号	所属地市	名称	主导产业
25	南宁市	南宁市上林县山水牛扶贫产业核心示范区	肉牛
26		南宁市兴宁区富凤鸡产业核心示范区	禽类
27		武鸣区香山源种羊产业核心示范区	肉羊
28	柳州市	柳江区虾青素鸡蛋生态循环产业核心示范区	禽类
29	桂林市	桂林市平乐县车田河肉牛循环农业核心示范区	肉牛
30		阳朔县牧生源生猪产业核心示范区	生猪
31	梧州市	龙圩区温氏家禽产业核心示范区	禽类
32	防城港市	东兴市富康生态养猪产业核心示范区	生猪
33	钦州市	钦北区九联肉鸡产业核心示范区	禽类
34	贵港市	覃塘区生猪循环产业核心示范区	生猪
35	玉林市	博白县桂牛奶水牛产业核心示范区	奶牛
36		容县凤凰谷生态养殖核心示范区	禽类
37		玉林市福绵区农贝贝益农生态养殖核心示范区	禽类
38		陆川县顺康生猪产业核心示范区	生猪
39		北流市伟人山三黄鸡生态养殖核心示范区	禽类
40		容县祝氏大荣养殖核心示范区	禽类
41		福绵区凤舞岭南优质鸡产业核心示范区	禽类

序号	所属地市	名称	主导产业
42	河池市	河池市金城江区凤飞三境循环农业核心示范区	禽类
43		巴马瑶族自治县小巴香猪有机循环产业核心示范区	生猪
44		河池市宜州区然泉构树生态循环养殖产业核心示范区	生猪
45		东兰县东兰乌鸡产业养殖核心示范区	禽类
46		大化县七百弄鸡产业核心示范区	禽类
47		都安县澳寒羊产业核心示范区	肉羊
48	来宾市	来宾市武宣县金泰丰夏南牛养殖核心示范区	肉牛
49		忻城县长和肉牛产业核心示范区	肉牛
50	崇左市	崇左市江州区大华山水牧场核心示范区	肉牛
51		天等县生猪生态养殖核心示范区	生猪
52		凭祥市边关牧歌生态羊产业核心示范区	肉羊
53		扶绥县晶桂蛋鸡产业核心示范区	禽类
54		龙州县大湾生态肉牛循环产业核心示范区	肉牛
55		大新县正邦生态养殖核心示范区	生猪
56	自治区农垦局	广西农垦新兴生态养殖核心示范区	生猪
57		广西农垦绿姆山蔗牛产业核心示范区	肉牛

四、水产业类

近年来，广西渔业部充分发挥本地资源优势，通过制订实施方案、出台扶持政策、构筑科技支撑、开展示范带动、宣传推广模式等有力举措，大力推广稻田生态综合种养，稻渔综合种养的水产品既有单一的禾花鱼、河蟹、南美白对虾、螺、蛙、小龙虾等，也有鱼、鳅、龟等混养的水产品，稻渔综合种养的技术和模式日趋成熟。

目前，各地市共建设 15 个水产业类自治区级现代特色农业示范区，其中，柳州 1 个、桂林 1 个、北海 3 个、防城港 3 个、钦州 3 个、玉林 2 个、河池 2 个。水产业类现代特色农业示范区分布情况如表 7－26 所示。

五、休闲农业类

目前，广西已建成自治区级以上休闲农业为主导产业的现代特色农业示范园区 32 个。休闲农业示范区创建以"产村互动、农旅融合"模式为主,在示范区中打造都市休闲农业,而有条件的示范区将建设成为集循环农业、创意农业、农事体验于一体的田园综合体,实现"园区变景区、田园变公园"。

表 7 - 26　水产业类现代特色农业示范区名单

序号	所属地市	名称	主导产业
一、四星级（3 个）			
1	防城港市	防城港市东兴市京岛海洋渔业核心示范区	南美白对虾、石斑鱼、大蚝
2		防城港市港口区红树林海洋渔业核心示范区	大蚝、网箱鱼
3	钦州市	钦州市钦南区虾虾乐核心示范区	对虾
二、三星级（12 个）			
4	柳州市	三江侗族自治县高山稻渔生态种养核心示范区	草鱼、鲤鱼
5	桂林市	全州县天湖绿淼稻渔共生核心示范区	禾花鱼
6		北海市铁山港区深水抗风浪养殖核心示范区	金鲳鱼
7	北海市	北海市银海区向海水产业核心示范区	南美白对虾、锯缘青蟹、方格星虫、象鼻螺
8		北海市铁山港区南珠产业核心示范区	南珠
9	防城港市	防城区珍珠湾海洋渔业核心示范区	对虾
10	钦州市	钦州市钦州港区大蚝养殖核心示范区	生蚝
11		钦州市钦南区龙门蚝大蚝产业核心示范区	生蚝
12		玉林市福绵区龙湖黄沙鳖生态农业核心示范区	黄沙鳖
13	玉林市	玉林市福绵区桂水鱼乡淡水养殖产业核心示范区	鲢鱼、鳙鱼、草鱼、叉尾鮰、南方大口鲇
14	河池市	东兰县淡水养殖产业核心示范区	镜鲤、斑点叉尾鮰、罗非鱼
15		大化县红水河生态渔业核心示范区	草鱼、鲤鱼、鲢鱼、大头鱼

目前,各地市共建设 32 个休闲农业类自治区级现代特色农业示范区,其中,南宁 8 个、柳州 1 个、桂林 4 个、梧州 3 个、钦州 1 个、贵港 1 个、玉林 1 个、百色 1 个、河池 3 个、来宾 3 个、崇左 2 个、农垦 4 个。休闲农业类现代特色农业示范区分布情况如表 7 - 27 所示。

表 7 – 27   休闲农业类现代特色农业示范区名单

序号	所属地市	名称	星级
一、五星级（3 个）			
1	南宁市	南宁市西乡塘区美丽南方休闲农业核心示范区	五星级
2		南宁武鸣区伊岭溪谷休闲农业核心示范区	五星级
3	玉林市	玉林市玉东新区五彩田园核心示范区	五星级
二、四星级（9 个）			
4	南宁市	南宁市青秀区花雨湖生态休闲农业核心示范区	四星级
5		马山县乔老河休闲农业核心示范区	四星级
6	柳州市	鹿寨县寨美一方都市休闲农业核心示范区	四星级
7	桂林市	桂林市雁山区柿里回乡休闲农业核心示范区	四星级
8	梧州市	长洲区摩天茶海休闲农业核心示范区	四星级
9	贵港市	贵港市港南区四季花田休闲农业核心示范区	四星级
10	百色市	乐业县乐叶乐茶园休闲农业核心示范区	四星级
11	自治区农垦局	广西农垦七里香休闲农业核心示范区	四星级
12		广西农垦桂林相思江休闲农业核心示范区	四星级
三、三星级（20 个）			
13	南宁市	南宁市江南区江韵扬美休闲农业核心示范区	三星级
14		上林县禾田生态休闲农业核心示范区	三星级
15		宾阳县品绿留香休闲农业核心示范区	三星级
16		上林县云姚谷休闲农业核心示范区	三星级
17	桂林市	阳朔县遇龙河休闲农业核心示范区	三星级
18		龙胜各族自治县龙脊梯田休闲农业核心示范区	三星级
19		资源县高山特色休闲生态农业核心示范区	三星级
20	梧州市	梧州市万秀区思良江休闲农业核心示范区	三星级
21		苍梧县仙迹桃花岛休闲农业核心示范区	三星级
22	钦州市	钦州市钦北区娥眉湾现代休闲农业核心示范区	三星级
23	河池市	环江毛南族自治县花山果海休闲农业核心示范区	三星级
24		南丹县歌娅思谷农旅融合核心示范区	三星级
25		天峨县六美休闲农业核心示范区	三星级
26	来宾市	武宣县金葵花休闲农业核心示范区	三星级
27		象州县纳禄休闲农业核心示范区	三星级
28		象州县诗画田园休闲农业核心示范区	三星级

序号	所属地市	名称	星级
29	崇左市	大新县明仕田园休闲农业核心示范区	三星级
30		龙州县山水连城休闲农业核心示范区	三星级
31	自治区农垦局	广西农垦荔乡新光休闲农业核心示范区	三星级
32		广西农垦越州天湖休闲农业核心示范区	三星级

第五节　案例分析

广西是农业大省（区），优势特色农业资源丰富，示范区建设产业基础深厚，为构建现代特色农业产业体系提供了良好的条件。广西地处南亚热带和中亚热带交会区域，温光资源丰富，自然条件优越，动植物种类众多，发展特色农业具有得天独厚的优势。目前，广西已发展成为全国最大的蔗糖产地、最大的蚕茧产地、最大的秋冬菜生产基地、最大的木材生产基地、最大的热带水果产地。广西粮食、茶叶、食用菌、罗非鱼、肉牛肉羊、生猪等种养产业也具有相当规模，都是保障农产品供给、稳定农民收入的重要产业。此外，富硒农业、有机循环农业、休闲农业 3 个新兴产业方兴未艾，逐步发展成为广西农业产业的新亮点和增长点。2015 年，自治区启动实施了广西现代特色农业产业品种品质品牌 "10 + 3" 提升行动，作为推动广西现代特色农业转型、优化和升级的重要举措。提升行动涉及粮食、糖料蔗、水果、蔬菜、茶叶、桑蚕、食用菌、罗非鱼、肉牛肉羊、生猪十大种养产业，以及富硒农业、有机循环农业、休闲农业 3 个新兴产业。

一、种植业类示范区

（一）五星级种植业类示范区

【案例 7－1－1】南宁市隆安县金穗香蕉产业核心示范区（五星级）

1. 建设情况

（1）地理位置。隆安县金穗香蕉产业核心示范区于 2014 年创建，核心区地处那桐镇定江村、那元村、那桐社区片区，以定典综合示范村为中心，位于南宁至百色二级公路旁，距南百高速公路那桐收费站 10 千米。

（2）建设概况。经过 3 年的提升创建，核心区面积由创建时的 10000 亩扩增至 14754.66 亩。示范区依托国家级农业产业化龙头企业——广西金穗农业集团为建设主导力量，由绿水江香蕉合作社参与建设。截至 2017 年 7 月，示范区已累计投资 2.68 亿元，其中，市级财政投入 2200 万元，县级财政投入 3837 万元，经营主体投入 1.88 亿元，群众投入 1998 万元。2014 年底隆安县金穗香蕉产业核心示范区通过市级示范区考评，2015 年被自治区认定为第一批广西现代特色农业核心示范区，2017 年 9 月被评定为"五星级"广西现代特色农业核心示范区。

（3）经营模式。示范区以香蕉为主导产业，按照"产业支撑、乡村示范、群众受益"的建设思路，逐步建成以下亮点特色：一是规模效益大。建立"公司承租＋发包"型、"公司＋产业联盟"型和"公司＋大户"型等金穗模式，带动全县 24 家联盟企业、13 个家庭农场和 226 家种植大户，创立"统租分包""产业联盟"的土地流转"金穗模式"，辐射全县 24.98 万亩香蕉种植面积，先后培育了"绿水江"和"金纳纳"两大国产香蕉品牌。二是科技含量高。与广西大学、东北农业大学、华南农业大学、以色列耐特菲姆公司等平台合作，共建广西金穗科技小院、特色作物试验站、广西香蕉育种与栽培工程技术研究中心，引进及培育了博士、硕士研究生 13 人。购置 57 台先进设备，建设占地 100 亩的香蕉脱毒组培苗研究中心，引进和研发无病脱毒组培苗繁育和栽培、优质组培苗选育、有机肥生产、无伤采收索道采收技术等十几项农业产业技术。目前已经成为我国第二大香蕉种苗生产点。三是"三产"融合程度高。建设有占地面积 162 亩的香蕉粉/浆深加工园，年可加工鲜香蕉 25 万吨，年产香蕉浆 10 万吨、香蕉粉 3000 吨，2015 年底已建成投产，该项目填补了广西香蕉加工领域的空白。同时，重点打造蕉园新村观光体验园，2017 年新引进金穗生态园那乐谷游乐项目，建设完备的餐饮、住宿、会议或技术培训等服务项目。目前，蕉园新村观光旅游园每年接待游客约 21 万人次，经营收入约 500 万元。定典综合示范村先后荣获"中国特色村"、"全国一村一品示范村"、自治区"清洁乡村·百佳村屯"等称号。四是农民受益广。以地租、劳务、入股超额分成、奖励、养老福利等方式，创建企业与农户利益联结机制，保障流转农户的土地收益。每年金穗公司支付给农民的土地流转资金达 8000 多万元，实现了农户每亩增收 667 元。流转土地覆盖 9 个贫困村，涉及贫困户 870 户，贫困人口 3993 人，土地流转后就地务工资困户 522 户 791 人。累计减少贫困人口 535 人。

2. 发展方向

大力拓展农业观光、乡村旅游、休闲度假、文化体验客源市场。同时，依托旅游市场、联合电商平台，不断扩大农产品市场范围，让当地的优质生态农产品走向全国，实现"农业 +""旅游 +"的协同发展。

【案例 7 - 1 - 2】柳州市三江侗族自治县三江茶产业核心示范区（五星级）

1. 建设情况

（1）地理位置。三江侗族自治县三江茶产业核心示范区位于三江侗族自治县八江镇布央村，距县城 18 千米，距高铁站 22 千米，距枝柳铁路三江站 8 千米，距夏蓉高速公路八协出入口 8 千米，距桂二、二柳高速公路出入口 12 千米，离八江镇政府所在地 8 千米。三江县隶属于柳州市，地处云贵高原南缘，是国际公认的"黄金产茶区"，享有"纬度上中国早春第一茶"的美誉，当地是三江县绿茶种植发源地，现有茶园面积 3650 亩。

（2）建设概况。柳州市三江侗族自治县三江茶产业核心示范区创建于 2014 年，2015 年通过考评获得广西现代特色农业核心示范区称号。布央村是三江县规模化种植茶叶最早的村屯，该村是"广西侗茶村"、柳州市十大美丽乡村、全国一村一品示范村。示范区核心区茶叶面积 3650 亩、拓展区面积 5500 亩、辐射区面积 11000 亩。建设茶园观光休闲与茶文化体验、乡村与农业体验、农耕文化体验、游泳和垂钓、红茶养生、民俗风情娱乐、农业科研科普等茶园观光休闲体验基地。

（3）经营模式。示范区从 2015 年开始总计投资 15058.55 万元用于示范区内的产业开发、基础设施与科技、旅游产业建设。其中，市级财政投资 3920 万元，县级财政投资 2530 万元，经营主体投资 8608.55 万元。日平均接待游客 200 人次以上，全年接待各地游客达约 10 万人次，旅游收入上千万元，成为三江新的休闲旅游景点。示范区核心区带动农户 603 户 2493 人，预计核心区农民人均纯收入超过 1 万元，比拓展区及辐射区农民人均纯收入高 40% 左右，核心区比全县农民人均纯收入高 43.2%。

2. 发展方向

示范区"以茶为主、旅游结合"的产业模式采取"以奖代补"的方式来鼓励油茶产业发展，以振兴三江产业，促进三江县经济发展。进一步加大政府政策的扶持力度，每年政府安排一定资金分批对低产的茶园进行改造，同时，积极鼓励示范区对设备设施等基础设施进行更新改造和技术升级等。坚持绿色发展的理念，不断优化生态空间，选育培养一批优良当地特产品种，提高产品质量标准，增强产品竞争力。运用新模式助推茶旅融合发展，让群众获得长期稳定的收入，有效推动当地茶旅融合持续健康发展。

（二）四星级种植业类示范区

【案例 7-1-3】桂林市灌阳县千家洞水果产业核心示范区（四星级）

1. 建设情况

（1）地理位置。灌阳县千家洞水果产业核心示范区位于灌阳县灌阳镇，以大仁村的白竹坪、米竹山和朱安冲为核心，涵盖周边6个行政村，涉及农户4200户，总人口14500多人。

（2）建设概况。示范区总面积25000亩，其中核心区面积3500亩，拓展区面积6500亩，辐射区面积15000亩。自示范区创建以来，县委县政府通过整合财政和有关项目资金，积极引导工商资本、金融资本参与示范区建设，多渠道整合资金1.86亿元，按照"四区一长廊"的科学布局和现代农业"五化"的建设要求创建核心示范区，共建成示范区道路19.2千米，水渠4.2千米，电网改造6千米，水肥一体化滴灌设施620亩，实现了现代农业"五化"建设，即装备设施化、生产标准化、经营组织化、要素集成化、特色产业化五个方面的进步提升。

（3）经营模式。示范区以国家地理标志农产品——灌阳雪梨（约占70%）和"中华名果"——灌阳黑李（约占30%）为主导产业。通过引进区、市级龙头企业和电商企业共3家，培育扶持农民专业合作组织5家、家庭农场1家，组建病虫害统防统治机防队1支，建立完善各项内部管理制度，按照"五个统一"原则进行组织化经营。并依托科研院所和县农业局，引进10多位高级管理人才组成技术专家团队，在示范区开展新品种、新技术的引进、试验示范与推广应用。同时，通过"党旗领航·电商扶贫"在示范区建立村级农产品电商销售网点12家，协同企业和合作组织将示范区水果产品远销广州、深圳等全国大中城市以及出口东南亚国家，年销售雪梨、黑李15.1万吨，产值45300万元，比2015年增加7248万元，亩增收480元，示范区户均增收3200元。示范区打造了以瑶族文化为中心，凸显民族文化特色的休闲农业新亮点。实现年接待游客10

万人次，新增旅游收入500多万元，促进了一二三产业的有效融合发展，取得了良好的经济效益、社会效益和生态效益。

2. 发展方向

进一步推进农业与乡村建设的结合，努力形成"村在林中，院在绿中，人在景中"的乡村绿化格局，建成生态乡村大花园。

【案例7－1－4】河池市宜州区刘三姐桑蚕高效生态产业核心示范区（四星级）

1. 建设情况

（1）地理位置。刘三姐高效生态桑蚕产业核心示范区位于宜州区德胜镇南部的上坪村，距德胜镇8千米，毗邻宜河高速公路。核心示范区涉及上坪、大安、洞口、大甫、柳村、北庄、南门7个自然屯，示范区以种桑养蚕为主导产业，同时兼顾蚕桑资源加工利用和生态休闲旅游，形成农旅融合协调发展的现代特色农业示范区。

（2）建设概况。刘三姐桑蚕高效生态产业示范区位于广西河池市宜州区德胜镇上坪村，是自治区四星级现代化特色农业示范区。该示范区是宜州区政府一二三产业融合投资重点推进项目，由广西嘉联丝绸股份有限公司承担建设。示范区核心区面积3276亩，拓展区面积6250亩，辐射区面积21000亩，示范区内建设有大蚕工厂化养殖中心、小蚕共育室、标准化桑园、农作物病虫互联网观测场、仪评鲜茧收购中心、茧丝绸文化展示中心、桑蚕丝绸体验馆、果桑采摘园、桑基鱼塘、水上餐厅、蚕宝宝卡通等设施，是一个集生态原产地标准种植、高效养殖、收集加工、休闲观光、学习培训、参观考察、科普教育等功能为一体的带领农户脱贫致富能力强的现代特色农业示范区。

（3）经营模式。示范区严格按照标准化建设，引进了广西嘉联丝绸股份有限公司、宜州市桂恒旺科技有限公司等企业作为其龙头企业，成立农民专业合作社3个，发展省力化标准化养蚕大户55户，带动普通养蚕户556户，帮扶36户贫困户，形成了"龙头企业＋农村合作社＋养蚕基地＋专业户＋普通养蚕户"的经营发展模式。示范区鼓励农民流转土地经营权和社会多种力量参与的经营机制。

示范区引进桂桑5号、桂桑6号等桑树新优品种，示范区内建设桑树新品种示范园108亩，推广种植多种桑树特优品种。示范区配备桑枝伐条机、桑园管理微耕机、智能无人直升机桑园喷药等设备，采用高效节水、水肥一体化技术，进行绿色防控。示范区还与广西五和博澳药业有限公司进行合作，公司收购桑枝后加工提取"桑枝总生物碱"等天然产物活性成分，研发降血糖药等药物，不仅让桑枝变废为宝，还可以清洁桑园，增加农民收入。示范区还引进了宜州市桂恒旺科技有限责任公司收集蚕沙进行无害化处理，生产有机肥料，推进了蚕沙综合利用，改善了示范区的养蚕和人居环境。示范区内道路硬化 8 千米，电力设施 6.5 千米，水利设施 12 千米，建成工厂化养蚕房 2000 平方米、全自动小蚕共育中心 500 平方米、桑枝蚕沙收集处理中心 1 座、蚕沙无害化处理池 4 座，水肥一体化灌溉面积 200 亩。示范区充分利用冬季闲置蚕房，大力发展桑枝食用菌生产，年栽培桑枝食用菌 20 万棒。示范区实施村容村貌改造，整修村内公共设施，新建文娱设施，村民文化活动丰富，促进示范区生态旅游的发展。

2. 发展方向

示范区致力于使自身的农业资源和生态旅游资源利用最大化，充分发挥示范区的产业优势、区位优势和人文优势，力争建成辐射范围广、竞争力强，集学习培训、参观考察、可推广借鉴为一体，带领农户脱贫致富能力强的示范区；打造先试先行的典型和现代农业发展的标杆，推动宜州市桑蚕产业持续健康发展。

【案例 7-1-5】百色市凌云县浪伏小镇白毫茶产业核心示范区（四星级）

1. 建设情况

（1）地理位置。百色市凌云县浪伏小镇白毫茶产业核心示范区位于加尤镇茶山金字塔 AAAA 级景区内。当地气候属南亚热带季风气候，光照充足，雨量充沛。凌云县位于广西西北部，靠近云贵高原，地势高峻，峰峦起伏，树高林密，山泉遍布，溪流纵横，郁郁葱葱，云雾蒙蒙，日照适宜，漫射光多，气候温和湿润，年平均温度 19~23℃，适宜茶树生长。

（2）建设概况。示范区核心区 3100 亩，按照"建设一个核心，辐射带动一批示范基地"的总体布局，示范区分为现代化示范区、标准化示范区、低产改造示范区三个区域，因地制宜，高起点、高标准、高品位对示范区进行建设，把示范区建设成为生产、加工、销售、科研、培训、休闲、观光于一体的现代农业示范园。示范区结合 AAAA 级景区茶山金字塔，茶树多生长在海拔 800~1500 米地区，连片茶园呈阶梯状，茶山终年云雾缭绕、峰峦起伏、气势恢宏。景区现已开发了鸣锣开采、祭茶圣陆羽、茶马古道、茶王阁、茶圣亭、茶仙亭、茶艺表演室、产品展示售卖区、茶叶加工现代化流水线参观、游客采制茶体验区、瑶族风情园、茶山日出日落奇观等旅游景点，是集采茶、制茶、品茶、生态农业观光为一体的旅游风景名胜。"浪伏住家菜"餐饮楼，含7间包厢及一个用餐大厅，可同时容纳300人就餐，主推凌云县各族特色菜，以茶膳入食，选用本土原料，农家做法，独具特色；建成"幽人谷"住宿区，融合凌云汉家和壮家特色村舍设计，风格独特，别具一格，含9栋小别墅，住宿环境清幽，屋内装修典雅，热水、电视等功能齐全，可容34人入住。这些农业景观资源不仅可观光、采茶、体验农作、了解农民生活、享受乡土情趣，而且还可住宿、度假、游乐，满足人们更多精神上的需求。

（3）经营模式。核心区单位面积产值居全区先进水平，农民人均纯收入核心区比拓展区高10%，比辐射区高20%，比全县高30%。通过加大对富硒有机茶加工龙头企业扶持力度，发展茶叶、茶园副产品（茶园修剪枝叶、茶花、茶果）深加工增值，延长富硒有机茶产业链，为最终形成凌云县富硒有机茶产业年产值超20亿元以上目标做出应有贡献。

2. 发展方向

调整优化茶产品结构，实施品牌带动战略，促进茶叶质量和效益的进一步提高。突出优势特色，培育龙头企业壮大产业。同时，加快培育茶叶专业合作经济组织，鼓励发展以农户为基础的茶叶专业合作社，充分发挥合作社作用，引导茶农走向市场；发挥茶叶协会在行业自律、统一标准、品牌管理等方面的作用，提高行业组织化程度。

（三）三星级种植业类示范区

【案例7-1-6】梧州市岑溪市西江果蔬产业核心示范区（三星级）

1. 建设情况

（1）地理位置。岑溪市西江果蔬产业核心示范区位于岑溪市糯垌镇，当地气候温和，雨量充沛，资源丰富，年均气温21.2℃，年均降雨量1506.9毫米，年均无霜期达331天，自然条件十分优越，适宜各种果蔬种植。

（2）建设概况。示范区建设总面积3200亩，主要建设有黄金枸骨套种沃柑种植区500亩，砂糖橘标准化栽培示范区500亩，现代休闲农业大棚体验示范区300亩；百香果种植面积900亩，芒果、无核黄皮、尤力克柠檬、红心番石榴、文旦、丑柑等水果品种种植面积 100 亩；生态旅游区 500 亩，目前已种植多种绿化苗木，植物迷宫、生态大棚正在建设中；岑溪市农科所农科展示园 200 亩；柑橘无病健康苗木繁育基地、金丝蜜枣种植区 200 亩；办公服务区 2000 多平方米。

岑溪市西江果蔬产业核心示范区于 2014 年 6 月开始筹建，2015 年 2 月获得"广西现代特色农业核心示范区"称号，是广西壮族自治区首批 12 个自治区级示范区之一。2017 年 9 月通过自治区核验获"三星级"示范区称号。

（3）经营模式。示范区建设以"市场主导、政府引导、多元投入、特色兴区"为原则，积极谋划并加快推进示范区建设。第一，经营组织化。示范区共引进农业企业 3 家，农民专业合作社 4 家，农业科研单位 1 家。第二，装备设施化。加强示范区基础设施建设，推进示范区在水、电、路、通信等公共设施建设方面的完善，改善示范区的硬件发展条件。第三，生产标准化。建立健全农产品的质量监管体系和动植物疫病统防统治等制度，使农产品安全质量有保障。第四，要素集成化。一是引导工商资本、金融资本参与示范区建设。二是积极引进和推广国内外先进农业科技技术，示范区创建至今共引进新品种 45 个，利用嫁接无病苗、水肥一体化滴灌、绿色病虫害防控、循环种养、生物有机肥施用等新技术 18 项，先进的加工包装设备 4 台套，检验检测设备 4 台套。三是加强人才引进和培养，示范区聘用硕士及高级职称以上人员 15 名，累计培训农民工 10 万人次。

2. 发展方向

进一步结合当地特色，凸显产业特色化。按照"因地制宜、突出特色，一业为主、多元发展"的思路，把示范区打造成为一主多辅、一体多元的"美丽示范区"，突出产业的特色化。

二、林业类示范区

（一）五星级林业类示范区

【案例 7-2-1】南宁市兴宁区十里花卉长廊核心示范区（五星级）

1. 建设情况

（1）地理位置。南宁市兴宁区十里花卉长廊核心示范区位于三塘镇西北部昆仑大道以北、四塘至蒲庙公路沿线部分地段，西连邕武路，北毗邻外环高速公路。兴宁区位于北回归线南侧，属湿润的亚热带季风气候，阳光充足，雨量充沛，霜少无雪，气候温和，夏长冬短，年平均气温21.6℃。主要气候特点是炎热潮湿，一般夏季潮湿，而冬季稍显干燥，干湿季节分明。充足的水热以及适宜的温度，为当地发展花卉产业示范区提供了良好条件。

（2）建设概况。核心区以那安生态综合示范村、碧湾园林为中心。规划建设面积1.25万亩，拓展区规划面积2.5万亩，辐射区规划面积3.8万亩。该示范区于2014年开始创建，整合各级财政资金5.23亿元，引导企业、专业合作组织等各类社会资本1.64亿元投入示范区建设，取得明显成效：经过五年多的创建，"十里花卉长廊"核心示范区已初步建成广西最大的花卉苗木栽培基地、最大的花卉苗木交易集散市场、最大的生态园林景观长廊。充分整合社会资源，促进农旅结合。2016年示范区游客接待量超500万人次，实现旅游收入超1亿元。探索推进广村互动，改善群众生活。通过"产村互动、农旅融合"，完成生态乡村建设项目7项，其中建设那安、那井生态综合示范村2个，房屋外立面改造1700多户，污水净化工程4个，安装"十里花卉长廊"主干道沿线130多个苗木场标识牌、大门及周边绿化等配套设施。完成主干道路两侧及村屯绿化美化工程4个，6个村建立清洁乡村长效机制。

（3）经营模式。依托花卉苗木产业，示范区大力发展生态休闲旅游，引导片区企业自筹资金，政府采取以奖代补的方式，建设5个休闲旅游驿站和6个花卉苗木生产经营标准园，进一步完善片区旅游基础设施，推动现代农业产业发展和促进农旅结合；引入计划总投资10亿元的嘉和嘉乐园全域旅游项目，总占地面积2275亩，打造片区农旅结合示范基地。示范区已形成花卉苗木和乡村旅游"两轮驱动"的产业支撑，2016年产值达4.6亿元。花卉苗木种植面积4.1万亩、共117个品种，拥有广西休闲农业与乡村旅游示范点1个，广西三星级乡村旅游区2家，广西三星级以上（含三星）农家乐5家，年接待游客近30万人次。引入专业龙头企业，带动示范发展。示范区入驻企业、苗木场300多家，100亩以上的企业达37家，其中，广西碧湾园林工程有限公司是广西苗木出圃规模最大的园林公司，被认定为2014年广西现代林业产业龙头企业、南宁市第十批农业产业化重点龙头企业。此外，示范区成立了那里安康花卉苗木专业合作社和十里长廊园林花木专业合作社2家专业合作社，成立家庭农场1家，共联结农户1676户。产学多方合作，提高产业质量。与广西大学林学院、广西林科院共建广西珍贵树种培育研究示范基地、广西大学林学院教学与科研基地，在企业推广标准化生产，编写《苗木盘点规定和标准》《苗木生产标准化规范化手册》《苗木种植示范基地苗木种植和养护操作技术规程》等标准化技术；在茶花研究等领域获得 5 项国家发明创造专利和 1 项自治区科技成果，"南宁市园林花卉名优品种选择与配置试验示范研究"被评定为"广西领先水平"项目。

2. 发展方向

将建设的重点从核心区向拓展区、辐射区延伸；同时依托农业产业化龙头企业，探索建设以物联网为基础的智慧农业，促进农业生产、加工、物流、研发和服务等相互融合，形成现代农业产业集群，推动农业全产业链升级。继续拓展和培育农业新业态，提升示范区社会和经济效益。注重发挥示范区技术集成、产业融合、创业平台和辐射带动等功能作用，促进一二三产业融合发展。强化绿色产业支撑，夯实示范基础。

（二）四星级林业类示范区

【案例 7-2-2】北海市银海区罗汉松产业核心示范区（四星级）

1. 建设情况

（1）地理位置。北海位于北部湾海岸，地处亚热带属海洋性季风气候，多温暖湿润气流，冬无严寒，夏无酷暑，地势平坦且排水良好，土壤为沙壤土或沙质壤土，土质疏松透气，微酸性（pH 值 4.2～5.6），非常适宜罗汉松生长，综合生长条件全国最优。银海区位于北海的中南部，下辖福成、平阳、银滩、侨港 4 个镇，总面积 475 平方千米，耕地总面积 27.02 万亩，拥有得天独厚的区位优势，快捷便利的交通网络。银海罗汉松产业核心示范区位于北海市银滩镇，交通便捷，距机场、火车站、客运码头、高速路口均在 10 千米以内。

（2）建设概况。示范区总面积 20000 亩，其中核心区面积 3300 亩，拓展区面积 5200 亩，辐射区面积 11500 亩。目前，示范区内良种覆盖 100% 以上，引进、推广先进技术达 90% 以上，核心区内农民人均纯收入达 14733 元，成为集科研科普、技术培训、种苗繁育、精品展示、休闲农业与乡村旅游于一体的现代化特色罗汉松示范区。

（3）经营模式。示范区的规划建设遵循"增产增效并重，良种良法并举，生产生态协调"的方针，以推进罗汉松产业提质增效，走罗汉松产业区域化布局、标准化种植生产、产业化经营的跨越发展之路为发展目标。根据示范区功能定位及示范区的发展现状，紧紧围绕罗汉松产业的生产示范和休闲农业的主题，结合示范区内的基础条件、生态现状、种植资源的分布状况，把示范区规划建设为"一中心两基地两区一带"的功能分区格局。核心区内有科研单位 2 家，市级龙头企业 1 家，引进、推广先进技术达 90% 以上。

2. 发展方向

在巩固核心区建设的基础上，同时做好拓展区、辐射区建设工作，示范、带动拓展区、辐射区及其周边地区乃至北海市罗汉松产业的发展。进一步拓展示范区的加工物流、休闲旅游、科普教育等功能。按照规模化、组织化、集约化、品牌化、产业化"五化"要求，突出现代农业技术要素，做大做强一批有实力的企业和合作社，努力促进农民增收，推动一二三产业融合发展。

【案例 7-2-3】河池市凤山县核桃产业核心示范区（四星级）

1. 建设情况

（1）地理位置。凤山县核桃产业核心示范区位于凤城镇弄者村，以核桃为主导产业，核心区面积 3200 亩，涉及农户 292 户 1292 人；拓展区面积 5500 亩，涉及凤城镇长峒村、拉仁村、凤凰村、林兰村、良利村 5 个村 1025 户 4086 人；辐射区面积 12000 亩，覆盖凤城镇的巴烈村、恒里村、京里村、松仁村、巴旁村和三门海镇的月里村、坡心村、仁安村共两个乡镇 8 个村 1813 户 7229 人。

（2）建设概况。示范区核心面积 3200 亩；拓展区面积 5500 亩；辐射区面积 12000 亩。示范区建设以"创特色、树品牌、促增收"为目标，以核桃为主导产业、林下种养为辅助产业，打造基础设施完善、生产技术先进、管理科学规范、经营主体高效、农业和文化旅游融合的现代特色林业核心示范区。2012 年，全区核桃产业发展现场会、滇桂黔石漠化片区（广西片区）产业扶贫现场研讨会在凤山召开；2014 年，中国（河池）核桃产业发展研讨会在凤山召开；县核桃科研开发中心与广西大学林学院共同完成的"桂西北岩溶山区泡核桃早实丰产关键技术与应用"获 2012 年度广西科学技术进步三等奖；自主选育出"凤优 1 号"和"凤优 2 号"核桃优良品种，已通过自治区林木良种审定委员会审定；"凤优 1 号"核桃品种在 2013 年 7 月第七届世界核桃大会组委会"三优"评选活动中，荣获"中国优良核桃品种"称号。2016 年 3 月，弄者村核桃基地被国家林业和草原局认定为第二批国家级核桃示范基地。

（3）经营模式。示范区成功探索出了兼顾农民增收与石漠化治理双赢的扶贫产业发展模式——大石山区核桃生态扶贫产业，有效地解决了日益恶化的生态环境问题和贫困山区群众增收难的问题，走出了一条既实现老区群众致富，又促进生态建设的双赢之路。目前，全县核桃种植面积达 33 万亩，是广西核桃种植面积最大的县份，2016 年全县核桃挂果面积 5 万亩，核桃干果产量 1200 多吨，产值 4800 多万元。在凤山的辐射带动下，周边 10 个县市（区）都大力发展核桃种植，现河池市核桃种植面积达 241 万亩。

2. 发展方向

继续探索发展大石山核桃生态扶贫产业，有效地解决日益恶化的生态环境问题和贫困山区群众增收难的问题，继续走一条既实现老区群众致富，又促进生态建设的双赢之路。

【案例 7 - 2 - 4】隆林各族自治县油茶产业核心示范区（四星级）

1. 建设情况

（1）地理位置。隆林各族自治县油茶产业核心示范区规划面积 1.1 万亩，覆盖沙梨乡开冲、岩偿和沙梨 3 村 12 屯。核心区面积 2200 亩，拓展区面积 3300 亩，辐射区面积 5500 亩，其中，新造林 7800 亩，低产林改造 3200 亩。

（2）经济概况。示范区建设总投入 7557 万元，其中 5492 万元用于油茶种植和低产林改造，由三门江林场负责建设；2065 万元用于示范区大门、4700 平方米停车场、200 平方米油茶果收集场、核心区 141 户可视面房屋改造、灌溉排水工程、游览步道、观景平台以及油茶文化体验培训中心等基础设施建设，由隆林县政府负责建设。2019 年 9 月，示范区已完成 270 亩油茶新造林和 406 亩油茶低产林改造，正在备耕 658 亩油茶新造林以及低产林改造 198 亩。示范区采用"良种＋良地＋良法"的方式营造油茶林，使用良种"岑软 2 号"和"岑软 3 号"三年大苗种植，前三年采取除草施肥抚育，预计第六年进入丰产期，每年每亩可产茶油 1000 多斤，产值可达 4400 元以上。改造后的老林，预计 5 年后每年每亩的油茶鲜果产量将达到 1000 斤，每亩增产 800 斤，初加工成茶油后，每亩增产 60 多斤，按每斤 50 元的价格计，年增收 3300 元。

（3）经营模式。示范区采用农户"以林入股、出地合作"的经营模式，在沙梨乡开冲、岩偿和沙梨 3 村共有 503 户农户参与示范区的建设，其中贫困户 153 户。示范区覆盖的 3 个村集体也参与分红，比例为超产部分的 5%。示范区让利群众，无论是新造林还是低改林的收成，农户与村集体的分成比例接近四成，作为投资商，广西隆林裕丰油茶产业有限责任公司的分红比例只有六成。

2. 发展方向

未来还将全力建设示范区油茶文化体验中心，把隆林油茶文化发扬光大，让大众直观了解油茶的种植、生产、加工、销售等全过程。隆林各族自治县是全国仅有的两个各族自治县之一，同时也是国定贫困县，贫困程度深。隆林县紧紧围绕生态扶贫发展理念"做文章"，找准了"病因"对症下药，利用油茶树连片等综合优势，打造万亩油茶产业扶贫示范区，不断探索创新。

（三）三星级林业类示范区

【案例 7-2-5】桂林市临桂区桂林之花特色林业核心示范区（三星级）

1. 建设情况

（1）地理位置。桂林地处低纬地区，属于亚热带季风气候，当地气候温和，雨量充沛，无霜期长，光照充足，热量丰富，夏长冬短，四季分明且水热基本同期，年平均气温 20℃，气候条件十分优越，不仅适宜人们居住，也十分适宜花卉生长。桂林市临桂区桂林之花特色林业核心示范区位于桂林市临桂区北部五通镇内，分布于国道 321 线两侧。

（2）建设概况。桂林市临桂区桂林之花特色林业核心示范区面积 3500 多亩，培育有胸径 10~20 厘米、树干笔直、树冠呈圆球形、高分枝（1.2 米以上）、无病虫害健壮优的桂花树 20 万株；拓展区面积 7000 多亩，分布于五通镇、临桂镇、两江镇，目前种植有胸径 5~20 厘米的桂花树 100 万株；辐射区面积 15000 亩，分布于五通镇、中庸镇、两江镇、临桂镇，培育有胸径 5~20 厘米的桂花树 300 万株。示范区核心区功能分区有：品种展示种植示范园、生态休闲观光种植示范区、刘三姐茶园、桂花苗木交易市场、新农村建设区。桂花种植示范区品种以金桂、银桂为主，占比 90% 以上；四季桂约占 4%；丹桂约 5 万株，约占 1%。十多年来拓展辐射带动周边五通镇、两江镇、中庸镇、临桂镇近万户林农发展桂花苗木生产，圈存 5 厘米胸径以上桂花苗 2000 多万株，年销售收入 3000 万元以上。

（3）经营模式。经营业主由四海园林绿化有限公司（经营面积 1200 多亩）、盛源苗圃等经营面积 200 亩以上的花卉苗木专业户组成。一是由桂林四海园林绿化有限公司、盛源苗木合作社等企业开展桂花种植示范，通过公司线上销售及桂花苗木交易市场线下交易形成桂花为主的绿化苗木产—供—销产业链。二是刘三姐茶园、临桂嘉木茶叶合作社开发生产、销售桂花茶等桂花系列产品。三是发展林下经济，充分利用林地资源，在桂花树下种植十大功劳、麦冬等珍贵药材，以及山杜鹃、红花油茶等矮小灌木绿化苗，带动林农发展增收，延长桂花产业链。四是通过新寨、新建、马鞍、五里桥村新农村建设，改善人居环境，实现城乡一体化。五是利用桂花产业文化和示范区良好生态环境开展休闲旅游。

桂花是桂林的市花，在桂林的种植历史超过千年。临桂区是桂花的原种分布区，有丰富的野生桂花资源，也是桂花的传统栽培区，桂花品种繁多、质地优良，资源十分丰富。1976 年临桂区林科所开始规模培育桂花苗木，1982 年发展到茶洞乡徐村等自然村规模培育，全区城乡村前屋后随处可见桂花大树。到 2005年，桂花种植发展布局基本形成了以国道 321 线、省道 306 线临桂段沿线两旁丘陵山地为主的桂花种植长廊产业密集带，构建了林业和旅游业契合的"百里花卉长廊"。

2. 发展方向

核心示范区按照"五化二结合"提升完善园区功能，修建园区道路、观景平台、品种园、休闲农庄、购物商店、旅游公厕，完成国道 321 线两侧的绿化和彩化，新寨、新建、马鞍、五里桥村新农村建设等基础设施。在自治区、桂林市、临桂区各级党委和政府的关心和支持下，通过基础设施建设和产业扶持，一个集桂花种植、示范、销售，桂花产品加工销售，旅游休闲，林下经济为一体的产业核心示范区已初步形成，未来要进一步推动桂花产业的健康发展，改善生态环境质量，提升乡村生态旅游发展和广大市民生态幸福指数，同时实现林农增收，贫困户脱贫致富。

三、畜禽业类示范区

(一) 五星级畜禽业类示范区

【案例 7-3-1】都安瑶族自治县瑶山牛扶贫产业核心示范区（五星级）

1. 建设情况

（1）地理环境。都安瑶族自治县瑶山牛扶贫产业核心示范区位于都安县地苏镇，核心区总面积 10380 亩，包括大都华牛生态养殖科技示范园、西南冷链仓储物流中心、"粮改饲"高产示范种植区三大片区。依托核心示范区的强大推动力，目前，拓展区域达 8 个乡镇、辐射区域达 11 个乡镇。

（2）建设概况。都安瑶族自治县瑶山牛扶贫产业核心示范区按照自治区级示范区建设标准进行创建，目前，示范区完成道路建设 5 千米，水利建设 1.6 千米，安装专用变压器 3 台，架设专用电线 4 千米，建成牛舍 30 栋 2.76 万平方米，隔离场 5000 平方米，饲料加工厂 7500 平方米；建成现代大型冷链储存库 7438 平方米，特色农产品展示中心 3308 平方米，农产品加工车间 6239 平方米，电子商务中心 5159 平方米，屠宰深加工中心 4100 平方米等，示范区相关设备设施配套齐全，现代要素强，主导产业特色明显，产业链完整，经济效益、社会效益显著。示范区引进广西都安嘉豪实业有限公司，投入资金 3.06 亿元，在示范区实施规模化粮改饲 1 万亩、引进澳洲纯种安格斯、夏洛莱、西门塔尔等优良种牛 6000 多头。示范区还建有兽医室、防疫室、隔离区、检测中心、无害化处理系统、肉牛溯源系统等。同时，建设现代大型屠宰加工厂、主导产业文化展示厅、农产品展示中心、农产品加工车间、大型冷链储存中心、中央厨房加工配送中心、电子商务中心等设施。年可屠宰肉牛 10 万头、肉羊 30 万只，产出牛肉 3 万吨、羊肉 1 万吨以上，产值 30 亿元以上。

（3）经营模式。都安瑶族自治县瑶山牛扶贫产业核心示范区按照"政府扶持、企业牵头、农户代养、贷牛还牛、还牛再贷、滚动发展"的经营模式，引导有劳动能力和有意愿的贫困户通过扶贫小额信贷，每户每年"贷"养 1 头牛犊，进行肉牛的养殖，当饲养的肉牛达到出栏标准时，由贷牛企业按市场价回收。当市场价低于成本价时，企业则按保底价回收，有效规避了贫困户面临的风险，保证了养殖户利益，"贷牛还牛"，贷了还，还了又贷，滚动发展。都安瑶族自治县瑶山牛扶贫产业核心示范区确定贫困户并给予贫困户技术培训，政府、企业为贫困户担保风险，大大地提高了贫困户养殖肉牛的积极性，目前，都安"贷牛还牛"的工程已经覆盖贫困户达 80% 以上，全县的养牛总量已经突破 15 万头，贫困户每年饲养肉牛可增收 6000~7000 元。广西都安嘉豪实业作为示范区的龙头企业，充分发挥带头作用，打造了"公司+合作社+养殖基地+政府+贫困户"的生态养殖模式，形成了养殖、回收、冷链加工、包装物流和互联网营销的闭环产业链，形成持续循环发展模式。如今，都安瑶族自治县瑶山牛扶贫产业核心示范区已经探索出一条现代特色农业发展道路，已成为现代特色农业示范区新标杆。同时，示范区实现了"牛在都安养，肉在全国卖"的寿乡牛品牌。目前，都安的寿乡牛肉已进入北京、上海、广州、深圳等地的 2000 多个超市。

（4）建设特色。都安瑶族自治县瑶山牛扶贫产业核心示范区以扶贫为己任，采用"贷牛还牛"扶贫产业模式，都安一个"贷"字盘活了全县整个一二三产业链。都安瑶族自治县位于广西中部偏西，属全国扶贫开发重点县和滇黔桂石漠化重点治理片区县，总人口72.6万人。全县石山面积占89%，人均耕地面积不足0.7亩，至2015年底，全县仍有贫困人口13.68万人，是广西贫困人口最多、人均耕地最少、贫困程度最深、贫困面最广、脱贫任务最重的县区之一。脱贫攻坚战集结号吹响后，都安坚持创新、协调、绿色、开放、共享五大发展理念，根据山多地少实际，独创了"政府扶持、企业牵头、自养为主、联养为补、改粮种饲、种养结合、保险止损、保底收购、电商促销、冷链保障、滚动发展、持续脱贫"的"贷牛还牛"产业扶贫新模式。都安贷牛还牛延长农业产业链、提升价值链、完善利益链，扩大高附加值农产品出口，健全农产品产销稳定衔接机制，拓宽了贫困群众脱贫致富之路，振兴了乡村集体经济。

2. 发展方向

都安的"贷牛还牛"产业初具规模，出现了贫困户引领非贫困户加入到养牛产业中来的逆转现象。应河池市委、市政府要求，都安县"贷牛还牛"作为河池市"十大百万"扶贫产业的一项重点工程来抓。都安以广西全区开展现代特色农业核心示范区创建为契机，全力打造都安瑶山牛扶贫产业核心示范区，创建河池市最大的瑶山牛养殖繁育基地，打造"大都华牛"国际、国内知名牛肉品牌。

【案例7-3-2】贵港市港南区亚计山生态养殖核心示范区（五星级）

1. 建设情况

（1）地理环境。贵港市港南区亚计山生态养殖核心示范区位于港南区亚计山林场，由农业产业化国家重点龙头企业广西扬翔股份有限公司建设，2015年12月获得第二批广西现代特色农业核心示范区认定，2017年9月被授予"广西现代特色农业核心示范区（五星级）称号。

（2）建设概况。贵港市港南区亚计山生态养殖核心示范区是一个集种猪繁育、猪精制售、饲料生产加工、食品生产加工、养殖设备和兽药销售、科技研发和技术服务等业务为一体的全产业链建设的现代特色农业示范区。区内存栏丹系、美系良种母猪5万头，年出栏生猪115万头；建成全国最大的种公猪站——天梯山种公猪站，年供应良种猪精150万剂；贵港瑞康饲料有限公司建设有全国单厂产能最大的饲料加工厂，年产能达100万吨；贵港市瑞安机械设备有限公司进行高架网床等养殖设备的制造和销售；广西扬翔农大动物保健科技有限公司进行动物保健品研发与销售；亚计山林场是自治区级森林公园，示范区内建设了完善的科研、办公、餐饮、住宿、娱乐设施设备。示范区以扬翔公司为主体，以企业研发中心为平台，与华中农业大学、中山大学等高校共同开发新产品、新技术，加速科技成果转化。研发中心拥有合作院士、教授等高级职称专业人员21人，是生猪良种繁育技术国家地方联合工程研究中心、广西地方猪繁育工程技术研究中心、广西院士工作站，承担国家重点研发计划、国家星火计划、广西科技计划等科研项目十多项，荣获国家和自治区级以上科技奖励4项，培育生猪新品种配套系1个，自主研发了"找一找"移动养殖电商平台。

（3）经营模式。示范区以龙头企业为经营主体，采用"公司＋基地＋农户""公司＋合作社＋农户"的产业化发展模式，养殖户、家庭农场加入合作养殖，按照"统一规划、统一供种、统一供料、统一防疫、统一饲养标准、统一品牌销售"的"六个统一"进行产业化运作，扬翔公司为农户提供猪苗、饲料、药物、疫苗等物料，为农户建立各项管理制度、操作规程，对饲养过程进行全程指导，以高于市场价回收和二次分红的方式保证农户养殖增收。2016年，示范区带动广西区内外503户农户出栏生猪49.44万头，实现产值16.20亿元，为农户增收1.11亿元。示范区积极推进"一十百千万"精准扶贫工程，运用"示范区＋公司＋合作社＋贫困户"的帮扶模式，带动贫困户以土地、劳动力、政府贴息贷款方式入股合作养殖，获得养殖收益，为375户贫困户增收253.8万元，为广西脱贫攻坚工作做出了突出贡献。

2. 发展方向

加大企业科技创新，大力推行清洁养殖、科学养猪大培训，扩大合作养殖范围，建立"互联网＋"智慧养猪电商平台，完善服务体系，挖掘产业功能，拓宽发展平台和效益空间，把示范区发展成为集生产、科研、销售、科普为一体，高集聚度的现代特色农业核心示范区。

（二）四星级畜禽业类示范区

【案例7-3-3】梧州市岑溪市古典鸡产业核心示范区（四星级）

1. 建设情况

（1）地理环境。岑溪属于典型亚热带季风气候区，气候温和、日照充足、雨量充沛，年平均气温21.4℃，年平均降水量1450毫米。年日照时数为2004.7

小时。岑溪古典鸡因生长在独特的地理环境、气候条件、土壤环境中，并用丰足的绿色无公害饲料及传统方法饲养，形成独特的鸡肉味道。

（2）建设概况。产业示范区分南区、北区、专业鸡粪发酵场和附近农民利用林区代养商品肉鸡4个地点。南区建有鸡舍30幢，鸡舍面积12110平方米，安装鸡笼1746.5组，主要饲养商品肉鸡。白条鸡加工车间923平方米，杀鸡自动生产线一套，每小时杀鸡2000羽，配套冰库7间，面积908平方米，制冰机1台，每小时产冰0.8立方米，能同时冰冻1800立方米的白条鸡。670平方米的科技实验楼，内设球虫控制实验室，实验室可月生产自用抗球虫卵100万羽。蔬菜试验基地30亩，可年产各种试验种植新鲜果蔬120吨。北区建有鸡舍15幢，面积17501平方米，安装种鸡笼2000组，可养种鸡15万套和蛋鸡3万只。鸡舍全部采用水帘降温系统及录像监控系统，全程监控各幢鸡舍和鸡饲养生长情况。示范区内设有专门的兽医室、更衣消毒室、集粪房、办公楼、职工宿舍、职工饭堂、职工学习室等。还有会展大厅一个，内设展览厅、录像监控室、投影厅等，示范区内普遍进行绿化美化、道路全部硬化。此外，利用鸡舍与鸡舍之间的空地来发酵鸡粪试种植蔬菜等。鸡粪发酵场占地约30亩，建有原粪堆放区、发酵区、成品堆放区，每年可发酵鸡粪5000吨作有机肥使用。目前，已有1560户古典鸡养殖户与示范区签订保价回收协议，其中，贫困户32户、残疾人4人，免费发放扶贫鸡苗34万羽，支持贫困户资金6.4万元。整个古典鸡产业链带动了3万多名农民参与，农民每年可从古典鸡产业链中获得纯收入超过3亿元。

（3）经营模式。古典鸡产业核心示范区推行"公司＋行业协会＋合作社＋家庭农场＋农户＋客户"的互利共赢经营运作模式，目前，已有岑溪市外贸鸡场有限公司、岑溪市金达家禽专业合作社、岑溪市三黄禽业有限责任公司、岑溪市马路双柏果蔬种植园、岑溪市家禽业协会、李石金蔬菜种植家庭农场先后进入古典鸡产业核心示范区进行运作，此外，还有3000多个养鸡农户、400多家古典鸡饭店及古典鸡经销商等与古典鸡产业核心示范区进行业务对接。

2. 发展方向

岑溪市古典鸡产业核心示范区是利用国家地理标志保护产品——岑溪古典鸡的品牌特色，采用标准化的操作规程和技物配送的运作模式，利用企业的优势、农民的资源和商贩的技巧，把古典鸡的生产、加工、销售建成一条生态循环的古典鸡产业链，让千万农民（包括部分贫困户）在示范园区的带动下得到就地就业创收，整个示范区是按照现代特色农业核心示范区的要求进行建设的。

（三）三星级畜禽类现代特色农业示范区

【案例 7-3-4】北流市伟人山三黄鸡生态养殖核心示范区（三星级）

1. 建设情况

（1）地理环境。伟人山三黄鸡生态养殖核心示范区位于北流市郊西南部的北流镇九代村，紧靠伟人山，核心区总面积 750 亩。

（2）建设概况。北流市严格按照经营组织化、装备现代化、生产标准化、要素集成化、特色产业化"五化"要求，打造伟人山三黄鸡生态养殖核心示范区。该示范区建设了三黄鸡保种选育区、三黄鸡种鸡繁育区、鸡苗孵化区、循环农业种植园、园区综合管理中心，形成"三区一园一中心"建设布局，示范区投资 3000 万元建成 22 栋现代化自动化生产线，现有祖代种鸡 1.2 万套，父母代种鸡存栏 18 万套，年出优质商品鸡苗 3000 万羽，年出栏肉鸡 20 万羽。拓展区位于民安、民乐、山围等镇，直接带动农户 500 多户参与三黄鸡养殖，年出栏优质肉鸡 250 万羽。辐射区位于福绵成均、樟木，北流石窝、六靖、大伦等镇，辐射带动 1200 多户农户参与三黄鸡养殖，年出栏优质肉鸡 350 万羽。示范区总产值 4.8 亿元，养殖户年人均增收 3.8 万元。

（3）经营模式。示范区以三黄鸡养殖为主导产业，经营主体是自治区级农业龙头企业广西北贸农牧有限公司。示范区采用"公司+基地+农户"的经营模式，是广西仅有的两个三黄鸡保种场之一。示范区通过为村民提供押金减免、鸡苗补贴、免费技术、保价回收等服务，带动周边贫困村民脱贫，辐射范围包括北流镇九代村、西埌镇新村、六麻镇六美村等 12 个贫困村，共 800 多户贫困户参与养鸡，解决了贫困户就业问题，贫困户平均年增收 2.86 万元，顺利脱贫摘帽，获得显著的经济效益和社会效益。

2. 发展方向

伟人山三黄鸡生态养殖核心示范区建成国家级畜禽标准示范场，并获评定为国家农产品地理标志保护、国家肉鸡标准化示范场、广西壮族自治区无公害肉鸡养殖基地。示范区通过多种形式，带领全市 800 户贫困户脱贫致富，被评为广西三黄鸡保种选育基地、广西三黄鸡生态循环养殖示范区、广西三黄鸡规模化产业化聚集示范基地、广西特色农业精准扶贫示范基地。

【案例7-3-5】桂林市平乐县车田河肉牛循环农业核心示范区（三星级）

1. 建设情况

（1）地理环境。平乐县车田河肉牛循环农业核心示范区位于平乐县源头镇。示范区以马蹄种植加工为基础、以肉牛特色养殖销售为核心、以种养加有机废弃物资源化开发利用为承接，形成"马蹄—肉牛—有机肥—马蹄"闭合性循环产业链。示范区面积19254亩，其中核心区规模集中连片面积1582亩，拓展区面积4579亩，辐射区面积13093亩。

（2）建设概况。示范区核心区集中连片面积1582亩，围绕"一心五区"进行建设，"一心"即展示培训中心，"五区"即生态畜禽养殖示范区、生态果蔬种植示范区、农副产品精深加工示范区、种养加有机废弃物综合利用示范区、农业休闲观光体验示范区，辐射带动周边区域。按村屯绿化、道路硬化、水源净化的生态乡村建设标准，对核心示范区内农民房屋进行立面改造，硬化进村道路，实施村屯绿化美化，新建垃圾池、垃圾池焚烧炉，同时还配备篮球场、卫生室、图书室及农业科技培训室等。

（3）经营模式。示范区建立以企业为主体、政府作引导、社会力量广泛参与的多元化运行机制，通过财政资金投入、示范区实体经济组织自筹投入、金融贷款和受益群体投入等方式参与示范区建设。企业则通过"公司+基地+农户""公司+合作社+农户"模式，以保底价合同带动农户参与示范区产业建设，实行统一管理，统防统治，确保产品质量，实现增产增收。2016年产马蹄粉2650吨，产值8624万元；年出栏肉牛1126头，产值3563万元；年利达1820万元，上缴税款500余万元。示范区在2016年带动农户6283户（其中贫困户达104户）种植粉马蹄、生态果蔬15312.5亩，亩均效益4000元以上；辐射带动农民进行特色肉牛养殖，每头牛平均收入达5120元。示范区企业为社会提供314个固定岗位，1257个临时岗位，有效地解决了农村富余劳动力的问题，并为农户带来了可观的收益。另外，示范区每年建设及产业发展流转土地超过1万亩，土地流转金600元/年·亩，农户土地流转年收入超600万元。

2. 发展方向

进一步带动桂林市乃至全区农业生产模式的转型提质升级，促进当地农业增效、农民增收，大力宣传示范区循环种养模式和农产品品牌，进一步提高农产品的附加值。

四、水产业类示范区

（一）四星级水产业类示范区

【案例7-4-1】防城港市东兴市京岛海洋渔业核心示范区（四星级）

1. 建设情况

（1）地理环境。东兴市毗邻越南，既沿边又沿海，海水养殖面积6.5万亩，其中对虾养殖面积4.3万亩，年产对虾2.1万吨（产值5.8亿元），具有独特的区位优势和丰富的海洋渔业资源，产业要素集聚、组织化程度高，具有创建示范区的产业基础和良好的生态资源环境。

（2）建设概况。2014年5月，东兴市委、市人民政府按照自治区党委、政府的要求，紧紧围绕促进农业增效、农民增收、农村发展的目标，坚持"政府推动、政策扶持、企业主体、市场运作、多元投入"的发展思路，以潭吉、万尾、巫头3个村为核心区，榕树头为拓展区，竹山、松柏为辐射区创建东兴京岛海洋渔业核心示范区。规划总面积54234亩，其中，核心区面积10068亩，拓展区面积15804亩，辐射区面积28362亩。

（3）经营模式。示范区内有东兴市江源水产养殖有限公司、东兴市鸿生实业有限公司和东兴市鑫祥野生动物养殖有限公司三大养殖企业，有东兴市怡诚食品开发有限公司、东兴市保通冷冻食品有限公司、广西东兴东成品工贸开发有限公司、东兴市恒洋实业有限公司和防城港海盈农产品综合开发有限公司五大加工企业，还有海纳、高效和广莲等44家种养、加工和服务专业农民合作社。养殖品种主要有南美白对虾、石斑鱼、大蚝、文蛤、泥鳅及鳄鱼等，种植的品种主要有莲藕。示范区建设通过抓好"12345"工程，即建设1个万亩南美白对虾海水健康养殖基地、2个高科技养殖加工示范区，打造3个重点合作社、4个特色养殖基地及5个龙头企业，形成海陆联动模式、工厂养殖模式、渔旅两旺模式、精深加工模式、特色养殖模式及标准养殖模式"六个模式"。2015年，核心区农民人均纯收入达到16500元以上，比拓展区高10%，比辐射区高20%，比全市高30%。到2016年，海洋渔业总产值将达16亿元以上，占农业总产值的85%以上。

2. 发展方向

整合资金，完善核心区水电路等基础设施建设，以及虾塘改造和疫病统防统治、检测等技术改造提升项目建设。进一步推动防城港市海洋渔业特色产业化、装备设施化、生产标准化、农业要素集成化及经营组织化"五化"提升。

【案例7-4-2】钦州市钦南区虾虾乐核心示范区（四星级）

1. 建设情况

（1）地理环境。示范区位于钦州市郊的钦南区尖山镇横丰村，毗邻茅尾海高速公路出口，交通便捷。核心区面积3300亩，拓展区面积5000亩，辐射区面积10000亩。建成有特色水产养殖基地、稻田种养基地、休闲农业观光旅游基地等功能区。

（2）建设概况。一是建成鑫农智能水产养殖示范基地。主要功能是对虾种苗繁育、泥鳅鱼种苗繁育和成品对虾养殖，利用物联网、"互联网＋"、现代生物工程与自动化农机等先进技术紧密结合的新型水产智慧养殖系统，通过建设标准化太空棚、生态循环养殖池、水质在线监控物联网系统、自动控制制氧增氧设备、自控补光设备、水质自动处理设备、自动投饵设备、养殖废弃物循环利用设备、智能展示等设施设备，实现生态养殖、电子监控、工厂化生产智能管理。二是建成标准化对虾养殖基地。通过合作社统一组织，带动农民开展标准化对虾养殖，实现了苗种选用、养殖池建设、饲料投喂、疾病防治和养殖污水处理等标准化生产管理。三是建成了稻虾鱼套养基地。通过家珍种养专业合作社等农业经营主体，带动开展小块并大块和土地流转，配套建设三面光水渠、田基等设施，实施230亩稻虾（鱼）套养，完善了基地道路、排水系统等基本设施。四是建成欢乐农庄生态休闲观光园，占地面积500亩，集生态开发、休闲观光、农业生产、科普教育、技术示范等功能于一体，主要建成项目有休闲采摘莲雾基地300亩、瓜果观光长廊6000米、特色种养文化展示区等农业展示基地。配套建成亲水娱乐、游泳嬉水、集体活动、乡村音乐广场等服务设施。

（3）经营模式。创新农业生产经营模式。通过组织成立5个专业合作社，把农户的田地集中起来，统一租赁后分包经营开展对虾养殖、水果蔬菜种植等生产活动，吸收农民就业，提高农业效益，增加农民收入。带动新农村建设。在尖山镇横丰村，完成房屋立面改造119户，道路硬化绿化1.5千米，建设了篮球场、凉亭以及卫生室、农家书屋、远程电化室等功能服务室，建成垃圾焚烧炉1座、垃圾池3座。建有家禽集中圈养区，初步呈现了"设施完善，村容整洁，环境优美，管理科学"的新农村风貌。

2. 发展方向

进一步巩固核心区建设，同时做好拓展区、辐射区建设工作，示范、带动拓展区、辐射区及其周边地区产业的发展。进一步拓展示范区功能。按照规模化、组织化、集约化、品牌化、产业化"五化"要求，突出现代农业技术要素，努力促进农民收入，推动一二三产业融合发展。

【案例7-4-3】防城港市港口区红树林海洋渔业核心示范区（四星级）

1. 建设情况

（1）地理环境。防城港市港口区依托企沙半岛区域丰富的海洋渔业资源和产业基础，结合大东沙边海生态经济带的总体规划布局，打造以光坡镇沙螺寮村、红沙村为核心的防城港红树林海洋渔业核心示范区。

（2）建设概况。该示范区是一个以大蚝、网箱鱼、标准化池塘养殖为主导产业，以对虾池塘标准化示范养殖为主要特色，集种苗培育、海水养殖、海产品加工、水产品交易、滨海休闲旅游于一体的综合性经济示范区。示范区规划建设九大功能区，总投资13.05亿元，资金筹措方式以企业自筹为主。示范区自2014年6月启动建设以来，共整合投入资金9.67亿元，其中财政投入6355万元。目前，该示范区已形成红沙、沙螺寮核心区面积7100亩（其中，对虾池塘标准化养殖示范区1000亩，网箱养殖示范区100亩，大蚝养殖区6000亩），辐射区面积10000亩，拓展区面积15000亩。2016年核心区经营收入157530万元，其中，大蚝119000万元，网箱鱼36200万元，对虾2330万元，辐射带动周边4415户农户增收致富。

（3）经营模式。港口区通过优先在示范区开展土地确权，积极培育新型农业经营主体，有序流转土地，引进新品种、新技术、新模式，大力发展标准化养殖，推进现代农业发展。目前，示范区已培育引进农业企业5家，发展农民专业合作组织21家，有序流转农民土地2000多亩。核心区鑫润养殖基地建设一个占地1000亩的"渔光互补"项目，计划总投资7.6亿元，拟建总装机容量80兆瓦的光伏发电站和825亩的循环水工厂化养殖基地。同时，充分利用养殖塘水面的上层空间架设光伏板组件进行光伏发电，利用光伏板组件具有遮挡、通风、降温的功能在光伏板组件下方的池塘进行工厂化循环水鱼虾养殖，形成上可发电、下可养殖的"一地两用、渔光互补"科学发电和养殖新模式。

2. 发展方向

在巩固核心区建设的基础上，同时做好拓展区、辐射区建设工作，示范、带动拓展区、辐射区及其周边地区产业的发展。按照规模化、组织化、集约化、品牌化、产业化"五化"要求，突出现代农业技术要素，做大做强一批有实力的企业和合作社，努力促进农民增收，推动一二三产业融合发展。

（二）三星级水产业类示范区

【案例7-4-4】大化瑶族自治县红水河生态渔业核心示范区（三星级）

1. 建设情况

（1）地理环境。示范区距离北景镇政府所在地8千米，按照核心区、拓展区、辐射区三个层次进行建设。其中，核心区建设总面积3000亩，区域涉及北景镇的那色村和汉达村；拓展区建设总面积5500亩，区域涉及北景镇的六华村和江栋村；辐射区规划建设总面积12000亩，区域涉及北景镇的平方村和京屯村。

（2）建设概况。核心区主要依托岩滩水电站北景大库湾淹没区的地理条件，按照经营组织化、装备设施化、生产标准化、要素集成化、特色产业化的"五化"基本要求，突出"社区、园区、景区"三区合一的发展思路，重点打造生态渔业养殖主导产业，建设集休闲垂钓、养生度假和山水文化体验于一体的现代特色农业核心示范区，2019年示范区被自治区人民政府授予"广西现代特色农业核心示范区（三星级）"称号。目前，示范区已累计投入资金9384.9万元，主要完成1200亩淡水生态养殖示范基地建设，配套建设7000多平方米的综合接待服务中心、2700平方米的鱼饲料拌混厂、6.9千米道路硬化、变压器2座、电线6.5千米、示范区入口大门、停车场、游客服务中心、渔业文化展示馆和飞鱼广场等项目。

（3）经营模式。核心示范区主要采取"公司＋合作社＋基地＋贫困户"的经营模式，产业发展坚持健康养殖、无公害标准化生产理念。并引进广西大化百里河谷休闲养殖投资有限公司入驻置业，同时，培育有大化县音圩合龙水产养殖专业合作社、大化县龙岛水产养殖专业合作社、大化汉达鸿海养殖专业合作社、大化北景富农养鱼专业合作社4家专业合作组织，共同主导示范区生态渔业养殖产业的运作与经营。示范区投放草鱼、鲤鱼、鲢鱼、大头鱼、罗非鱼、黄蜂鱼、银鱼、江鳅鱼8类鱼苗共450万尾，辐射带动全镇510户1800多人参与红水河水面网箱养殖。2019年核心示范区共销售各种名优水产品1184吨，销售收入达3150多万元。

2. 发展方向

进一步推动大化特色产业化、装备设施化、生产标准化、农业要素集成化及经营组织化"五化"提升。进一步巩固核心区建设，不断完善发展拓展区、辐射区，进一步增强示范区扶贫作用，引导大批农民走向市场实现增收，增强示范带动作用。

【案例7-4-5】防城港市防城区珍珠湾海洋渔业核心示范区（三星级）

1. 建设情况

（1）地理环境。广西北部湾地处我国大陆岸线的最西南端，是一片由热带向亚热带过渡的海区。该海域渔业生物资源丰富，沿海滩涂面积1000多平方千米，近海达到Ⅰ类海水水质标准。防城港市珍珠港湾现代海洋牧场示范区被列为第二批国家级海洋牧场示范区，总投资概算约8亿元，规划面积4万多公顷，目前一期工程基本完工，逐步走上"耕海牧渔"生态型渔业发展道路。

（2）建设概况。示范区以白龙村为核心区，以珍珠湾抗风浪网箱养殖示范基地为依托，规划面积500亩，拓展区面积1000亩（潭西村）、辐射区面积1600亩（新基村）。目前，示范区引进和培育广西蓝湾渔业有限公司投入资金2300万元，在白龙村沿海发展离岸深水抗风浪网箱基地500亩，养殖网箱48口，其中，s120m网箱33口，s60m网箱15口，养殖水体约23万立方米，配套大型养殖船只1艘，其他生产船只5艘，育苗标准鱼排2880平方米，养殖金鲳鱼200万尾，示范区年生产销售金鲳鱼1000吨，产值约2500万元。

（3）经营模式。示范区主要以池塘刈虾、金鲳鱼离岸深水抗风浪网箱养殖为特色产业，示范区建设实行"政府引导、市场运作、合作社主体、农户参与"的机制，引导示范区现有的企业积极参与建设，加大资金投入，提升示范区养殖无公害标准化、设施化、清洁化水平。发展珍珠湾沿岸对虾标准化规模养殖基地2个，养殖面积共2200亩，其中，位于拓展区潭西村万松组对虾养殖基地面积600亩，位于辐射区新基村克溪组对虾养殖基地1500亩。江山镇潭西村万松组红树林青蟹生态养殖基地面积200亩，新基村海滩涂大蚝生态养殖基地300亩。

2016年1~8月，示范核心区白龙村农民人均纯收入11778元，拓展区农民人均纯收入10873元，辐射区农民人均纯收入10397元，江山镇农民人均纯收入9937元。核心区农民人均纯收入比拓展区镇高8.32%，比辐射区高13.28%，比江山镇高18.53%。

2. 发展方向

集成应用设施化生态健康养殖、无公害和绿色食品养殖管理技术，加快推进"三品一标"产地认定和产品认证，建立产品质量安全追溯体系，打造规模化、标准化生产示范基地，进一步提升示范区综合生产能力。

五、休闲农业类示范区

（一）五星级休闲类农业示范区

【案例7-5-1】南宁市武鸣区伊岭溪谷休闲农业核心示范区（五星级）

1. 建设情况

（1）地理位置。南宁市武鸣区伊岭溪谷休闲农业核心示范区位于南宁市武鸣区双桥镇，毗邻南武城市大道，坐拥花花大世界和伊岭岩风景区。

（2）建设概况。示范区规划面积30883亩，包括核心区面积6660亩、拓展区面积10850亩、辐射区面积13373亩。示范区引进13家企业合作，累计完成投入4.17亿元，火龙果作为主导产业，示范基地3050多亩，柑橘、葡萄等特色水果3500亩，水稻、玉米、蔬菜育种500多亩。示范区坚持"高起点规划、高标准建设、高水平管理"的方法，按照"大产业促进、大生态保护、大景观建设、大文化发展"的规划理念，整合了伊岭地区范围内的大量旅游文化资源、自然生态资源和生产建设资源，建设特色水果采摘园、农事体验园、火龙果技术示范园、花卉种植观赏园等，成功打造了环伊岭生态休闲度假圈，成为南宁市节假日游客休闲放松的首选之地。

（3）经营模式。示范区采用"五化"联动模式建设。一是运行组织化。引进"广西佳年农业"等19家农业企业作为示范区经营主体，吸纳农民专业合作社、6家家庭农场作为示范区的创建力量。二是装备设施化。通过园区道路、喷灌系统、温室大棚、休闲旅游等基础设施，完成土地流转5711亩，道路硬化12千米、机耕路40千米、水利9千米、水肥一体化设施2230亩，为示范区的基础设施建设奠定了物质基础。三是生产标准化。根据当地情况制定技术生产规定，以促进科技进步的转化，加强农业生产区的管理，建立和完善农产品质量和安全性追溯体系，并引导经营者采用品牌战略。注册了"卉芜园林"和"佳年"品牌商标，取得了红心火龙果绿色食品 A 级产品证书，共同打造农产品品牌。四是技术集成化。突出新品种、新技术、新模式的引进、集成、消化、应用和展示，推广软枝大红、日本朱槿、阳光玫瑰等 15 个新品种；完成佳年火龙果科技示范园农民田间培训学校建设，聘用高级经营管理人才 12 人为示范区提供指导。大力推广先进的耕作方法，例如水肥一体化滴灌、植物病虫害的防治以及冬季的花卉栽培，农产品优良率和标准化生产技术覆盖率均达到 100%。五是特色产业化。按照"特色化、生态化、效益化、规模化"要求，投资 3.07 亿元，创建千亩火龙果标准化种植示范园区、农耕体验、科普教育、婚纱摄影等基地 400 多亩，带动周边村屯 2000 户农户发展多种经营。

2. 发展方向

在接下来的新业态工作中，示范区进一步结合"美丽武鸣·生态乡村"建设活动，以"两个示范"推进主导产业向产业化发展。建成碧田原垂钓园和农耕文化园、伊岭岩溶洞旅游、卉芜园林花海、佳年火龙果科技示范园补光展示区、花果山水果采摘园等休闲农家乐区，实现示范区特色产业化。

（二）四星级休闲类农业示范区

【案例 7 - 5 - 2】南宁市青秀区花雨湖生态休闲农业核心示范区（四星级）

1. 建设情况

（1）地理位置。南宁市青秀区花雨湖生态休闲农业核心示范区创建于 2015 年 4 月，位于南宁市南阳镇施厚村，距市中心 35 千米，地理位置优越，交通便捷。

（2）建设概况。示范区规划总面积 32093 亩，包括核心区规划面积 5593 亩，拓展区面积 8500 亩，辐射区面积 18000 亩，建有红心火龙果标准化示范基地 700 亩，四季蜜芒 200 亩，生态淡水养鱼 400 亩，生态奶水牛标准化养殖基地 329 亩，林下养鸡 200 亩，累计完成投资 5.06 亿元。示范区与多家企业形成合作伙伴关系，成立农民专业合作社 3 家、家庭农场 3 家，建设了古岳坡文化艺术村，餐饮、住宿、公厕、停车场等配套服务设施不断完善，生态村建设焕然一新。示范区的建成，辐射带动周边农户积极发展种植火龙果等其他优质水果。在拓展区的二田村新建设了500亩百香果标准化示范基地、建设了"广西农夫的菜"有限公司电商精准扶贫示范点和"百香鸡"养殖示范基地。

（3）经营模式。示范区积极发展"旅游+"的经营模式，推动"景镇联合、景村一体、景产联动"的旅游发展模式，引导鼓励周边农户参与示范区的建设和经营。示范区以花雨湖及古岳文化艺术村为中心，拓展农业的休闲、文化、旅游等功能，积极推进示范区开发建设乡村旅游、养生度假、文化教育与传承等项目，为所在村改造民居150多栋，建设民俗文化展示厅、古笛纪念馆、村史陈列室、图书室、公共服务中心、农家乐和民宿接待等公共设施和服务设施，引进了一批艺术家及文化创作企业，建立了摄影、油画、石版画等文化艺术创作表演工作室，在提高示范区知名度的同时，也增加了企业的效益和农民的收入。

2. 发展方向

完善示范区建设，进一步增强示范区扶贫作用，为附近村民提供更多的就业岗位，帮助解决当地贫困问题，示范区建设发展为附近村民提供就业岗位近百个，安排贫困人口23人，开展扶贫小额贷款300万元，使54户贫困户脱贫，引导大批农民走向市场实现增收，增强示范带动作用。

【案例7-5-3】贵港市港南区四季花田休闲农业核心示范区（四星级）

1. 建设情况

（1）地理位置。贵港市港南区四季花田休闲农业核心示范区位于港南区湛江镇，区内风景秀丽，发展休闲农业的优势明显。

（2）建设概况。示范区规划建设面积4398亩，投资5.09亿元，周期为5年（2016~2020年），以"农业立园、生态强园、旅游富园"为指导，种植果树、景观植物3500多亩，建设了桃花园、樱花园、荷花园、油葵园四大园区，其中，鹰嘴桃1000多亩，桂花梨200亩，桑果50亩，樱花350多亩，柑橘500亩，子莲600亩，水生花卉300亩，油菜花、油葵和格桑花共500亩。自2015年2月开工建设以来，通过多渠道筹集资金，累计投入1.96亿元，游客服务中心、大门、桥梁、木长廊凉亭、叠山书院等一批观光设施已经基本完善，园区主干道、机耕道、观光道等路网体系完善，电网、通信配套齐全，无线信号实现全覆盖，示范区基础设施建设能够满足农业生产、休闲旅游和居民生活需求。

（3）经营模式。示范区坚持以文化旅游为核心，提升和丰富核心区内涵，积极弘扬客家文化、荷文化、布山文化，改造了135座具有岭南客家风情的民居，建成叠山书院、客家民居群、客家博物馆、布山长廊等一批文化配套设施。四季花田所在的平江村荣获国家第四批美丽宜居村庄示范称号，在节假日期间，会组织民间艺术表演、农事体验游戏、亲水捉鱼等活动，2015年至今累计吸引游客约70万人次。示范区以农业生态景观和乡土人文景观资源为依托，已形成了"春看桃花夏采莲，秋有油葵冬落樱"的休闲农业发展格局。

2. 发展方向

进一步提高示范区带动作用，与农户构建"群众参与、利益共享"机制，拓展农民增收渠道，示范区建设全部竣工后，预计可以创造就业岗位650个，引导农户经营农特产品、旅游纪念品，开设农家餐馆、农家旅馆等，将组织更多的贫困农户进行工作，从而增加农民收入。

【案例7-5-4】鹿寨县寨美一方都市休闲农业核心示范区（四星级）

1. 建设情况

（1）地理位置。鹿寨县寨美一方都市休闲农业核心示范区位于广西壮族自治区柳州市香桥岩溶国家地质公园，邻近中渡古镇。

（2）建设概况。示范区规划面积1.95万亩，其中，核心区面积3500亩，拓展区面积6000亩，辐射区面积10000亩。主要以林地为主，耕地大部分较为集中，居住用地伴山伴水而建，风景宜人，可以根据现状用地，对农业产品进行因地制宜的分布。"四区一廊"是示范区的核心区，即400亩中渡古镇民俗文化体验区、860亩"祥荷乡韵"农业观光休闲区、1260亩稻花香里水稻产业试验示范区、740亩香桥生态休闲养生区以及贯穿以上"四区"的十里休闲长廊。通过模块化布局、区域化联动、整体式推进，盘活了以特色农业种植区为中心的旅游优势资源。

（3）经营模式。示范区立足瓜果蔬基地、洛江风光、中渡响水、石林，打造成集瓜果蔬采摘、梅花鹿养殖观赏、特色美食、骑行、休闲旅游为一体的十里休闲长廊。示范区集农业种植与选育，农产品及副产品加工，科普教育，农产品示范与销售，创意农业和旅游观光、森林养生于一体，深深地融合了农业、旅游与文化，是节假日放松的好去处。核心区的"一带一廊一区"空间格局——滨江游览带、特色民宿体验走廊、美丽乡村示范区，是旅游发展的重要区域：联动农业资源、现有农户、山水资源等，打造农田环绕之中的特色旅游公园，并带动农户发展旅游、就业、致富。

2. 发展方向

当地的旅游发展基础较好，邻近香桥岩溶国家地质公园、中渡古镇，多元的文化资源，十分适宜生态农业与旅游产业的渗透与融合，将大力拓展娱乐观光、休闲旅游、文化体验客源市场。同时，依托旅游市场、联合电商平台，不断扩大农产品市场范围，让当地的优质生态农产品走向全国，实现"农业＋""旅游＋"的协同发展。

（三）三星级休闲类农业示范区

【案例 7-5-5】广西农垦荔乡新光休闲农业核心示范区（三星级）

1. 建设情况

（1）地理位置。广西农垦荔乡新光休闲农业核心示范区位于灵山县陆屋镇新光农场。

（2）建设概况。示范区于 2015 年启动规划创建，共投资 8.5 亿元，规划面积达到 32650 亩，其中，核心区面积 4050 亩、拓展区面积 8000 亩、辐射区面积 20600 亩。示范区内桂味生态园和桂味休闲园种植桂味荔枝 2000 亩，实施"六统一"生产管理标准，采用水肥一体化灌溉技术，安装变频式诱杀虫灯，建立了产品全过程质量追溯系统，产品品质得到市场的充分认可，被誉为中国最好吃的荔枝。同时，示范区配套完善了游客中心、自行车道、休憩亭、宣传展示牌、科普栏、游泳池、大风车观景台、荔枝元素路灯、生态餐厅、荔枝采摘园、花海等休闲农业设施。

（3）经营模式。示范区引进了广西丰乐生态农业有限公司、灵山县超达农业发展有限责任公司、灵山县小凤水果种植合作社等公司入驻。目前，农场和经营主体已经完成投资 3.5 亿元，全力打造核心区"三园一镇一中心"，即桂味生态园、荔枝休闲园、百果采摘园、荔乡特色小镇、综合管理中心，重点实施建设桂味生态园和桂味休闲园，全园种植主要品种是荔枝中的佳品桂味荔枝，注册品牌商标"新光桂味"。全园按照"六统一"管理标准，采用水肥一体化灌溉技术和设施设备，安装变频式诱杀虫灯物理防治，实施开展质量追溯，全程开展质量追踪。安装荔枝元素路灯，建设休憩亭、宣传展示牌、游泳池、大风车观景台等基础设施，实现科普教育、休闲养生、农旅结合、以旅强农的创新发展模式。迄今为止，该园区已实现营业总收入 5100 万元，接待了各地超过 30 万人次的游客。带动周边桂味荔枝种植面积超过 2 万亩，辐射带动周边村民种植沃柑 7000 多亩，解决劳动就业 800 多人，辐射带动效应明显。

2. 发展方向

荔乡新光休闲农业核心示范区通过了国家现代农业庄园初评，已经成为广西首个荔枝主题休闲生态旅游的种植示范园，是农业农村部荔枝标准化生产示范园联盟成员，其桂味荔枝产业园具有全国最大的连片种植规模、最齐全的设备、最先进的综合技术。园区将继续保持目前发展态势，努力打造成为国家现代农业庄园。

第八章 广西现代特色农业示范区 建设评价分析

农业是经济社会稳定可持续发展的基础，中国一直以来就十分重视农业的发展。在过去十几年中，农业现代化一直是国内外学者研究的热点，特别是我国的农业现代化发展状况。在各种评价方法中，通过建立指标评价体系进行现代农业发展水平评价是较为常见的做法，这种方法的优点是可以通过数据的采集有效核算出某地区、某一时间节点的现代农业发展水平，也可以进行某一段时期的农业发展水平比较。但是，该方法也存在一定的缺陷：第一，在建立指标体系时易过于主观，或者是指标的选取不够全面、不够有代表性。比如偏重经济指标，忽略了社会指标和生态指标。第二，在进行测算时，一些评价指标要由数据间接得出，难以直观反映某一方面农业发展水平。因此，在建立现代农业评价指标体系时，既要选取与农业生产直接相关的指标，又要综合考虑社会效益和生态效益，设置合理指标，从而更好地贴近现代特色农业的发展内涵和发展要求。

第一节 广西现代农业评价体系的构建

一、评价的基本原则

衡量农业生产是否高效的最简洁的方式就是评价投入产出比情况，但在倡导生态文明的今天，发展现代特色农业必须考虑社会效益和生态效益，并不仅以经济效益为唯一指标。因此，我们进行现代农业发展水平评价时，要遵循以下六个原则。

（1）具有指导性和前瞻性。评价体系的构建既要符合现代农业发展的基本特征和要求，又要结合广西现代农业产业发展的未来方向，并反映到指标体系中。

（2）具有科学性和客观性。一个评价体系是否能够客观评价当地现代农业发展水平，最重要的是科学确定目标值和权重。

（3）具有系统性和全面性。一方面，在设计指标体系时要考虑到现代特色农业涉及的各个方面，对其存在的内在联系进行研究分析，注重指标的全面性。另一方面，在涉及指标层级时，要考虑到与上一层级的层次性，关联性强度，从而实现指标体系的系统性。

（4）具有可比性。指标的统计口径应保持一致且可比较，指标既具有横向可比性也应具有纵向可比性。

（5）具有阶段性。通过研究其他省市的文献资料，将现代农业的发展划分为准备阶段（<30）、起步阶段（30~50）、初步实现阶段（50~70）、基本实现阶段（70~90）和实现阶段（90~100）。

（6）具有可操作性。一方面，指标数据来源要可靠且容易获取，优先选用国家认可公布的官方统计数字。另一方面，设计指标时应尽量选取较为成熟和公认的指标。

二、指标体系的构建

根据前文对现代农业的认识，结合现代农业有效利用资源，效益全面的本质特征，从农业土地资源、农业劳动力资源、农业水资源、农业物资资源和农业技术资源5个方面选择评价指标。

第二节 广西现代农业评价的方法
——多指标综合指数法

一、具体指标体系构建

（一）指标体系设置

国内学者对于如何运用多指标综合指数法进行现代农业评价已有诸多研究及

论述，本节主要考察广西整体现代农业发展水平与其他省市和全国水平的比较，因此，引用了陈俊宇等（2014）在评价湖南省现代农业发展水平时采用的指标体系并考虑广西的实际进行细节调整，建立起由三大要素模块（一级指标）、18项二级指标构成的现代农业评价指标体系。

1. 农业生产条件

一是有效灌溉率，即指在一定时间内有效灌溉面积占总体耕地面积的比重，它体现了农业水利设施建设和使用的水平，直接影响农业生产；二是单位耕地面积农机总动力，它直接体现了一地区农业机械化发展水平；三是汽车通村率；四是电话通村率，反映的是现代化水平下必备的生产条件；五是农村人均固定资产投资额；六是劳均经营耕地面积，体现单个劳动力可管理土地面积水平的高低，劳均耕地面积越高，代表现代化农业发展水平越高。

2. 农业生产效率

一是单位耕地面积农作物产量，是农作物总产量与耕地面积的比值，可以反映农业科技水平和管理水平；二是单位耕地面积农业产值，是农业产值与耕地面积的比值；三是劳均农业增加值，反映了单个劳动力对农业产值的贡献程度；四是畜牧业增加值占农业总增加值的比重，反映当地畜牧业发展的重要程度；五是服务业增加值占农业总增加值的比重，反映了一个地区农业社会性服务发展水平。

3. 农业保障水平

一是森林覆盖率，遵循经济发展与生态良好和谐统一的基本原则，反映了一地区生态环境状况；二是农民人均纯收入，它直接反映了一地区农业发展水平的高低，通常情况下，农业现代化水平高的地区农民人均可支配收入较高；三是人均粮食、肉类、水产品产量，这三个指标体现的是农业最根本也是最重要的作用，保障人民生活；四是农村人均农业产值和农村人均农业增加值，体现了单个劳动力的农业贡献程度。

通过对反映现代高效农业三个方面能力指标的选择，已基本形成了广西现代高效农业的评价指标体系。其基本框架为三大类18个指标，如表8-1所示。

（二）指标权重确定

采用层次分析法和专家打分的方法确定各评价指标权重。在广泛听取各方面意见的基础上，由相关专家对指标权重进行打分。应用层次分析法综合计算各指标的权重系数，以此来确定研究中所设计的18个指标的具体权重值。

表 8 - 1　现代农业评价指标体系

一级指标	二级指标	解释说明	单位
农业生产条件	有效灌溉率（Z_{11}）	有效灌溉面积/耕地总面积	%
	单位耕地面积农机总动力（Z_{12}）	农机总动力/耕地总面积	千瓦时/公顷
	汽车通村率（Z_{13}）	通汽车村数/村（居）委会个数	%
	电话通村率（Z_{14}）	通电话村数/村（居）委会个数	%
	农村人均固定资产投资额（Z_{15}）	农户固定资产投资额/农村总人口数	元
	劳均经营耕地面积（Z_{16}）	耕地总面积/农业从业人员数	公顷/人
农业生产效率	单位耕地面积农作物产量（Z_{21}）	农作物总产量/耕地总面积	吨/公顷
	单位耕地面积农业产值（Z_{22}）	农业产值/耕地总面积	万元/公顷
	劳均农业增加值（Z_{23}）	农林牧渔增加值/农林从业人员数	元/人
	畜牧业增加值占农业总增加值的比重（Z_{24}）	畜牧业增加值/农林牧渔业增加值	%
	服务业增加值占农业总增加值的比重（Z_{25}）	服务业增加值/农林牧渔业增加值	%
农业保障水平	森林覆盖率（Z_{31}）	林地面积/国土面积	%
	农民人均纯收入（Z_{32}）	农民人均纯收入	元
	人均粮食产量（Z_{33}）	粮食总产量/人口总数	千克/人
	人均肉类产量（Z_{34}）	肉类总产量/人口总数	千克/人
	人均水产品产量（Z_{35}）	水产品总产量/人口总数	千克/人
	农村人均农业产值（Z_{36}）	农林牧渔业总产值/农村人口总数	元/人
	农村人均农业增加值（Z_{37}）	农林牧渔业增加值/农村人口总数	元/人

二、评价指标的处理与测评

（一）数据的标准化处理

由于无法对现代农业评价指标体系中所涉及的不同属性、不同量纲的指标作比较，需要作标准化处理，即无量纲处理。数据标准化处理的方法有多种，如标准值法（SODS）、六级分段赋值法和最好状态值法等，采用标准值法对相关指标进行标准化处理，计算公式为：

$$A_{ki} = X_i / X_0 \qquad (8-1)$$

其中，A_{ki} 是第 k 项一级指标的第 i 项二级指标的标准数值，X_i 是第 k 项一级指标的第 i 项二级指标的实际值，X_0 是第 k 项一级指标的第 i 项二级指标目标值。为了便于要素指标的考察，将等于或高于指标现值的标准值规定为 1。

（二）评价指标的计算

$$Y_k = \sum_{i=1}^{mk} w_{ki} A_{ki} \qquad\qquad (8-2)$$

$$Y = \sum_{i=1}^{n} f_k Y_k \qquad\qquad (8-3)$$

把式（8-3）代入式（8-2）得：

$$Y = \sum_{i=1}^{n} f_k Y_k = \sum_{i=1}^{n} f_k \sum_{i=1}^{m_k} w_{ki} A_{ki} \qquad\qquad (8-4)$$

式（8-4）是现代农业发展水平评价模型，其中，Y 为综合评价指数，Y_k 是第 k 个一级指标的数值，n 为一级指标的总数量，f_k 为第 k 个一级指标的权重，W_{ki} 为第 k 个一级指标中第 i 个二级指标的权重，A_{ki} 为第 k 个一级指标中第 i 个二级指标的数值，m_k 为 k 个一级指标中第 i 个二级指标的数量。

根据表 8-1，3 个一级指标分别用 Y_1、Y_2、Y_3 表示，再根据二级指标的权重可以得出：

$$Y_1 = 16.667 A_{11} + 16.667 A_{12} + 16.667 A_{13} + 16.667 A_{14} + 16.666 A_{15} + 16.666 A_{16}$$

$$Y_2 = 22.807 A_{21} + 22.807 A_{22} + 22.807 A_{23} + 15.79 A_{24} + 15.789 A_{25}$$

$$Y_3 = 8.434 A_{31} + 19.277 A_{32} + 15.663 A_{33} + 14.458 A_{34} + 13.253 A_{35} + 14.457 A_{36} + 14.458 A_{37}$$

$$Y = 0.3 Y_1 + 0.285 Y_2 + 0.415 Y_3$$

Y 即为现代农业的综合评价指数，反映现代农业发展所处的阶段。

三、广西现代农业发展水平测算

（一）纵向发展水平测算

选择 2014 年和 2018 年对广西现代农业纵向发展水平进行测算比较，以 18 项二级指标的实际值作为样本，应用现代农业发展水平评价模型对现代农业发展水平进行测算。

（二）横向发展水平测算

横向发展水平比较对象，主要选择三个方面：一是全国层面；二是同级沿海现代农业较发达的山东省和广东省；三是同属于民族区域自治地区的内蒙古自治区和同属于边疆省区的黑龙江省。应用现代农业发展水平评价模型对 5 个评价对象 2018 年的现代农业发展水平进行测算。

四、结果与分析

(一)纵向对比结果分析

1. 总体发展水平

测算结果如表 8 - 2 所示,2014 年广西现代农业综合评价值 Y 是 40.673,2018 年广西现代农业综合评价值是 54.101,相较于 2014 年提高了 13.428。从 2014 年到 2018 年广西现代农业发展水平实现了质的飞跃,按照发展阶段划分,是从起步阶段发展到初步发展阶段。

表 8 - 2 2014 年、2018 年广西现代农业发展水平测算结果

一级指标	二级指标	原始数据		标准值		评价值	
		2014 年	2018 年	2014 年	2018 年	2014 年	2018 年
农业生产条件 (Y_1)	有效灌溉率 (X_{11})	0.220	0.247	0.259	0.291	4.323	4.851
	单位耕地面积农机总动力 (X_{12})	4907.383	6243.219	0.245	0.312	4.090	5.203
	自来水通村率 (X_{13})	0.851	0.848	0.851	0.848	14.191	14.133
	宽带通村率 (X_{14})	0.858	1.001	0.858	1.001	14.293	16.685
	农村人均固定资产投资额增速 (X_{15})	-0.009	2409.625	-0.150	1.205	-2.500	20.079
	劳均经营耕地面积 (X_{16})	0.312	0.239	0.312	0.239	5.199	3.988
	Y_1	—	—	—	—	39.595	64.940
农业生产效率 (Y_2)	单位耕地面积农作物产量 (X_{21})	21.941	26.618	0.731	0.887	16.680	20.236
	单位耕地面积农业产值 (X_{22})	4.589	4.550	0.510	0.506	11.629	11.530
	劳均农业增加值 (X_{23})	279.984	843.568	0.008	0.024	0.182	0.550
	畜牧业增加值占农业总增加值比重 (X_{24})	-2.733	-0.267	-0.091	-0.891	-1.438	-14.063
	服务业增加值占农业总增加值的比重 (X_{25})	-1.788	0.102	-0.179	1.017	-2.823	16.064
	Y_2	—	—	—	—	24.231	34.317
农业保障水平 (Y_3)	森林覆盖率 (X_{31})	0.428	0.624	0.855	1.247	7.212	10.521
	农民人均纯收入 (X_{32})	13654.000	12435.000	0.683	0.622	13.160	11.985
	人均粮食产量 (X_{33})	274.276	242.587	0.457	0.404	7.160	6.333
	人均肉类产量 (X_{34})	85.287	75.409	0.853	0.754	12.331	10.903
	人均水产品产量 (X_{35})	28.430	58.622	0.355	0.733	4.710	9.711

一级指标	二级指标	原始数据		标准值		评价值	
		2014 年	2018 年	2014 年	2018 年	2014 年	2018 年
农业保障水平（Y_3）	农村人均农业产值（X_{36}）	16580.728	20021.370	0.553	0.667	7.990	9.648
	农村人均农业增加值（X_{37}）	206.342	858.605	0.013	0.052	0.181	0.752
	Y_3	—	—	—	—	52.744	59.853
	广西现代农业综合评价值 Y	—	—	—	—	40.673	54.101

资料来源：《广西统计年鉴》。

2. 农业生产条件

2014 年综合评价值为 39.595，2018 年综合评价值为 64.940，这表明了在农业生产条件上广西取得了较大的进步，从起步阶段发展到初步发展阶段。从具体指标来看有三个指标实现增长：有效灌溉率从 2014 年的 4.323 提高到 4.851；单位耕地面积农机总动力从 4.09 提高到 5.203，农用机械总动力从 2014 年的 4907.383 千瓦时提高至 6243.219 千瓦时；涨幅最大的是农村人均固定资产投资额增速，由 2014 年的 -2.5 提高至 2018 年的 20.079，实现了跨越式增长。

3. 农业生产效率

2014 年农业生产效率综合评价值为 24.231，2018 年农业生产效率综合评价值为 34.317，农业生产效率从准备阶段发展至起步阶段。具体来看，有三项指标实现了增长：一是单位耕地面积农作物产量由 21.941 吨增加到 26.618 吨，单位面积产量增加 5 吨左右。二是劳均农业增加值由 279.984 元增加至 843.568 元，由于农业产值基本没有变化，所以这一大幅增长的主要原因是农村从业人员的减少，由 2014 年的 3152400 人降低至 2018 年的 2495710 人，减少了 656690 人，从一个侧面说明单个劳动力管理土地能力提高，这得益于农业机械化水平提高。三是服务业增加值占农业总增加值的比重进一步提升，由 2014 年的负增长转变为正增长，这进一步说明，随着农村从业人员减少，机械化水平需求越来越高，在农村农业生产中社会性服务发展越来越快，一部分农业劳动生产将由一家一户独立完成转变为部分甚至全部的社会化托管服务。

4. 农业保障水平

2014 年农业保障水平综合评价值为 52.744，2018 年综合评价值为 59.853，仍处于初步发展阶段，少有提升。其中，森林覆盖率由 2014 年的 42.6% 提高到 2018 年的 62.4%，生态效益显著。人均水产品产量由 28.430 千克提高到 58.622

千克。农村人均农业增加值由 206.642 元提高到 858.605 元。从保障水平来看，广西农业发展稳中求进。

（二）横向对比结果分析

1. 总体发展水平

测算结果如表 8-3 所示。从测算结果看，2018 年广西现代农业发展水平高于全国水平，低于内蒙古和山东。

表 8-3　2018 年广西与全国及其他四省现代农业发展水平测算结果

一级指标	二级指标	广西	全国	广东	黑龙江	内蒙古	山东
农业生产条件（Y_1）	有效灌溉率（X_{11}）	4.851	8.069	8.134	7.574	6.760	12.443
	单位耕地面积农机总动力（X_{12}）	5.203	0.005	4.732	3.199	3.293	11.480
	汽车通村率（X_{13}）	14.133	13.500	15.000	15.334	13.470	15.950
	电话通村率（X_{14}）	16.685	16.000	16.667	16.667	13.975	16.667
	农村人均固定资产投资额增速（X_{15}）	20.079	14.166	-12.615	-50.831	-28.888	3.333
	劳均经营耕地面积（X_{16}）	3.988	13.649	5.498	43.754	21.199	4.024
	Y_1	64.940	65.389	37.416	35.697	29.809	63.898
农业生产效率（Y_2）	单位耕地面积农作物产量（X_{21}）	20.236	4.951	5.065	4.337	4.681	15.023
	单位耕地面积农业产值（X_{22}）	11.530	9.387	18.296	5.814	4.134	15.656
	劳均农业增加值（X_{23}）	0.550	1.366	19.827	0.407	1.536	0.534
	畜牧业增加值占农业总增加值的比重（X_{24}）	-14.063	-8.225	-0.234	-222.712	28.724	-14.070
	服务业增加值占农业总增加值的比重（X_{25}）	16.064	19.046	0.962	60.423	1.760	51.729
	Y_2	34.317	26.525	43.915	-151.731	40.834	68.872
农业保障水平（Y_3）	森林覆盖率（X_{31}）	10.521	4.442	9.886	8.133	3.728	3.331
	农民人均纯收入（X_{32}）	11.985	14.089	16.547	13.305	13.304	15.708
	人均粮食产量（X_{33}）	6.333	12.308	3.279	51.937	36.606	13.822
	人均肉类产量（X_{34}）	10.903	8.936	6.845	9.461	15.248	12.299
	人均水产品产量（X_{35}）	9.711	7.667	14.687	2.741	0.912	14.203
	农村人均农业产值（X_{36}）	9.648	9.704	4.432	17.882	15.225	9.143
	农村人均农业增加值（X_{37}）	0.752	0.660	5.034	0.219	1.593	0.455
	Y_3	59.853	57.806	60.711	103.679	86.616	68.961
	现代农业综合评价值 Y	54.101	51.166	48.936	10.492	56.526	67.417

资料来源：国家及各省统计年鉴。

2. 农业生产条件

2018 年广西农业生产条件综合值为 64.940，在 5 个评价对象中仅次于全国农业生产条件综合值，略高于山东，远高于广东、黑龙江、内蒙古。从具体指标分析，造成这一差别的主要原因是 2018 年广西农村固定资产投资额增速高于全国水平为 20.079。对比相邻的经济较为发达的广东省和沿海农业较为发达的山东省，广西近年来对农林牧渔业固定资产的投资力度较大，这也符合广西现代农业从起步阶段发展到初步发展阶段的发展趋势。

3. 农业生产效率

2018 年广西农业生产效率综合值为 34.317，处于发展阶段中的起步阶段，同期，5 个评价对象中，山东综合评价值最高为 68.872，黑龙江综合评价值最低为 -151.731。从具体指标来看，广西单位耕地面积农作物产量最高为 20.236，这与广西当地的一年两至三熟的农业种植条件密不可分。除内蒙古外，各评价对象畜牧业增加值占农业增加值的比重指数出现负数，这一指标是显著影响各评价对象农业生产效率综合值的因素，造成这一现象的原因，一是当地产业结构的调整，二是全国范围内产业的布局优化。

4. 农业保障水平

2018 年广西农业保障水平综合评价值为 59.853，高于全国水平，低于广东、内蒙古、黑龙江和山东。从具体指标看，广西森林覆盖率最高为 10.521；农民人均纯收入最低，但差距不大；人均粮食产量远低于黑龙江和内蒙古，但与广东、山东差距不明显；同样作为临海省份，人均水产品产量低于山东和广东；人均农业产值与全国基本持平，低于黑龙江和内蒙古。

第三节　广西现代特色农业示范区与各地现代农业发展水平关联性分析

一、评价方法的选取

在上一节中，我们运用多指标综合指数法分析了广西现代农业发展水平，鉴于广西独特的地理气候优势、丰富多样的农业发展类型，本节采用因子分析法评价广西现代特色农业发展水平，以尽量减少原始信息损失为前提，化繁为简，增强评价体系的客观性、科学性、可预测性。

（一）评价指标体系的构建

选取农业生产条件、农业生产效率、社会和生态效益 3 个一级指标，由单位面积农用机械总动力、劳均农业生产总值、森林覆盖率等 14 个具体指标组成广西现代特色农业发展水平评价指标体系，如表 8 - 4 所示。

表 8 - 4　现代特色农业发展水平评价指标体系

一级指标	二级指标	指标编号	单位
农业生产条件	单位面积农用机械总动力	X_1	千瓦/公顷
	单位面积化肥使用量	X_2	吨/公顷
	有效灌溉率	X_3	公顷
	农村用电量	X_4	千瓦
农业生产效率	劳均农业生产总值	X_5	元
	劳均牧业生产总值	X_6	元
	劳均渔业生产总值	X_7	元
	单位耕地面积农作物产量	X_8	吨/公顷
社会和生态效益	森林覆盖率	X_9	%
	农村居民人均可支配收入	X_{10}	元
	人均粮食拥有量	X_{11}	千克/人
	人均肉类拥有量	X_{12}	千克/人
	人均水产品拥有量	X_{13}	千克/人
	人均蔬菜拥有量	X_{14}	千克/人

（二）数据来源

本节所用基础数据主要来源于《广西统计年鉴》（2019）、各地市统计局官方网站公布的统计数据。

二、结果与分析

（一）数据的标准化处理

由于各指标的单位和量纲不同，对数据进行无量纲标准化处理，采用的标准化方法为 Z - Score 标准化。将通过标准化处理后的数据代入 SPSS 25.0 统计软件进行统计分析。

（二）公共因子提取

在进行因子分析前首先检验数据是否适合因子分析，通过 KMO 检验和巴特利特（Bartlett）球度检验发现，显著性水平小于 0.05，表明样本数据可用于因子分析。通过因子方差累计贡献率可知，前四个公因子旋转载荷平方和达到 84.942% 且特征值大于 1，因此，这 4 个公共因子可解释原始数据中大部分信息。根据正交旋转后的因子载荷矩阵得出，4 个公因子分别反映了广西现代特色农业发展水平的四个不同的方面：公共因子 F1 在 X_1 单位面积农用机械总动力、X_2 单位面积化肥使用量、X_3 有效灌溉率指标上载荷较大，这在一定程度上反映各市农业科技发展水平；公共因子 F2 在 X_9 森林覆盖率、X_{14} 人均蔬菜拥有量、X_{13} 人均水产品拥有量指标上载荷较大，这些指标反映的是农业生产中的环境友好程度；公共因子 F3 在 X_5 劳均农业生产总值、X_8 单位耕地面积农作物产量指标上载荷较大，这些指标反映的是各市农业生产效率；公共因子 F4 在 X_{10} 农村居民人均可支配收入、X_{12} 人均肉类拥有量指标上载荷较大，这些指标反映的是农业发展对生活质量的影响。通过因子分析，我们可以得到的结论是：影响广西现代农业发展水平的四个方面因子是农业科技因子、环境友好因子、农业效率因子和生活质量因子。

（三）因子模型求解

利用 SPSS 25.0 软件算出各因子得分系数，根据因子得分系数矩阵建立因子得分模型，取各主因子的方差贡献率为权数，代入标准化后的数据，得出广西 14 个地级市现代特色农业发展水平评价得分，综合评价得分公式为：

$$F = 0.35F1 + 0.28F2 + 0.21F3 + 0.17F4$$

（四）因子结果分析

如表 8-5 所示，通过因子分析我们得到了广西 14 个市现代特色农业发展水平综合评价得分。从结果来看，各市得分差距较大。得分最高的是防城港市，综合得分为 3.436448340，得分最低的是河池市，综合得分为 -0.791643549；两者相差 4.228091889。从各个因子来看，防城港市在农业科技因子上得分最高，说明在 2018 年防城港市注重农业基础设施投入，同时农业生产效率也有所提升。在环境友好因子上，桂林市得分最高，这与桂林市为旅游城市，森林覆盖率水平高，环境较好有关。农业生产效率因子得分最高的是崇左市，说明崇左市农业发展较为成熟。生活质量因子得分最高的是玉林市，说明该市农民生活水平较高，可支配收入高，畜牧业发展较好。

表8-5 广西各市现代特色农业发展水平综合评价得分

城市	F1	F2	F3	F4	F	排名
防城港市	3.11604	-0.63961	0.30797	0.52166	3.436448340	1
桂林市	0.08712	2.44317	-0.03462	1.15258	1.291463138	2
梧州市	0.75648	0.34456	-0.50426	-0.88968	0.942898375	3
贺州市	0.44183	1.01852	-0.34465	-0.83324	0.857869975	4
柳州市	0.05832	-0.05239	0.89331	-0.48041	0.499787679	5
来宾市	-0.41683	0.12813	0.94471	-0.41964	0.095531617	6
崇左市	-0.77407	-0.0433	2.33933	-0.52039	0.02928939	7
南宁市	-0.75699	0.45734	0.31065	0.84928	-0.078507668	8
北海市	-0.26100	-1.91386	0.59954	1.25974	-0.108860770	9
钦州市	-0.45108	-0.08998	-0.24077	0.43216	-0.110157216	10
百色市	-0.25941	0.16944	-0.70780	-1.03672	-0.189005855	11
玉林市	-0.52780	-0.07829	-1.46969	1.32685	-0.296915594	12
贵港市	-0.63995	-0.94056	-1.02160	0.53912	-0.682524339	13
河池市	-0.37266	-0.80317	-1.07210	-1.90130	-0.791643549	14

三、广西现代特色农业示范区与各地现代农业发展水平关联性分析

如表8-6所示，对广西各市2018年示范区发展情况进行统计，结果显示2018年只有河池市发展了一个五星级示范区，发展示范区最多的地级市是桂林市，其次是玉林市和河池市。发展现代特色农业示范区最少的地级市是来宾市和防城港市，各为两个。从发展的类别看主要集中于种植业和休闲农业。将前文得到的2018年各市现代特色农业发展水平综合得分与各市示范区发展情况做成折线图，如图8-1所示，更清晰地显示出了现代特色农业发展水平。

从折线图可以看出，代表三星级示范区数量的折线和代表示范区总数的折线基本呈同趋势变动，这表明，三星级示范区在示范区总数上占据了主体地位，也表明各地目前现代农业特色示范区发展水平总体不高。代表四星级示范区数量的折线变动趋势较为平缓，说明在这一年各市的中等级别示范区发展水平相近。将代表各市现代特色农业发展水平的评价指数折线与其他折线相比较，发现评价指

表 8-6   2018 年（第七批）广西各市现代特色农业示范区发展情况统计

城市	三星级个数	四星级个数	五星级个数	示范区总数
南宁市	3	2	0	5
桂林市	6	2	0	8
柳州市	2	3	0	5
玉林市	4	3	0	7
贺州市	1	2	0	3
贵港市	1	2	0	3
河池市	4	2	1	7
来宾市	1	1	0	2
崇左市	4	1	0	5
北海市	2	1	0	3
钦州市	2	1	0	3
百色市	3	1	0	4
防城港市	1	1	0	2
梧州市	3	0	0	3

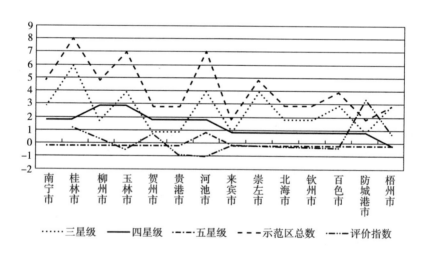

图 8-1   2018 年各市评价指数与示范区数量折线

数曲线与各星级示范区数量曲线并不总是同趋势变动。例如防城港市评价指数曲
线出现峰值，而对应的示范区数量折线却呈下降趋势。再例如河池市综合评价得
分最低，但各级示范区数量呈现迅猛增长态势。观察折线图可以发现评价得分曲

线相对于其他示范区数量折线变化趋势存在明显的滞后性。结合上一节我们得出的 4 个影响因子分析，可以得出以下结论：

第一，各市现代特色农业发展水平相对于示范区发展呈现滞后性，这符合现代特色农业示范区发挥的带头作用和示范作用。

第二，现代特色农业发展水平高低并不直接决定某一地区示范区发展水平。这主要有两方面原因：一方面，农业科技投入特别是农业基础设施投入并不是一次性的，有的城市发展早、投入早，后期投入会趋于平稳，而有的城市起步晚，后发优势明显，这就造成了某一统计口径内难以完全全面地反映一个城市累计的农业科技投入水平。另一方面，受政策及地方发展思路的影响，在比较重视发展现代特色农业的地区，会重点培育有前景的示范区以达到区域带动的目的，这就解释了为什么有的综合评价得分低的地区反而示范区数量较多。

第三，广西各市的现代农业特色示范区的发展目前仍处于较为基础的阶段，即以三星级居多。从结合因子分析的结果来看，这是因为目前各地的现代特色农业发展仍局限于基础设施和农业科技投入上，还未走到与环境相适应、与群众生活品质需求相结合的下一阶段。这也与前文广西整体处于现代农业发展初级阶段的实际情况相吻合。

第九章　广西现代特色农业
示范区未来发展探讨

第一节　广西现代特色农业示范区建设对策建议

一、培育新型农业经营主体，鼓励龙头企业融资

培育新型农业经营主体是推进现代特色农业示范区产业升级、带动产业扶贫的桥梁。广西全区上下要进一步提高思想认识，加大经营主体培育力度，加快构建和完善新型农业经营服务主体财政支持体系，进一步落实支持政策，引导新型农业经营主体健康快速发展，为更好地建设广西现代特色农业示范区奠定基础。

首先，建议政府加大对鼓励培育新型农业经营主体的政策宣传力度，为其发展营造良好的发展环境。相关行政部门要加强对典型事例的宣传力度，通过宣传成功者的经验以及创业经历，辐射带动更多的有志青年投身农业创业，投身于建设现代特色农业示范区。这不仅能为社会带来更多的就业机会，给农民带来更丰厚的经济利益，还会给示范区带来更广阔的发展空间。政府要把新型经营主体培育发展规划纳入市县年度考核的重点内容中，形成责任倒逼，提升乡镇政府助力经营主体培育的执行力。

其次，现代特色农业示范区应完善新型农业经营主体的利益分配机制，积极探索"主体经营、带动发展、保底分红"等利益分配方式，打造"示范区＋企业＋合作社＋农户"的利益共同体，推广"农业主体＋基地＋贫困户"的帮扶

联结模式，通过各类农业经营主体进行奖励激励等措施，鼓励经营主体带动低收入群体。鼓励小农户将土地流转给示范区经营主体，用以发展多种形式的适度规模经营。

最后，政府应培育一批具有明确产业支撑、市场竞争力强的农业型企业，使之入驻示范区，成为示范区产业化经营的龙头企业，为广西现代特色农业示范区建设提供资金投入。龙头企业是新型经营主体的骨干力量，扶持壮大龙头企业是发展示范区的必经之路。同时，广西区政府应坚持科教兴农战略，准确把握市场需求和导向，结合当地区域产业特点及优势，积极发展一些具有高新技术、市场前景广阔的农业科技型企业，鼓励示范区与有优势的科研院所进行交流合作，抓科技示范基地建设。在政府的引导和扶持下，扩大科技型农业企业的生产规模，提高农产品科技含量及附加值。推进示范区农业信息化建设进程，提高互联网在现代农业中的作用，龙头企业利用信息技术改造传统农业，逐步引导示范区与国际化接轨。同时，政府应大力发展农民专业合作经济组织作为经营主体的有力补充，以"龙头企业 + 农户""龙头企业 + 合作社 + 农户"等模式为主导，提高农业产业合作化水平，有效地规避或减少资金融资不足风险。

二、促进三产融合，形成完整产业链、供应链、价值链

促进三产深度融合是发展现代特色农业示范区的重要路径，也是探索中国特色农业现代化道路的必然要求。确定各产业在产业链条中所处的位置，是将传统农业与第二产业和第三产业深度融合的关键。加强农业与其他产业的有机融合，加强全产业链环节深耕细作和上下游产业融合发展，促进生产、加工、销售各个环节增值，重点打造升级粮食、糖料蔗、水果、蔬菜、油茶、优质家畜、渔业以及优质家禽、蚕桑、中药材、茶叶、食用菌等一批千百亿元的现代特色农业产业集群，形成广西现代特色农业产业新体系。促进一二三产业融合，完善产业链、供应链、价值链，让农户享受更多的二三产业增值收益。

通过多路径来促进广西一二三产业融合发展。第一，加强农业生产的工业化水平。鹿心社书记多次强调"要以工业化理念发展现代特色农业，前端抓好技术支撑，中间抓好生产组织，后端抓好市场营销，要延长农业产业链，引导多元经营，打造更多'桂'系特色品牌，提升农业价值链，实现农业转型升级、提质增效"。分析柳州螺蛳粉产业化发展过程，给了我们很多启示。加快农业产业化，一定要转变思想观念，创新理论水平，聚合产业化发展各类要素，用工业化的思

维来发展农业，着力提升产业链，打造优势特色产业集群。逐步提升现代特色农业示范区内高新科技设备和生产设施装备水平，实现"五化"，即生产工厂化、装备设施化、控制自动化、管理数字化和全程智能化。在农业生产的各环节推广使用新型农业机械，农业综合机械化率达 60% 以上。促进农业生产与新科技成果相融合，有效地提高农业整体的生产效率和产品品质。

第二，打造一批农产品加工集聚区。推动全区建成一些带动作用大、辐射能力强的自治区级、市级、县级农产品加工集聚区。广西各地市分别建成 1 个或 1 个以上自治区级农产品加工集聚区，各县（市、区）分别建成 1 个以上县级或县级以上农产品加工集聚区。以加工集聚区为载体，大力培育引进农产品加工龙头企业。

第三，示范区通过打造"农业 + 乡村旅游"模式，大力发展休闲农业旅游等经营形式，充分发挥农业在农耕教育、生态观光、文化体验、健康养老等方面的功能。示范区结合广西地方农业的历史文化特色，将其与农业其他功能相结合，实现农业的多元化发展以获得更多的附加价值。广西大力发展休闲农业，重点打造一批休闲农业示范区、乡村旅游产业带，推出一批乡村旅游精品线路，力争成为全国休闲农业和乡村旅游强省区。

第四，加快推进广西农村电子商务发展，完善农村电子商务基础设施和健全农产品的电子商务标准体系。广西应创新"互联网 +"电商营销模式，打通、拓宽农产品供应上行渠道。深入实施特色优势农产品出口提升工程，推动全区水果、蔬菜、茶叶、水产品等特色优势农产品出口海外市场。实施"广西农业品牌达人培养计划"，充分利用新闻媒体作用，与今日头条等国内互联网龙头企业联合培养网络营销师，为广西粉丝百万人以上的农业品牌推介达人颁发证书，培育一批电商网络营销师，鼓励引导更多社会力量参与市场营销。打造广西现代特色农业示范区农产品供应链，搭建"互联网 + 农业"公共服务平台，完善示范区内农业生产、加工、包装、流通效率，完善各个产业链条。示范区与淘宝、苏宁、京东等电商平台合作，开发农产品"线上 + 线下"新的销售模式。

第五，创建一批现代农业园区。发挥示范区的先导引领作用，加快推进现代农业产业园、农业现代化示范区、田园综合体、特色农产品优势、农业产业强镇等创建，形成一批建设内容高度统一、考核要素全面融合、产业链条完整齐备的现代农业园区。

三、通过多种渠道提升农产品品牌的创建，创新销售渠道

针对广西的农产品的品牌不够响、品质还不够高、缺少高端精品的问题，可以通过多种渠道提升农产品品牌的创建。首先，加强广西各地区土地合理有序流转，建立健全土地流转机制，严格按照土地流转形式，实现特色农产品的规模经营，更好地促进品牌农业发展，应按照流转形式实施程序合法化，规范土地流转合同。鼓励示范区扩大优质农产品基地，促进品牌农业发展。其次，努力打造广西地方区域性名特优产品品牌，如"武鸣沃柑"等，通过龙头企业重点打造当地农产品。再次，加大对特色农产品的宣传，从宣传示范上引领品牌农业发展，充分利用互联网资源，拓宽农产品品牌宣传渠道，进一步提高农产品品牌的社会知名度及社会影响力，同时，也要注重农产品本身的质量与安全，对农业标准化农产品品牌和农产品质量安全知识的宣传，时刻注意消费者对品牌本身的反馈情况，以便更好地促进优质农产品的健康消费。最后，提升示范区科技水平，增加农产品的科技含量，推进农业技术推广以及农业科技创新进程，加快科技成果转化和推动品牌农业发展。

广西大多数农产品销售渠道还集中于农贸市场、超市等线下销售，而农产品的销售是广西现代特色农业示范区的主要收入来源，推进农产品交易方式的创新能够为广西现代特色农业示范区创造更丰厚的收入。大力推进农村电商的建设，发展特色农产品网上电子商务贸易刻不容缓。与传统农业线下贸易相比，农产品线上销售具有范围广、受众群体大、交易透明化、成本低等优势，还能解决农产品易腐、储藏周期短等自身特点所引起的流通问题。因此，建立完善农产品物流配套系统十分必要，并且应逐步提高农产品配送效率，简化为由生产者经配送中心到达零售终端。

四、加强生态环境保护，秉持绿色发展理念

（一）积极开展有经济效益的生态修复

牢固树立"绿水青山就是金山银山"的发展理念，坚持绿色生态导向，推行绿色生产方式。示范区要严格按照绿色食品、有机食品标准和国际通行的农业操作规范，全面实施标准化生产。推进打造有特色的环境友好型工业，废弃落后产业，对一二三产业进行生态化改造，将产业化和生态化紧密联系在一起。地方应着力打造特色农业、绿色工业，在保护生态环境的前提下进行产业发展，使两

者达到平衡发展。进行生态修复少不了资金投入，充分合理利用资金，切实开展投入产出分析，达到在生态修复过程中投入有回报的效果，更要注重培育和丰富乡村发展的内涵。倡导有社会责任心的企业进行资金投入，为对乡村"绿水青山"的恢复和维护工作贡献力量。同时，落实化肥、农药使用量负增长行动，减少农药、农作物化肥使用量，使其利用率达到45%以上。推广应用病虫害绿色防控技术，推广集约化生态种养模式和"微生物＋"生态养殖模式，强化秸秆和畜禽粪污资源化利用，农牧废弃物综合利用率达85%以上，坚持绿色兴农的理念，积极开展全区范围的生态修复。

（二）地方政府要加强对一二三产业发展的宏观监控

经济发展绝不能以破坏环境为代价，要切实保护广西全区的绿水青山，秉持绿色的理念进行经济发展。习近平总书记说过，推进农业绿色发展是农业发展观的一场深刻革命。现代特色农业示范区与生态环境协调发展是一个系统工程，政府必须扮演好统领者的角色，充分发挥好监督协调作用。广西壮族自治区生态环境厅依照法律和法规对全区生态环境保护工作实施统一监督管理。一方面，要做好乡村生态环境和一二三产业之间的协调发展规划。在严格执行规划的前提和指导下实现两者的良性互动。另一方面，鼓励发展有特色、有优势的绿色产业。"绿水青山"要变成"金山银山"，就要让产业发展符合环境保护的原则，鼓励发展"一村一品"，避免区域农产品进行同质化恶意竞争，促进各地在竞争中找准位置、突出特色，依托本村特色农产品资源，将绿色资源变成生态产品。同时，政府还要建立奖罚机制用来监督和保护生态品牌。

五、培养专业人才，强化人才机制

现代特色农业示范园区的发展离不开各领域专业人才的高效集聚，园区要积极吸纳各个层次的外来人才，在示范区的建设发展中要充分发挥各领域人才的优势，为示范区未来发展共同努力，促进园区经济发展。

首先，加强农业人才的引进机制，示范区打造一支高水平的经营管理队伍，引进一批具有硕士以上学历或高级职称的管理人才。制定有科学管理制度和规范的操作流程，主要从业人员经过职业技能培训。重视对年轻干部的选拔培养。其次，将示范区人才奖励激励与绩效考核综合考虑，工作人员的薪水绩效与贡献度挂钩，实行多劳多得的奖励制度，着重奖励生产效率高、销售能力强、科技研发能力高的人员。再次，对示范区的农民进行教育培训，更好地实行示范区标准化、产业化。最后，要重视人才的全面性，保证现代特色农业示范区中各个岗位有与之匹配的技术人才、管理人才和销售人才，避免任何一个方面出现人才缺失的短板。

第二节　广西现代特色农业示范区保障体系探讨

一、组织保障

政府领导要切实认识到示范区建设是加快农业转型升级的重要举措，加强组织领导。市委、市政府建立主要领导小组，市级相关部门负责人作为小组成员。领导小组下设办公室，具体负责示范区建设组织、协调和管理。各镇（街道）要建立相应机构，明确职责分工，落实工作责任，形成完备的领导体系和责任体系。成立现代特色农业示范区管委会，配置相关人员，负责示范区建设日常管理工作。把示范区的重点建设任务，细化分解到各个相关部门，把责任落实到具体负责人。创建自治区级示范区，由自治区会同各市、县共同组织实施。

二、资金保障

建立稳定的农业投入增长机制，整合各类支农资金，统筹用于示范区建设；同时，通过制定优惠政策，吸引社会和个人资金，鼓励其他社会资本为示范区建设投资，积极争取多方面资金支持，形成多元化的投入机制。自治区财政统筹粮食及农林业优势特色产业扶持资金、现代农业发展资金、支持新型经营主体资金、产业发展基金、农业信贷担保资金等，将示范区内符合条件的涉农项目作为优先支持项目，予以倾斜支持，并对贫困地区的示范区项目进一步加大扶持力度。市、县财政也要统筹相关涉农资金进行配套扶持。

三、政策保障

自治区政府应进一步明确用地政策，强化保障措施，原自治区国土资源厅印发《关于进一步加强广西现代特色农业示范区用地支持的指导意见》（以下简称《意见》），《意见》提出了明确现代特色农业示范区的用地范围，在用地保障方面给予了示范区大力支持。《意见》提出对现代特色农业示范区内的建设用地项目审批开辟绿色通道，保证用地审批效率。全区各市、县（市、区）发挥好政府的领导和引导作用，整合财政支农资金，保障资金对示范区投入精准到位。各级财政部门要对示范区重点领域和环节进行精准扶持，实行绩效管理，将奖惩与实绩挂钩，提高支农资金的使用效益。全区要采取多种鼓励方式，引导社会资本和信贷金融投入示范区建设，使财政资金的作用和效应达到最大化。区政府要保证用水、用地、用电、信贷金融、农业保险等扶持政策向示范区倾斜。

四、科技保障

加强现代特色农业示范区科技人才队伍建设，打造好 4 支队伍，即国家现代农业产业技术体系广西创新团队、市级农科院所队伍、县域作物试验站科技队伍、基层农技推广队伍，形成区、市、县、乡四级联通的科技协同、创新协同体系；遴选培养一批高水平首席专家、功能专家和综合试验站站长；加大对新型农民培训力度，开展多种形式的人才培训班，向农民传授新技术，提高农民的经营水平。大力发展设施农业，充分发挥机械化在示范区的重要作用。加快科技与农业产业化融合发展，实行农业科技推广体制，增强科技成果转化应用能力，把科技贯穿于全产业链各环节。对于广西农作物的主要疾病如柑橘黄龙病、香蕉枯萎病进行重点研究，加快对甘蔗收获机械化、农产品精深加工、生态种养等农业关键技术攻关；创建一批高标准现代农业科技展示推广中心、成果转化中心、示范基地和科技示范户。积极促进农业信息化建设，利用信息技术改变传统农业，深度挖掘农业生产的潜在价值。深入实施"互联网＋"现代农业工程，在农业领域大力推广应用物联网、大数据、云计算等现代信息技术。

五、物流保障

首先根据市场需求，合理调整农业结构，增加名特优新农产品，满足消费者多方面的需求，提高市场竞争力。其次加快专业蔬菜交易市场和信息服务体系的建设。再次通过成立农产品流通组织或流通协会，培育和组织大批具有经济实力和推销经验的经纪人及运销大户直接参与农产品销售，搞活产品流通。最后加快果蔬保鲜、冷藏、加工等产后体系的建设，延长产业链，提高产品附加值，扩大产品销售范围，有效地避免因季节性过剩等带来的风险。

六、品牌保障

加强示范区内的特色农产品品牌建设，利用示范区内的优质农产品资源，进行品牌打造。乡村单一农产品品牌很难在国内乃至国际市场上打开知名度，加强区域公用品牌建设则可以为域内产品在市场上增强竞争力。区域公用品牌建设不仅是为域内农业产品打造名片，更是对农产品品质的全面提升。以"绿色生态、长寿壮乡"为基础，打造一批"桂"字号广西特色农产品区域公用品牌、农业企业品牌、农产品品牌。加大广西名特优农产品品牌"广西好嘢"的宣传推介力度，进一步将广西农业品牌推向全国和全世界。精心培育壮大百色芒果、荔浦芋头、灵山荔枝、南宁香蕉、融安金橘、横县茉莉花、梧州六堡茶、钦州大蚝、永福罗汉果、柳州螺蛳粉、富川脐橙等一批"桂"系国家级和自治区级农业品牌。坚持绿色食品加工标准，打造一批在全国具有较大知名度的"桂"字号富硒农产品品牌，争取让更多的广西农产品在全国榜上有名。深度挖掘广西农业品牌文化故事，寻找农产品的历史文脉，塑造广西农产品之"魂"，将文化故事孕育于产地、产业、产品中。讲好每一个"桂"字号农业品牌故事，挖掘品牌之"根"，以故事沉淀品牌精神，提升农业文化品牌价值。加大广西农产品宣传力度，积极在中央电视台投放广西农产品区域品牌宣传广告，加大对广西特色农产品包装宣传，组织打造一批极具文化内涵和精彩故事的广西特色农产品品牌。鼓励企业申请注册特色农产品商标，带动新型农业经营主体发展特色优质安全高效现代农业，发展一批有影响力的农产品品牌。

现代特色农业示范区是一个综合复杂的发展模式，真正的现代特色农业示范区，对"农业—工业—旅游业"的综合运营的要求非常高，要体现全局性、长期性、品质性。在现如今高速发展的时代，农业现代化的发展也体现出现代特色农业示范区存在的必然性，它的到来必定对推动农业发展存在积极的一面，但也存在消极的因素，会存在诸多短处，实施者应当扬长避短，着力于保护性开发、环保型创造。

参考文献

［1］ Beghin John C. Political Institutions and International Patterns of Agricultural Protection ［J］. American Journal of Agricultural Economics，1994（76）：336 – 348.

［2］ 白雪娜，黄修杰，崔建勋，储霞玲，张辉玲. 广东省农业现代化发展水平比较研究 ［J］. 南方农业学报，2016，47（08）：1439 – 1444.

［3］ 包乌兰托亚. 我国休闲农业资源开发与产业化发展研究 ［D］. 青岛：中国海洋大学，2013.

［4］ 陈慧萍，王东阳，张平等. 日本市民农园的发展 ［J］. 世界农业，2013（06）：122 – 125.

［5］ 陈俊宇，张晓杰，周克艳，刘芳清. 湖南省现代农业发展水平综合评价 ［J］. 湖南农业科学，2015（10）：115 – 119.

［6］ 陈强，罗华飞. 广西现代特色农业产业"10 + 3"提升行动阶段总结暨转段动员部署会召开 ［J］. 广西农学报，2018，33（01）：2.

［7］ 陈日武. 走好"四区四型"发展之路　打造农业综合体现代农业示范园区建设的江西做法 ［J］. 江西农业，2016（12）：6 – 9.

［8］ 冯蔓蔓. 国家现代农业示范区发展现状及运行机制研究 ［D］. 北京：中国农业科学院，2014.

［9］ 甘海燕，梁鹏，钟洁，董金鑫. 基于农业供给侧结构性改革的现代农业示范区创意发展探讨——以广西为例 ［J］. 广西农学报，2017，32(04)：23 – 28.

［10］ 甘海燕. 少数民族地区现代特色农业创意发展探讨——以广西为例 ［J］. 改革与战略，2017，33（12）：139 – 142.

［11］ 高云，詹慧龙，赵跃龙，李树君，矫健. 国家现代农业示范区竞争力评价及区域优势分析 ［J］. 浙江农业学报，2015，27（10）：1841 – 1849.

［12］耿传婕.广西现代特色农业示范区建设发展状况与问题研究［D］.南宁：广西大学，2017.

［13］广西凌云："中国名茶之乡"的产业战略［J］.中国农村科技，2011（04）：48－49.

［14］韩凝玉，张哲.日本现代农业公园初探［J］.浙江农业科学，2019，60（03）：462－468.

［15］荷兰高效生态农业建设的经验［J］.中国农业信息，2014（05）：38－39.

［16］贺菊花.农民协会发展问题的研究［D］.长沙：湖南大学，2007.

［17］何亚萍，蒋和平.国家现代农业示范区发展现状及"十三五"发展建议［J］.世界农业，2017（05）：187－193＋216.

［18］何禹，罗雪芳.现代特色农业示范区发展现状及对策——以柳州市为例［J］.乡村科技，2019（19）：23－24.

［19］侯智惠，梅连杰，侯安宏，等.内蒙古农业资源利用区域差异分析［J］.中国农业资源与区划，2016，37（01）：160－166.

［20］胡明宝.好一朵美丽的茉莉花——记广西横县现代农业产业园［J］.中国农垦，2020（05）：59－60.

［21］黄超.现代农业产业园发展模式研究［D］.南宁：广西大学，2019.

［22］黄祖辉，林坚，张冬平.农业现代化：理论、进程与途径［M］.北京：中国农业出版社，2003.

［23］江西省人民政府办公厅关于印发江西省现代农业示范园建设管理办法的通知［J］.江西省人民政府公报，2017（20）：32－35.

［24］蒋和平，王爽.国家现代农业示范区主要发展模式与对策建议［J］.广东农业科学，2015，42（02）：163－169.

［25］蒋和平.农业科技园的建设理论与模式探索［M］.北京：气象出版社，2002.

［26］蒋林林.花落寻常百姓家——记柳州市"兰亭林叙"花卉苗木产业核心示范区［J］.广西林业，2018（03）：24－26.

［27］康艺之，黄修杰，熊瑞权，陈栋.广东农业园区技术扩散与作用机理研究［J］.广东农业科学，2011，38（07）：188－190.

［28］孔德胜.国家现代农业示范区制度创新与发展研究［D］.广州：华

南农业大学，2016．

[29] 郎秀云．现代农业：美国模式和中国道路 [J] ．毛泽东邓小平理论研究，2008 (03)：67－72＋62．

[30] 李春杰，张卫华，于战平．国外现代农业园区发展的经验借鉴——以天津现代农业园区发展为例 [J]．世界农业，2017 (12)：230－235．

[31] 李月芳，李惠贤，陈巧文，张婕．广西现代特色农业示范区建设的现状、问题与对策分析 [J]．科技与创新，2017 (19)：95＋98－99．

[32] 林树恒，许忠裕，黎丽菊，邓国仙，庞骋思，刘开莉，梁富华．广西特色农业强优的 SWOT 分析及对策建议 [J]．江苏农业科学，2019，47 (13)：32－34．

[33] 刘东燕．广西现代特色农业示范区建设实践及若干思考 [J]．经济与社会发展，2016，14 (05)：11－13＋84．

[34] 刘军．内蒙古特色农业经济发展模式及措施 [J]．农业工程，2019，9 (10)：145－147．

[35] 刘利花．基于脱钩指数的中国现代农业评价体系研究 [J]．管理现代化，2017，37 (04)：20－24．

[36] 刘喜波．区域现代农业发展规划研究 [D]．沈阳：沈阳农业大学，2011．

[37] 刘永恒．守牢绿水青山，开拓金山银山 [J]．中国财政，2018 (10)：17－19．

[38] 柳金平．现代农业建设与路径研究 [D]．北京：中国农业科学院，2013．

[39] 娄昭，徐忠．农业巴西 [J]．农产品市场周刊，2013 (40)：51－53．

[40] 娄昭，徐忠，张磊．巴西农业发展特点及经验借鉴 [J]．世界农业，2011 (05)：80－82＋98．

[41] 卢良恕．现代农业建设与农业科技发展 [J]．农村工作通讯，2008 (13)：6－8．

[42] 陆晓清，莫良玉，莫豪葵，范稚莲，赵小兰，庄映红．浅谈广西"五彩田园"现代特色农业示范区的发展现状、存在问题与对策研究 [J]．南方园艺，2017，28 (02)：11－13．

[43] 马强．内蒙古自治区现代特色农业发展研究 [D]．北京：中国农业

科学院，2012.

［44］孟召娣，朱福守，蒋和平．国家现代农业示范区建设水平分析及提升对策研究［J］．农业现代化研究，2018，39（02）：185-193.

［45］农业部关于进一步推进国家现代农业示范区建设的通知［J］．中华人民共和国农业部公报，2011（01）：21-27.

［46］农业部关于创建国家现代农业示范区的意见［EB/OL］.http：//www.moa.gov.cn/nybgb/2009/dsyq/201806/t20.

［47］潘方勇．成都市现代农业评价指标体系研究［J］．西华大学学报（哲学社会科学版），2008（04）：71-74.

［48］逢锦彩．日、美、法现代农业比较研究［D］．长春：吉林大学，2010.

［49］屈婷婷，黄智，覃泽林，卢庆南，周保吉，梁富华．广西现代特色农业示范区建设现状分析［J］．农村经济与科技，2019，30（04）：186-189.

［50］饶兴山．荷兰现代农业对云南高原特色农业发展的启示［J］．河南农业，2018（05）：63-64.

［51］沈悦林，徐四海，徐长明，蔡康．我国现代农业园区建设的动态和模式分析［J］．农业现代化研究，1998（04）：64-65.

［52］孙学宇．"台湾现代农业示范区"管理模式探究［D］．哈尔滨：黑龙江大学，2013.

［53］覃伟立．我区部署进一步壮大农产品加工业［N］．广西日报，2018-06-28（4）.

［54］唐红祥．提升现代特色农业问题研究——以广西为例［J］．学术论坛，2016，39（04）：62-66.

［55］唐赡娟．广西政策性农业保险发展问题研究［J］．时代经贸，2019（29）：66-68.

［56］童玉娥，熊哲，洪志杰，郭丽楠．中日农业文化遗产保护利用比较与思考［J］．世界农业，2017（05）：13-18+215.

［57］万忠，周灿芳．广东现代农业示范园区的五种运营模式［J］．江西农业，2014（10）：22-24.

［58］王林秀．广西农村耕地以奖代补管理有新规，奖补资金最高每亩可达1500元［J］．农家之友，2015（01）：24.

［59］王晓敏，邓春景，王雪钢．国外家庭农场的特点及经验借鉴——基于农业资源禀赋视角［J］．世界农业，2016（07）：85 – 89 + 105.

［60］吴丹．现代特色农业示范区规划策略与实践——以广西天等县"天映彩卷"农业示范区为例［J］．规划师，2016，32（09）：140 – 147.

［61］吴昊，何菊花．生殖性克隆的伦理与法律审视［J］．宁波大学学报（人文科学版），2011，24（06）：116 – 119.

［62］吴洁远，杨真荣，苏修荣．合浦县国家现代农业示范区建设现状与发展对策［J］．农业科技通讯，2014（02）：35 – 38 + 69.

［63］吴跃强．到 2020 年江西省力争创建 200 – 300 个现代农业示范园［EB/OL］．http：//www.ncnews.com.cn/xwzx/ncxw/jrnc/201703/t20170320 _ 721402.html，2017 – 03 – 20.

［64］夏晓波．看国外如何经营现代农业园区［N］．东方城乡报，2016 – 08 – 25（B06）.

［65］谢杰．大城市农业区域农业生产及空间结构演化发展趋势［J］．地域研究与开发，1996，15（01）：28 – 30.

［66］许雪亚．农业部先后认定 283 个国家现代农业示范区［J］．农村工作通讯，2015（04）：32.

［67］闫国柱，王积田．黑龙江省现代农业示范区建设的问题研究［J］．中国证券期货，2011（10）：140.

［68］颜毓．广西现代农业展示型休闲农业园区盈利模式分析［J］．广西经济管理干部学院学报，2018，30（02）：97 – 103.

［69］杨培源．从日美模式反思中国特色的现代农业［J］．广东农业科学，2009（08）：300 – 303.

［70］杨贤智，万忠，苏柱华．广东省发展现代农业的经验与启示［C］//中国农学会．休闲农业与现代农业发展——2007 中国农学会学术年会暨全国休闲农业论坛文集，2007：323 – 325.

［71］余道锋，韦立锋，林禧遐．横县借力示范区建设全力打造广西现代特色农业强县［J］．南国博览，2018（02）：8 – 11.

［72］喻登科，毛惠芬，周荣．江西省现代农业示范区建设的现状问题与策略研究［J］．安徽农业科学，2017，45（31）：234 – 237.

［73］张惠远．景观规划：概念、起源与发展［J］．应用生态学报，1999，

10 （03）：373 – 378.

　　［74］张攀华．我国农业园区盈利模式及发展空间分析 ［J］．市场研究，2019 （02）：57 – 59.

　　［75］张琪．黑龙江省现代农业示范区建设问题及对策 ［J］．农业与技术，2018，38 （05）：158 – 159.

　　［76］张文卉．广西 11 个农产品品牌上榜 ［N］．南国早报，2019 – 11 – 27.

　　［77］张媛，郑红维，赵邦宏，刘晓东．河北省现代农业示范区投融资问题 ［J］．区域金融研究，2013 （02）：72 – 75.

　　［78］张云兰，陆维研，唐红祥．现代特色农业发展综合评价及对策——以广西为例 ［J］．江苏农业科学，2017，45 （10）：260 – 264.

　　［79］赵青红．崇左市现代特色农业示范区农产品质量安全问题探析 ［J］．广西植保，2019，32 （02）：35　37.

　　［80］赵欣，刘艳．民族地区农村城市化发展模式研究：以内蒙古通辽市为例 ［J］．农业经济，2015 （01）：69 – 71.

　　［81］中华人民共和国农业部．农业部关于认定第三批国家现代农业示范区的通知：农计发 ［2015］ 1 号 ［EB/OL］．（2015 – 01 – 26）［2017 – 07 – 13］．

　　［82］中华人民共和国农业农村部．以奖代补，赶快申报：2018 国家现代农业产业园获大力支持 ［EB/OL］．http：//www. moa. gov. cn/govpublic/FZJHS/201805/t，2018.

　　［83］周勇．广西平果县现代农业示范区发展研究 ［D］．南宁：广西大学，2018.